FELICIDADE NO TRABALHO

Estratégias para otimizar sua performance

JENNIFER MOSS

FELICIDADE NO TRABALHO

Estratégias para otimizar sua performance

TRADUÇÃO
UBK Publishing House

© 2016, Jennifer Moss
Copyright da tradução © 2020, Ubook Editora S.A.

Publicado mediante acordo com Kogan Page Limited. Edição original do livro *Unlocking Happiness at Work: how a data-driven happiness strategy fuels purpose, passion and performance*, publicada por Kogan Page Limited.

Todos os direitos reservados. Nenhuma parte deste livro pode ser utilizada ou reproduzida sob quaisquer meios existentes sem autorização por escrito dos editores.

COPIDESQUE	Jaciara Lima
REVISÃO	Sol Coelho | Mariá Moritz Tomazoni | Raquel Freire
PROJETO GRÁFICO E ADAPTAÇÃO DA CAPA	Bruno Santos
DIAGRAMAÇÃO	Know-how editorial

Dados Internacionais de Catalogação na Publicação (CIP)
(Câmara Brasileira do Livro, SP, Brasil)

Moss, Jennifer
   Felicidade no trabalho : estratégias para otimizar sua performance / Jennifer Moss ; tradução UBK Publishing House. -- Rio de Janeiro : Ubook Editora, 2020.

   Título original: Unlocking happiness at work
   ISBN 978-65-86032-66-6

   1. Felicidade 2. Satisfação no trabalho 3. Sucesso em negócios I. Título.

20-36482   CDD-650.1

Índices para catálogo sistemático:
1. Satisfação no trabalho : Administração 650.1
Cibele Maria Dias - Bibliotecária - CRB-8/9427

Ubook Editora S.A
Av. das Américas, 500, Bloco 12, Salas 303/304,
Barra da Tijuca, Rio de Janeiro/RJ.
Cep.: 22.640-100
Tel.: (21) 3570-8150

SUMÁRIO

Prefácio 7

Introdução 11

1 A ciência da conexão felicidade/cérebro 21

2 A história da felicidade 53

3 O poder do hábito 79

4 Inteligência emocional e liderança 101

5 Capitalismo consciente 121

6 Os disruptores da felicidade 143

7 Envolvendo a pessoa por inteiro 163

8 Uma abordagem mais feliz à mudança 191

9 Quer ter uma empresa global? Seja um cidadão global   211

10 O futuro da felicidade 231

Conclusão 247

Agradecimentos 251

Referências 259

PREFÁCIO

O mundo mudou.

Há dois anos, fui convidado para falar no Pentágono sobre a pesquisa em psicologia positiva. No final da minha apresentação, um veterano de guerra veio até mim e disse: "Há cinco anos, o Pentágono não teria uma palestra sobre felicidade. As coisas mudaram. Agora sabemos que essa conversa é crucial para o sucesso organizacional." Aquele foi um ponto de virada; a partir daí, comecei a levar as pesquisas sobre a psicologia positiva, realizadas nos laboratórios de Harvard, para as empresas. Em 2006, no início da crise financeira, os líderes seniores não conheciam os conceitos de psicologia positiva. Dez anos depois, fui convidado por quase metade das empresas que compunham a Fortune 100, em cinquenta países, para trabalhar na pesquisa sobre a felicidade. Muitas percebem agora que a maior vantagem competitiva na economia moderna é um cérebro positivo e engajado. A discussão realmente mudou.

E, por que agora o mundo está pronto para esta mensagem? A resposta é na verdade o que motivou este livro: a abordagem quantitativa para compreender o lado positivo do processo mudou tudo. Há décadas, o mundo sabe que experiências negativas subjetivas, como depressão e traumas, podem ser estudadas. Porém, apenas recentemente a sociedade, impulsionada pelo movimento psicológico positivo, entendeu que felicidade, gratidão e propósito também podem. Tudo o que é observável, pode ser quantificado para depois ser analisado.

Jennifer Moss é uma das maiores defensoras do movimento para estudar a felicidade, orientando-se por dados, ferramentas tecnológicas e Big Data. Durante anos, Jennifer, seu marido Jim e eu fomos parceiros em projetos que buscaram maneiras de conectar os líderes a tecnologias e treinamentos que ajudaram não apenas a fazer a diferença, mas também a mudar os métodos da liderança positiva. Jennifer e eu trabalhamos em uma Cúpula Mundial da Felicidade com Luis Gallardo, reunindo líderes de vários níveis da sociedade — negócios, educação e saúde, desde Wall Street até o Butão —, buscando maneiras de nos concentrar em uma forma de abordar a felicidade que seja baseada em dados.

Como ela descreve neste livro, a utilização de dados nos permitiu ultrapassar as barreiras mentais e intelectuais que as pessoas podem ter. Aqueles que acreditam na fragilidade da felicidade são preconceituosos. Eles decidiram agarrar-se a uma crença que contradiz todos os fatos comprovados pela comunidade científica, que mostra como as intervenções positivas resultaram em melhorias drásticas nas receitas, nas vendas, na energia, na saúde, na rotatividade e na criatividade das organizações. Se a felicidade fosse relegada ao nível de uma opinião, tanto os líderes positivos quanto os cínicos teriam de concordar em discordar. Mas, com a inclusão de testes científicos, podemos agora dizer aos cínicos: "Vocês estão errados." Eles podem continuar a duvidar da importância da felicidade, mas agora duvidam de dados esmagadores que dizem o contrário.

A segunda razão para a mudança deste debate também está amplamente ilustrada neste livro. Com os millennials inundando o mercado de trabalho, tornou-se extremamente claro que o velho modelo para atrair e manter os talentos nas empresas não funciona mais. No passado, acreditávamos que o aumento da carga horária e da tecnologia resultaria automaticamente em maior produtividade e, portanto, em maior rentabilidade. Pense em quantos escritórios de advocacia e hospitais ainda operam assim e você verá o problema com essa suposição. Porém, as empresas de maior sucesso foram as que mudaram essa lógica. Elas sabem que a produtividade e a rentabilidade diminuem quando a carga horária, a quantidade de trabalho e o nível de estresse aumentam. Somente criando conexões sociais positivas, treinando os funcionários no otimismo, revendo nossa abordagem em relação ao estresse e praticando a gratidão, podemos maximizar o potencial latente em nossas equipes.

Neste livro, Jennifer Moss descreve a trajetória da mudança pela qual estamos passando e o ajuda a encontrar maneiras práticas de alcançar essa transformação em sua própria vida. Nós precisamos de você. Precisamos de mais defensores da pesquisa positiva que usem as práticas delineadas por Jennifer e as apliquem às suas organizações e comunidades. Se continuarmos nesta tendência, descobriremos que temos exatamente o tipo de organizações que procuramos: aquelas que maximizam o sucesso sem sacrificar o propósito, a conexão ou a felicidade. O mundo está mudando — venha conosco.

Shawn Achor tornou-se o principal especialista na ligação entre a felicidade e o sucesso. Sua pesquisa foi capa da Harvard Business Review, *sua palestra no TED é uma das mais populares de todos os tempos, com mais de quinze milhões de visualizações, e seu documentário para a HBO sobre felicidade na NFL e a entrevista de duas horas com Oprah Winfrey já foram vistos por milhões de pessoas. Shawn passou doze anos em Harvard, onde se formou* magna cum laude *e obteve um mestrado em ética cristã e budista pela Harvard Divinity School. Ele já trabalhou com quase metade das empresas da Fortune 100, com a Casa Branca, o Pentágono e a NASA.*

INTRODUÇÃO

A maioria das pessoas quer ser feliz. Mas, para muitos, a felicidade é evasiva, decepcionante e irrealista.

A minha hipótese?

Estamos olhando para a felicidade de forma errada.

Se tivéssemos um entendimento autêntico do que realmente significa ser feliz, essa seria uma escolha que faríamos todos os dias.

Mas, infelizmente, a palavra "feliz" se tornou vítima de um falso *branding*. Nós a menosprezamos com mensagens melosas, usurpamos seu poder com emojis sorridentes e transformamos uma discussão complexa, rica em descobertas científicas, em uma versão simplificada demais. Muitas vezes, as pessoas interpretam a felicidade como um estado utópico e perene de alegria, quando ela é o oposto disso — é um conjunto complexo e abrangente de emoções.

Como resultado, existe uma divisão mais profunda. Uma atitude "nós e os outros" sobre a felicidade e seus benefícios ou impactos negativos. Complicando ainda mais um tópico já polarizador, não há uma descrição que sirva a todos, na qual possamos nos basear. Como o tema é tão pessoal, tendemos a exteriorizar a felicidade, procurando a resposta para este enigma em filmes, produtos, livros e dentro da nossa cultura pop. E, quanto mais buscamos a felicidade em tais lugares, mais cresce a sua indefinição. Quanto mais perseguimos a felicidade, mais difícil é obtê-la.

Então, qual é a minha definição de felicidade?

Ela é intangível. Não pode ser alcançada ou obtida. Não pode ser perseguida. A felicidade é a consequência de se trabalhar na construção de atributos como esperança, eficácia, resiliência, otimismo, gratidão e empatia. Então, quando esses hábitos forem estabelecidos, você poderá percebê-la quando estiver na sua frente, e deixará de perdê-la quando passar por você.

Por que escrever um livro sobre a felicidade no trabalho?

Para começar, grande parte da nossa vida é consumida pelo trabalho. Desde a escola nos preparamos para a nossa carreira, e depois gastamos quase três quartos do tempo que passamos acordados no trabalho. Eu acredito que esse tempo deve ser gasto de forma significativa.

Muitos de nós se perguntarão qual o sentido disto. Por que não consigo encontrar a felicidade no meu trabalho? Por que não consigo encontrar a felicidade com minha família? Por que não consigo encontrar a felicidade com meus amigos? A resposta é mais simples do que pensamos. No entanto, por sermos humanos, complicamos o esforço.

A boa notícia, porém, é que a felicidade é absolutamente possível e está bem ao nosso alcance.

Eu listei nove maneiras para desbloquear os nossos "eus" mais felizes como líderes e, portanto, desbloquear esse potencial em nossos funcionários. Os seguintes conhecimentos destinam-se a nos ajudar a alcançar o auge do desempenho pessoal e profissional. Este livro revelará alguns dos tópicos mais provocadores e oportunos em liderança e estratégia de negócios, além de examinar alguns dos desafios mais difíceis que ainda precisam ser resolvidos no ambiente de trabalho atual.

Também discutirei questões difíceis, como:

- Será que escritórios em formato aberto ameaçam a nossa segurança psicológica?
- A gratidão realmente torna a minha empresa mais lucrativa?
- O que é um otimista no armário?
- Qual é o real impacto financeiro de uma cultura negativa?
- Toda essa "felicidade no trabalho" é apenas uma tendência?
- É possível trabalhar o cérebro para ser mais feliz?

- Tenho que passar por um trauma para ser um líder corajoso?

Estas perguntas, e centenas de outras, estão presentes neste livro para você absorver, argumentar a favor ou contra, amar ou odiar — porém o mais importante, elas estão aqui para envolvê--lo em uma discussão. Eu não quero vender a felicidade, quero discuti-la com você. Os capítulos seguem uma progressão de pensamento e a discussão será apresentada como coloco a seguir. Os tópicos ordenados por capítulo são:

1 A ciência da felicidade em casa e no local de trabalho.

2 A evolução da felicidade, examinando os líderes com coragem através do tempo.

3 A construção dos hábitos de felicidade no local de trabalho, em nós e nos outros.

4 Como os melhores líderes impulsionam a inteligência emocional contra as probabilidades.

5 Os benefícios do capitalismo compassivo.

6 Destruidores da felicidade e estressores ocultos no local de trabalho.

7 O fluxo trabalho/vida — por que o equilíbrio trabalho/vida não existe.

8 A mudança das estratégias de gestão, olhando através da lente da felicidade.

9 Como se tornar uma empresa global, comportando-se como um cidadão global.

10 O futuro da felicidade.

Sim, este livro foi baseado em décadas de pesquisa e séculos de pensamentos teológicos e filosóficos, e em líderes famosos que analisam e divulgam o segredo de uma vida feliz. Mas eu não o escrevi por causa deles. Escrevi por causa de uma história pessoal que deu início a toda uma discussão.

A minha história não é o ponto central do livro, mas foi por causa dela que embarquei nesta trajetória. Tenho esperança de que ela desperte em você o desejo de contemplar o valor de trabalhar em sua saúde mental. E, quando for novamente confrontado com a adversidade — como todos nós seremos várias vezes em nossas vidas —, poderá enfrentá-la com mais facilidade, porque estará preparado.

A história, que irei compartilhar em breve, foi um momento crucial que acabaria por ser a centelha para reimaginar uma vida de felicidade. Também foi o ponto da minha vida em que comecei a viver os períodos de tristeza e outros momentos desagradáveis sem culpa. Este momento também me levaria a aprender e absorver tudo o que eu pudesse sobre inteligência emocional, e os hábitos de pessoas mais felizes e com melhor desempenho. É também por isso que estou compartilhando esta história, dividindo o que sei sobre uma vida antes e depois da felicidade.

Os melhores e mais assustadores momentos e como eles nos mudam permanentemente

A minha história começa num dia ensolarado na Califórnia, em setembro de 2009. Eu estava dirigindo pelas montanhas de Santa Cruz e, quando saí do outro lado das colinas, percebi uma dúzia de ligações não atendidas do meu marido, Jim. Estávamos morando em San José desde 2003, quando aceitamos a oferta da equipe profissional de lacrosse de Jim. Agarramos a chance de passar alguns anos em uma parte tão bonita dos Estados Unidos. Deixamos o Canadá, pelo que pensávamos que seriam poucos anos, mas naquela altura já estávamos como expatriados havia oito anos.

Jim, um atleta do Hall da Fama e vencedor de uma medalha de ouro na Copa do Mundo de lacrosse, estava em seu auge. Ele treinava para a temporada subindo e descendo a serra de Santa Cruz com uma mochila cheia de pedras nas costas. Exercícios como esse foram praticados até a véspera do dia em que recebi todas aquelas ligações frenéticas. Então, como você pode imaginar, foi uma grande surpresa saber que ele estava na emergência do hospital local e tinha sido diagnosticado com a Febre do Nilo Ocidental e Gripe Suína. Ainda mais preocupante era que, devido ao seu sistema imunológico gravemente comprometido, Jim desenvolveu Síndrome de Guillain-Barré (SGB), uma desordem em que o sistema imunológico passa a atacar parte do sistema nervoso periférico.

Obviamente, dei a volta com o carro e dirigi diretamente para o hospital. Eu não fazia ideia de por que tudo aquilo estava acontecendo e meus pensamentos foram tomados por cenários pessimistas. Quando cheguei à emergência, lá estava Jim. Ele também estava inseguro, mesmo assim conseguia sorrir e confortar todos à sua volta, que estavam preocupados. Conhecendo bem meu marido, acho que ele via aquilo como um pequeno revés em sua vida, que de resto era de alto desempenho.

Agir rápido foi essencial para a resposta de Jim ao tratamento. Os médicos reiniciariam o sistema imunológico dele através de um tratamento conhecido como terapia de imunoglobulina. Essa terapia é uma mistura de anticorpos (imunoglobulina), administrada (no caso dele) por via intravenosa para tratar ou prevenir uma variedade de doenças, incluindo a Síndrome de Guillain-Barré. Essa mistura é extraída do plasma de dez a cinquenta mil doadores. Para Jim, e para a nossa família, o tratamento salvaria uma vida.

Quando soube a quantidade de doadores necessária para cada transfusão, fiquei espantada. Depois de duas rodadas de tratamento por dia (durante três dias), e sabendo que centenas de milhares de pessoas tiveram que doar seu sangue para salvar a vida do meu marido, eu me senti impotente. Mas quando o tratamento finalmente começou a funcionar e a doença se estabilizou, quando a infecção finalmente desistiu do seu ataque implacável ao corpo cansado de Jim, eu me senti grata.

Pode-se pensar que foi naquele instante que a minha vida mudou. Certamente, ali foi o começo de uma transformação, porém levaria anos até que eu entendesse completamente a situação e abraçasse o impacto das semanas que estavam por vir.

O que veio depois foi a cura e a recuperação.

Mas foi então que os médicos cortaram nossas expectativas, informando-nos que Jim poderia nunca mais voltar a andar. Em seguida, eles mostraram um cenário que seria quase como um pesadelo para um atleta profissional: "Esperamos que você se recupere totalmente e consiga voltar a caminhar, mas achamos que levará um ano. Você provavelmente precisará da ajuda de uma cadeira de rodas ou de uma bengala." E nesse momento veio a sentença decisiva: "Não tenha a esperança de jogar profissionalmente de novo."

Jim parecia não se abalar com as notícias, ou talvez estivesse em negação total, mas ele levou tudo a sério. Decidiu acionar todos os seus conhecidos nas redes sociais para pedir ajuda; ele queria buscar qualquer livro, vídeo, pesquisa, artigo ou áudio que fosse útil. Eu aposto que ele teria aceitado até um pombo-correio que tivesse algo valioso a dizer sobre qualquer coisa relacionada à mentalidade da cura. O resultado foi um dilúvio de todos os meios citados acima, em grande quantidade; desde o conjunto de DVDs de Tony Robbins à profusão de livros, juntamente com os e-mails e links para TED Talks no Facebook. Aquilo animava Jim todos os dias. Seu corpo estava ficando mais forte, assim como seu conhecimento, e eu me integrava a este mundo que estava, notavelmente, ajudando-o a se curar.

Às vezes, eu lutava contra seu novo otimismo. Eu queria ser feliz, mas não conseguia sentir autenticamente a gratidão que Jim havia descoberto por sua doença. Entenda que, além de tudo, eu estava grávida do nosso segundo filho, e um rapazinho de dois anos esperava por mim todas as noites em casa. Wyatt me implorava por respostas; eu fingia um sorriso entre lágrimas e contava-lhe todo o tipo de histórias divertidas sobre o papai que estava em reabilitação no hospital. Era difícil e eu estava sozinha, estressada e infinitamente assustada.

Mas, todas as noites, quando Wyatt começava a fechar os olhos, o fato de eu ter escolhido preencher seus sonhos com pensamentos positivos, removendo assim as suas preocupações, me deixava muito melhor do que quando me trancava no banheiro e chorava. É verdade, eu também precisava de noites como aquelas — havia um certo nível de catarse no choro que era necessário. Mas nunca me senti tão bem como quando vi Wyatt adormecer com um sorriso no rosto, pensando na sorte que o papai tinha por poder comer pudim na cama!

Aprendemos principalmente por meio da literatura, pesquisa e ciência que a gratidão tem um vasto e complexo conjunto de benefícios quando a praticamos. Então, decidimos colocá-la em ação: gratidão pela vista da cama do hospital; gratidão pelo plano de saúde que tivemos a sorte de ter no momento certo; gratidão por todas as pessoas que torciam por nós... E a lista só aumentava.

Eu também notei que o humor positivo de Jim impactou a capacidade de seus médicos, enfermeiras, terapeutas ocupacionais e fisioterapeutas ajudarem na sua cura. Quanto mais otimista e grato ele era por todos os seus esforços, mais tempo eles passavam com Jim. Quando precisava de algo, eles estavam lá (ao contrário do seu vizinho ranzinza, que se queixava o dia todo de quanto tempo levava para a enfermeira atender quando ele tocava a campainha). Também testemunhamos os terapeutas ocupacionais e fisioterapeutas oferecerem uma hora extra de tempo ao final de seus turnos. Os enfermeiros mudavam os lençóis mais rapidamente e davam-lhe pudim extra para alegrar seu estado de espírito. Os médicos passavam para vê-lo nos momentos de folga e certificavam-se de que ele permanecesse feliz. Tudo isso aumentou a sua determinação em se curar, em voltar a caminhar e em provar que os primeiros médicos estavam errados.

Simultaneamente, o que se passava comigo era uma melhor compreensão de como a vida continua fluindo à nossa volta, mesmo com a instalação de uma crise. Jim foi estranhamente envolvido pelo hospital e, embora ele não quisesse estar ali, a situação permitiu que meu marido se focasse em sua própria cura. Eu, por outro lado, entrava e saia daquele mundo. Como aqueles momentos em que saímos do cinema e esquecemos que é dia lá fora. Muitas vezes era perturbador.

O meu desenvolvimento pessoal veio nos momentos em que eu precisava enfrentar o mundo, incluindo minhas chefes, que estavam obviamente preocupadas, mas ainda assim mantinham suas expectativas. Meu desenvolvimento veio quando eu tinha que encarar os acionistas, com os quais escolhi não compartilhar nada dessa experiência. Veio nos momentos em que eu tinha que acordar e desempenhar o papel de mãe, esposa, amiga, coach e, claro, funcionária, colega e líder.

Seis semanas depois de ser levado às pressas para a emergência numa ambulância, Jim saiu do hospital apoiado em muletas. Ele recusou a cadeira de rodas. E, claro, estava sendo bem amparado pela mão minúscula de Wyatt.

Ele estava presente no nascimento do nosso segundo filho. E também no do terceiro, algo totalmente impossível se Jim não tivesse sobrevivido a este trauma quatro anos antes.

Jim nunca mais voltou a jogar; ele levou um certo tempo para habituar-se a isso. Alguém que teve um taco de lacrosse na mão desde os dois anos de idade não desiste imediatamente desse sonho. O resultado foi uma vida focada em aprender como retribuir ao mundo.

Ele começou sua missão de dar aos outros as mesmas ferramentas psicológicas que teve para sair de um hospital após seis semanas. Ou, no mínimo, as ferramentas necessárias para lidar melhor com as mudanças gigantescas que a vida nos apresenta. Alguns atletas podem nunca se recuperar emocionalmente ao deixar seu esporte, mas quando uma pessoa está psicologicamente apta, ela lida com os golpes da vida. Ela se levanta mais um dia para lutar e procurar novos caminhos.

Então, nós mudamos. Posso ter relutado em me juntar a ele no início de sua jornada, mas, ao assistir sua incrível recuperação, soube que havia algo profundo nas histórias que contamos a nós mesmos, e nas narrativas que partilhamos com os outros. O que eu sei com certeza é que eu nunca voltaria atrás ou mudaria um único momento, pois foi o que me trouxe até aqui. E agora tenho a profunda honra de compartilhar esta história com todos vocês.

O que espero de você e para você

O que eu espero é que permaneça de mente aberta e que esteja interessado em aprender. Concorde ou discorde. O meu trabalho é ajudá-lo a desbloquear a descoberta de si mesmo e talvez essa autoconsciência se traduza na sua forma de liderar. Minha esperança é que este livro proporcione expectativas realistas para uma vida positiva e saudável, rica de relacionamentos autênticos, trabalho significativo e dias mais felizes.

Quero te envolver com as habilidades psicológicas para prosperar em momentos de estresse e com as habilidades necessárias para ajudar os outros a lidar melhor com a alegria e a tristeza, e tudo o que existe entre esses dois pontos. Vamos analisar juntos o que realmente significa ser feliz e como aplicar esse termo em nossas vidas e no local de trabalho.

Passo uma quantidade significativa de tempo fornecendo a líderes o conhecimento e as ferramentas necessárias para impactar eficazmente as pessoas ao seu redor e espalhar a felicidade em todas as suas organizações. A missão por trás dos Laboratórios de Plasticidade, ou Plasticity Labs, é nobre. Nossa startup está construindo ferramentas para melhorar a aptidão psicológica, a fim de tornar a vida mais feliz e aumentar o seu desempenho, e nós nos focamos no local de trabalho desde cedo porque, para muitos, ele é estressante e sem propósito. E, já que grande parte da nossa vida é gasta no trabalho, queríamos mudar isso.

Minha função ao longo deste livro será desmascarar alguns mitos sobre a felicidade que nos impedem de atingir nossos "eus" mais autênticos. Esclarecerei como podemos nos engajar em uma estratégia de felicidade que seja aceitável, inclusiva e real. A felicidade é uma discussão científica que deve ser avaliada em relação a qualquer outro investimento que você esteja fazendo atualmente. Também vou desmascarar o mito de que a felicidade é prejudicial e um desperdício de tempo. Usando estudos de casos do mundo real, exemplos de Big Data e pesquisas científicas, vamos fazer uma viagem exploratória, discutindo os modelos já instituídos no local de trabalho.

O momento para discutir a felicidade é agora. Somos todos capazes de sermos os agentes de mudança, que impulsionam as nossas empresas para um novo território de vantagem competitiva. Para alcançar esse objetivo, precisamos nos armar com provas científicas e empíricas para convencer acionistas de que temos uma estratégia sólida.

Sabemos, intuitivamente, que ser feliz é uma ótima sensação, uma que todos gostaríamos de experimentar mais vezes. Mas não espero convencê-lo apenas por meio de paixão e intuição — agora é o momento para os dados factuais.

Então... vamos começar.

A ciência da conexão felicidade/ cérebro

1

Como líderes, nos depararemos com decisões difíceis todos os dias. É exigido que permaneçamos neutros, mas empáticos; que nos arrisquemos, mas mantendo a estabilidade; que sejamos firmes, mas maleáveis. O nosso cérebro exige o mais alto nível de aptidão psicológica para dominar essas decisões e, no entanto, ele se recupera quando damos um passo na direção errada. Este capítulo não será sobre a remoção de falhas ou a mitigação de desafios. Em vez disso, nos concentraremos em aproveitar a aprendizagem de pessoas mais apaixonadas, positivas e psicologicamente adequadas, para, então, adotarmos seus comportamentos e nos tornarmos líderes mais fortes.

No passado, estudos psicológicos focavam em disfunções — pessoas com doenças mentais ou outras preocupações emocionais — e em como tratá-las. Discutiremos algumas das implicações das doenças mentais ao longo do livro, mas não vamos nos concentrar apenas nelas. Ao contrário, o objetivo será entender mais especificamente o campo da psicologia positiva, uma área da psicologia que examina como aumentar nossa saúde mental em vez de tratar nossa doença mental.

Embora o estudo da psicologia positiva seja relativamente novo, décadas de pesquisa provaram que desbloquear a felicidade em nossos cérebros se traduz em maior desempenho físico, emocional e intelectual — exemplificado nos hábitos das pessoas mais bem-sucedidas.

Mas, primeiro, para aplicar o aprendizado, precisamos confiar na ciência.

Para alguns de vocês, a ideia de fundir as palavras "ciência" e "felicidade" parece absurda — um paradoxo, talvez. Mas se eu lhe pedisse para descrever onde as emoções residem dentro do seu corpo, como responderia?

Responderia que é no cérebro? Na mente?

Não passamos tempo suficiente contemplando onde as nossas emoções existem, como nos emocionamos ou o porquê. Quando se trata de emoções, a maioria de nós está feliz em simplesmente aceitar que os sentimentos fazem parte da vida cotidiana. Frequentemente experimentamos tristeza, felicidade, estresse, medo; então, por que dar-se ao trabalho de pensar neles?

Somos ensinados sobre os sentimentos quando crianças e aceitamos que eles funcionam como qualquer outra parte do nosso corpo. Nossa mão segura o garfo e escava a comida no prato, depois dirige-se para a boca, onde mastigamos e engolimos. Nós raramente (ou, para alguns, nunca) pensamos no nosso processo de ingestão de comida. A maneira como nos emocionamos é levada em conta de forma semelhante — não sendo levada em conta.

Na realidade, as emoções, tal como os processos químicos que são desencadeados pela fome, são conjuntos complexos de dados que viajam através das vias neurais de uma parte do nosso cérebro para outra. Cada ponto dispara sinais diferentes, dependendo do composto químico. A alegria ou a tristeza, como a fome, é apenas um composto dos muitos que compõem o ecossistema emocional dentro do nosso cérebro.

O campo das neurociências, especificamente das neurociências sociais, ajuda a provar isso com mais clareza. A neurociência social é reconhecida por expandir a psicologia tradicional, examinando como as estruturas cerebrais influenciam o comportamento social.

Neste capítulo, vamos investigar melhor como a neurociência social explica a forma como a felicidade ocorre no cérebro e, subsequentemente, como traduzir essa atividade cerebral em desempenho pessoal e profissional. Também vamos explorar algumas das principais habilidades que levam à felicidade, indicando quais são e como podemos aproveitá-las para reforçar o nosso papel como líderes.

Uma pesquisa inovadora no campo das ciências neurais e psicológicas pode nos ensinar a fortalecer nossa aptidão psicológica para que tenhamos um desempenho superior. Vamos começar pelo núcleo de tudo — os caminhos neuronais que ligam e religam os comportamentos para alavancar os hábitos de felicidade em nosso cérebro.

Se você imaginasse que pedir aos seus funcionários para escrever três coisas pelas quais são gratos antes do início de cada dia aumentaria promoções, bônus e pagamento, melhoraria as vendas em 35 por cento, reduziria os erros de codificação em 37 por cento, e até melhoraria a saúde, reduzindo os dias de licença médica de seis para dois ao ano, implementaria essa prática?

A gratidão é poderosa no local de trabalho, isso é um fato. Já não acreditamos apenas intuitivamente que a gratidão é uma iniciativa que nos faz sentir bem. Décadas de rigor científico em psicologia e neurobiologia podem provar que os traços de felicidade nos fazem ter um desempenho superior. Agora só precisamos garantir que essa ideia se estabeleça em nossa cultura e em práticas populares para que realmente se prolifere.

Caminhos e comportamentos neurais

Por séculos, os psicólogos têm questionado como a mente interage com a arquitetura física do cérebro. Alguns cientistas enxergam o cérebro e a mente como construções separadas, enquanto outros, como Kelly McGonigal, acreditam que a mente e o corpo estão altamente interligados.

McGonigal é autora de vários livros, incluindo *Os desafios à força de vontade* (2013), no qual compartilha pesquisas científicas para delinear como mente e corpo estão interconectados. McGonigal define a mente como "a experiência que uma pessoa tem de si mesma — pensamentos, emoções, memórias, desejos, crenças, sensações, até mesmo a própria consciência".

Da perspectiva de um grupo cada vez maior de cientistas, todas as experiências acima podem ser explicadas pela maneira como corpo e mente conversam um com o outro. Os hormônios viajam pelo corpo e sinalizam várias respostas emocionais, usando o sistema endócrino como o melhor canal para essa conversa. Caso você não esteja familiarizado com a forma como ele funciona, o sistema endócrino é um conjunto de glândulas que produzem hormônios para regular o metabolismo, o crescimento e o desenvolvimento, a função dos tecidos, a função sexual, a reprodução, o sono e o humor, entre outras coisas. Além do sistema nervoso, o sistema endócrino é um dos principais sistemas de comunicação do corpo. Enquanto o sistema nervoso usa neurotransmissores como seus sinais químicos, o sistema endócrino usa hormônios (Society for Neuroscience, 2012).

Então como isso se traduz em colaborações entre corpo e cérebro no que diz respeito ao nosso estado de espírito e à subsequente felicidade?

Para começar, hormônios como a testosterona nos tornam mais assertivos ou competitivos, e a adrenalina pode induzir tanto medo como excitação; o cortisol aumenta as nossas chances de sobrevivência a uma ameaça iminente, mas também pode nos deprimir física e emocionalmente. E como observa McGonigal, "o intestino tem seus próprios neurotransmissores, que são a base fisiológica para a intuição e os sentimentos que vêm do fundo. Até mesmo o sistema imunológico pode dominar a nossa mente, reagindo ao estresse por meio do humor e do corpo".

"Ricas experiências psicológicas podem estar enraizadas no corpo", diz McGonigal. "Isso não torna o apaixonar-se menos significativo, a arte menos criativa, ou a mente menos fascinante... ao partir dessa premissa, podemos compreender enigmas como o porquê da solidão aumentar o risco de doenças cardíacas, ou como as lesões cerebrais transformam as personalidades... ou ainda, por que o exercício físico melhora a memória."

Para nos ajudar a entender melhor como a mente e o cérebro realmente funcionam em uma relação complementar e interdependente, temos que olhar mais profundamente para o complexo estudo da neurociência.

O termo neuroplasticidade, que é derivado das palavras neurônio e plástico, refere-se à capacidade do cérebro de se reorganizar, criando caminhos neurais para se adaptar conforme necessário. A neuroplasticidade refere-se à capacidade do nosso cérebro de ser maleável ou "plástico", para que as nossas experiências possam mudar tanto a estrutura física (anatomia) como a organização funcional (fisiologia) do cérebro.

Depois de um breve histórico de como as ciências psicológicas e as neurociências esbarraram umas nas outras, vamos analisar mais profundamente como a plasticidade do nosso cérebro nos ajuda a construir hábitos, inspira ações, muda comportamentos negativos e luta contra o tédio. Há inúmeras maneiras de desbloquear a felicidade, e tudo começa com a otimização do cérebro para melhorar a mente.

A história da neuroplasticidade

William James, em 1885, sugeriu a existência de neuroplasticidade. Em seu livro *Princípios de Psicologia*, ele propôs que o cérebro humano é capaz de se reorganizar. Embora James estivesse entre os primeiros a sugerir que o cérebro poderia ser alterado pelos nossos comportamentos, o termo "plasticidade neuronal" seria cunhado por Santiago Ramón y Cajal (1852-1934). O termo iniciou uma discussão controversa entre cientistas que ainda acreditavam que tínhamos um número fixo de neurônios no cérebro adulto que não poderia ser substituído quando as células morressem.

A ideia da morte celular continua a ser muito debatida. Não queremos pensar que um dia a mais sem dormir vai matar as nossas preciosas células cerebrais — permanentemente. Nos primeiros anos de vida, os humanos fabricam cerca de 250 mil neurônios por minuto e passam os anos seguintes ligando-os entre si. Então, é de se pensar que já temos o suficiente com que trabalhar.

O que é importante saber sobre a neurogênese (reprodução celular) é que não precisamos de novos neurônios para mudar nosso cérebro. Obviamente, gostaríamos de pensar que mais neurônios significam mais inteligência, mas esse não é exatamente o caso. Em vez disso, é melhor nos concentrarmos nas ligações, ou mesmo nas religações, daqueles neurônios que estão prontos e esperando para serem conectados.

A neuroplasticidade também desempenha um papel fundamental no desbloqueio da autoconsciencialização e, posteriormente, do crescimento pessoal. O cérebro anseia por novidade, por meio da exposição a experiências novas e inéditas. Isso explica como é possível construir um hábito de corrida depois de anos de vida sedentária ou a capacidade de se adaptar à vida em uma cidade grande depois de crescer no subúrbio. Isso também ajuda alguns de nós a reconstruir a esperança após uma tragédia com mais facilidade ou a ter empatia por pessoas que nunca conhecemos.

A lista continua.

Mas o que isso significa para o nosso trabalho e nossa vida em casa? E em nosso desempenho e nossa capacidade de ser feliz?

Muita coisa.

Simplificando, isso nos dá o poder de transformar nosso cérebro para modificar nossos comportamentos, e escolher viver uma vida mais feliz e proveitosa. Também nos ajuda a enfrentar padrões intrínsecos que levam a resultados altamente negativos. Com os novos avanços da tecnologia, pudemos ver como o cérebro volta facilmente aos velhos padrões. A boa notícia é que, se podemos imaginar que hábitos positivos podem ser construídos com o tempo, também podemos imaginar um processo de eliminação de hábitos pouco saudáveis para criar uma cultura de trabalho mais feliz.

Combate aos maus hábitos

A premissa básica por trás da neurociência cognitiva social é combinar a psicologia social com a ciência cerebral para que possamos entender melhor como processos cognitivos como memória e automaticidade funcionam dentro do cérebro. Isso nos ensina como esses processos são influenciados ou irão influenciar comportamentos sociais como estereótipos, emoções, atitudes, autocontrole e reestruturação.

Durante anos, pesquisadores como o psicólogo social e neurocientista John Cacioppo, da Universidade de Chicago, têm recorrido a ferramentas como eletroencefalogramas (EEG) e ressonância magnética funcional (RMf) para complementar as outras técnicas de pesquisa já usadas por cientistas na área da psicologia. Os EEGs são utilizados para detectar anormalidades relacionadas à atividade elétrica do cérebro, e a RMf é uma tecnologia que mede a atividade cerebral através da detecção de alterações associadas ao fluxo sanguíneo. Basicamente, essas novas tecnologias permitem-nos sondar mais a forma como o nosso cérebro reage ao estímulo, tanto positiva como negativamente.

Suas pesquisas, usando os métodos citados, nos levaram a uma jornada pelo comportamento humano, e muitas de suas descobertas foram altamente relevantes para os indivíduos e para o coletivo dentro das organizações. Como se analisassem os funcionários com um microscópio, os pesquisadores determinaram de que forma comportamentos como estereótipos, atitudes arraigadas, autocontrole emocional e interpretação de emoções atuam positiva e negativamente em nossas vidas pessoais e profissionais.

Um dos impactos potencialmente negativos de comportamentos altamente arraigados vem do nosso desejo inato de criar estereótipos. Esse tipo de comportamento é obviamente prejudicial para as nossas sociedades, mas no local de trabalho eles podem criar um conjunto específico de problemas para os líderes resolverem.

Criação de esteriótipos

Ao longo dos anos, psicólogos sociais descobriram que o cérebro automaticamente — e em grande parte inconscientemente — coloca pessoas e objetos em categorias como "conhecido" e "desconhecido", "bom" e "ruim". De acordo com a pesquisa colaborativa entre a Universidade de Nova York e Yale, os neurocientistas descobriram que essa categorização influencia os sentimentos e as reações em relação a essas pessoas e coisas.

Este tópico pode ser considerado controverso porque identifica que temos preconceitos únicos e embutidos que não são apenas ensinados, mas codificados no cérebro. Pensa-se que esta codificação é o resultado do nosso cérebro ter se habituado ao ambiente familiar, utilizando, assim, o mesmo filtro quando olha para algo novo.

O cérebro é ativado quando olhamos para rostos desconhecidos, porque os humanos tendem a temer o que não conhecem, desencadeando um estresse. À medida que nossa força de trabalho se torna cada vez mais global, torna-se primordial usar a empatia como um meio para combater respostas estereotipadas. Ao usar a empatia no desenvolvimento de equipes, conseguimos nos familiarizar cognitivamente com a experiência de outra pessoa. E essa familiaridade permite que nosso cérebro se instale em uma inércia saudável de conforto e fluência. Quando o cérebro está satisfeito, ele ultrapassa a sua heurística íntima, habituando-se a alguém que antes causava insegurança.

Para deixar claro o que isso significa: se o cérebro estiver mais seguro psicologicamente no trabalho, podemos garantir que os funcionários da linha de frente lidem com os clientes com menos medo, melhorando a compatibilidade entre os funcionários e seus gestores. Imagine que essas são peças da caixa de ferramentas emocional disponíveis para cada pessoa que trabalha para você. O que significaria se a sua equipe pudesse usar o "martelo de resiliência" ou o "condutor de empatia" sempre que a tarefa exigisse?

Assim como ficamos nervosos ao experimentar novos alimentos ou ao correr riscos frente ao desconhecido, também nos esquivamos de fazer novas conexões devido a esses estereótipos profundamente arraigados. Com a ascensão da tecnologia das redes sociais e a capacidade de se comunicar de novas formas, estamos derrubando algumas dessas barreiras pré-existentes em nossos cérebros.

Recorrendo a um exemplo de trabalho, quantos de nós já marcou uma reunião com alguém desconhecido e posteriormente verificou seus perfis nas redes sociais ou pesquisou seu nome no Google? Isso não era uma prática, mas agora, com os meios digitais, podemos aprender muito sobre uma pessoa antes de conhecê-la pessoalmente. Isso, na verdade, pode aumentar nossa conectividade, humanizando-a antes mesmo de uma primeira conversa.

Isso também acontece em nossa vida pessoal. Uma pesquisa recente da emissora americana MSNBC confirmou que 43 por cento dos solteiros pesquisam alguém no Google antes de um primeiro encontro. Se metade da população mundial que procura encontros está verificando seu pretendente via internet, por que procurar um colega de trabalho, um potencial vendedor ou um chefe seria diferente?

O que isso não explica é a curiosidade constante e inata que temos um pelo outro. Acho estranhamente fascinante que se entrássemos na casa de alguém, apenas para saber mais sobre a pessoa ou para quebrar as barreiras dos estereótipos, antes da era das redes sociais, seríamos presos. Agora, faz parte do nosso comportamento normal de paquera. De acordo com uma pesquisa recente do Jobvite, 92 por cento dos gestores contratados usam as redes sociais para recrutar talentos (Singer, 2015). Isso prova que, se algo se difunde na nossa vida privada, também se tornará o novo normal na nossa vida profissional.

Atitudes

As atitudes sobre cultura impactam nossas relações com tudo — de amigos a comida. Um estudo realizado em 2004 por Samuel McClure provou o quanto os vieses influenciam fortemente as nossas decisões. Ele combinou testes de sabor da Coca-Cola e da Pepsi com uma ressonância magnética, relacionada a eventos, para sondar as respostas neurais que se ligam às preferências comportamentais para os dois refrigerantes.

Embora a Coca-Cola e a Pepsi sejam quase idênticas na composição química, as pessoas parecem ter uma forte preferência por uma marca em particular.

Um total de 67 indivíduos participaram do estudo. Eles foram separados em quatro grupos. Primeiro, perguntou-se: "Que bebida você prefere? Coca-Cola, Pepsi ou não há nenhuma preferência?" Ao administrar testes de sabor duplo-cego, os pesquisadores descobriram que os sujeitos se dividiram igualmente na preferência por Coca-Cola e Pepsi na ausência de informações sobre as marcas.

É aqui que fica interessante.

Devido à profunda ligação com a marca Coca-Cola, houve um efeito dramático nas escolhas quando as bebidas foram explicitamente rotuladas. E, quando a imagem de uma Coca-Cola precedeu o teste de sabor, foi observada uma atividade cerebral significativamente maior no hipocampo e no mesencéfalo. A Pepsi, por outro lado, não mostrou nenhum efeito real. Em testes cegos de sabor, os refrigerantes foram percebidos da mesma maneira. Quando rotulada, a Coca-Cola venceu no teste.

Quando trazemos esta pesquisa para o contexto do trabalho — de forma semelhante a como os estereótipos influenciam nossa opinião —, as atitudes podem ser distorcidas com base nas nossas profundas crenças culturais. As atitudes podem nos impedir de convidar alguém de um departamento diferente para uma sessão de brainstorming, mesmo que possamos obter um feedback mais útil e não tendencioso de alguém que não esteja envolvido em nossos projetos. Nossas atitudes predominantes podem supor que um desenvolvedor não tem olho para o design ou que um comerciante não se importa com o código.

Mas tudo o que teríamos seriam suposições nas quais basear tais decisões. Os nossos preconceitos inerentes impedem a inovação e o pensamento criativo. Como líderes, precisamos nos forçar constantemente a pensar de outras maneiras, precisamos inovar. Senão, o nosso cérebro coletivo ficará preso em padrões prescritos.

Autocontrole

Os cientistas estão aprendendo como várias regiões do cérebro contribuem para suprimir pensamentos perturbadores ou inapropriados, regulam o conteúdo dos sentimentos e policiam comportamentos prejudiciais, tais como comer demais, usar drogas e apostar.

Obviamente, um comportamento viciante e possivelmente criminoso seria prejudicial para uma vida saudável e padrão. Mas, se olharmos do ponto de vista do local de trabalho, o controle emocional é altamente relevante para o nosso sucesso como líderes.

Pedem-nos que sejamos capazes, resilientes e aptos a assumir fardos com os quais a maioria não quer lidar. Também temos de persuadir os outros a sentirem-se calmos durante os tempos voláteis dentro das nossas organizações. Mudanças e transformações são constantes, mas os líderes mais fortes mantêm o barco estável.

Para ser claro, o controle emocional não é desprovido de sentimentos. Na verdade, o que acontece é o contrário. As emoções são um componente central do ser humano e nos dão a capacidade de inspirar, persuadir, guiar e motivar. A liderança emocional é a chave para nos conectarmos a nível pessoal com aqueles que lideramos. Um alto nível de controle/inteligência emocional também indica em que situações devemos demonstrar empatia, compaixão e entusiasmo. Ele nos ajuda a espelhar o estado de espírito dos outros para nos envolvermos melhor e, com isso, construirmos uma relação. O controle emocional alavanca as nossas emoções de forma positiva e saudável.

Nos próximos capítulos vamos rever novas pesquisas e estudos de caso que provam que vendedores com alta inteligência emocional aumentam a receita, e líderes com alta inteligência emocional aumentam a rentabilidade geral e o valor para os acionistas.

Reenquadramento

Outra forma com que a neurociência social permeia a compreensão da liderança pode ser encontrada em pesquisas que focam o reenquadramento cognitivo. Essa técnica psicológica consiste em identificar e depois desafiar pensamentos irracionais. O reenquadramento é uma forma de vivenciar eventos e emoções interpretadas negativamente, e encontrar alternativas mais positivas. "Reenquadrar é mudar o significado que damos aos eventos, não necessariamente mudá-los." (Greene and Grant, 2003)

Examinaremos então alguns cenários nos quais poderíamos reestruturar nossas conversas no trabalho para ver como esta técnica poderia ser aplicada a nós mesmos.

"Eu já tentei isso" pode ser substituído por "O que podemos fazer de diferente desta vez?"

"Isso foi um fracasso absoluto" pode ser substituído por "O que aprendi?"

"Não tenho tempo" pode ser substituído por "O que posso deixar de fazer, que não seja uma prioridade, para liberar mais tempo?"

Também podemos levar intervenções de reenquadramento para as comunicações com a nossa equipe. Quando ouvimos frases como: "Se eu tivesse X, poderia fazer melhor o meu trabalho", "Se eu tivesse X, poderia atingir o meu objetivo" ou "Se eu tivesse X, teria uma relação melhor com o meu chefe", há formas de ajudar os indivíduos a ressignificar suas experiências negativas. Isso requer uma mudança na mentalidade, para que esses indivíduos identifiquem oportunidades que os ajudem a completar seu projeto, atingir seus objetivos e aperfeiçoar seus relacionamentos, em vez de atrapalhá-los.

Lembra-se da minha sugestão anterior? Ao realizar a simples tarefa de escrever duas ou três coisas que tornam o seu trabalho mais fácil a cada dia, durante duas semanas, os colaboradores perceberão que têm apoio para atingir os seus objetivos. Isso também evitará que eles fiquem ruminando sobre como se sentem desamparados. Já no final da primeira semana, eles começarão a mudar a forma como pensam sobre autoeficácia e a abordagem que dão a essas questões.

A técnica de reenquadrar utiliza ferramentas simples, mas poderosas, a que todos nós temos acesso: perspectiva e a linguagem. Quando percebemos nossas experiências como "oportunidades versus desafios", e depois usamos o poder da linguagem para verbalizar essas percepções, tornamo-nos muito mais influentes e inspiradores. Quando permitimos que eventos negativos tomem conta, eles se tornam contagiosos e insalubres. O reenquadramento nos ajuda a mudar de atitude e tirar as pessoas de um estado negativo.

A memória em constante adaptação

Não carregamos apenas a bagagem emocional de uma separação para a próxima relação. Também carregamos velhas lembranças de chefes horríveis, colegas de equipe incompatíveis e locais de trabalho estressantes. As memórias são, na verdade, bastante complicadas. Tendemos a pensar em nossas memórias como uma espécie de filme, que podemos rebobinar para ver o nosso passado perfeitamente restaurado. No entanto, elas não são assim. Em vez disso, as memórias reescrevem o passado com informações atuais e novas, sendo atualizadas com novas experiências.

Na edição de 4 de fevereiro de 2014 do *Journal of Neuroscience*, a dra. Bridge, da Northwestern University Feinberg School of Medicine, descobriu que a nossa "memória é falha". Ela explica que as memórias "inserem coisas do presente em memórias do passado quando essas memórias são recuperadas".

Qual a razão de fazermos isso?

Para nos ajudar a sobreviver.

Precisamos nos adaptar a ambientes em constante mudança, por isso, misturar conhecimentos novos e antigos nos ajuda a lidar com o presente.

"Todos gostam de pensar na memória como algo que nos permite recordar vivamente a nossa infância ou o que fizemos na semana passada", disse Joel Voss, autor e professor assistente de ciências sociais médicas e de neurologia em Feinberg. "Mas a memória foi concebida para nos ajudar a tomar boas decisões no momento e, portanto, ela tem de se manter atualizada. Por exemplo, a informação que é relevante para o momento pode sobrescrever a informação original." (Paul, 2014)

É aqui que o esforço ativo e consciente para reenquadrar uma memória desafiadora pode ser desenvolvido de várias maneiras positivas.

Que tal examinarmos o nosso desempenho de outro ângulo; o oposto do alto desempenho: o estresse?

Primeiro, aprenderemos como nossos cérebros seguem certos processos para iniciar comportamentos e depois transformar esses comportamentos em práticas diárias. Também estudaremos como eles reagem até mesmo às menores quantidades de estresse no que diz respeito ao nosso desempenho no trabalho.

Como o nosso cérebro dispara impulsos e conecta neurônios

Ao investigar as leis da ciência relacionadas à felicidade, a melhor maneira que temos de resumi-las é com um dos meus ditados preferidos:

"Os neurônios que disparam impulsos juntos se conectam."

O neuropsicólogo Rick Hanson, autor de *Hardwiring Happiness*, concorda. Num artigo do *Huffington Post*, Hanson afirma: "Quanto mais os neurônios [células cerebrais] dispararem impulsos... mais eles vão transmitir... felicidade, gratidão, sentimento de confiança." (Hanson, 2013b)

Mas como o cérebro funciona como um velcro para as experiências negativas e como um antiaderente para as positivas, nossa tendência à negatividade acaba assumindo o controle. Essas tendências opostas são vestígios de uma ressaca evolutiva que remonta aos nossos dias de luta nas cavernas. É o que nos faz procurar irracionalmente por tigres-dentes-de-sabre à espreita, prontos para nos atacar a qualquer momento. Este medo está profundamente enraizado no nosso subconsciente e ainda está muito vivo e ativo no nosso dia a dia. A reação química subsequente ao medo é muitas vezes referida como a nossa resposta de "luta ou fuga". E, quando a química está ativa, a parte de trás do nosso cérebro, na região do hipocampo, fica off-line para garantir a sua proteção. Como o cérebro é responsável pelo pensamento criativo e inovador, um estado cerebral de luta ou fuga pode reduzir em até trinta por cento o espaço imaginativo na mente, que é essencial para novas ideias.

Jacob Burak, autor e conferencista de Tel Aviv, escreveu sobre o tema da felicidade em seu artigo "Gloom", para a revista *Aeon*: "Não estamos mais vagando pela savana, enfrentando a dura retribuição da natureza e uma vida nômade. O instinto que nos protegeu durante a maior parte dos anos da nossa evolução é agora muitas vezes um obstáculo — ameaçando as nossas relações íntimas e desestabilizando as nossas equipes no trabalho." (Burak, 2016)

Burak está se referindo a uma condição evolutiva que, infelizmente, continua nos atrapalhando e nos fazendo hesitar — nossa tendência à negatividade. Segundo John Cacioppo, a tendência à negatividade remete à noção de que, mesmo em situações de igual intensidade, as coisas de natureza negativa têm um impacto maior no nosso estado psicológico e em nossos processos do que as coisas neutras ou positivas. Isso é consequência de os seres humanos terem passado muitos anos em constante estado de risco e medo. Nossa tendência à negatividade afeta nossa atenção, aprendizagem e memória, além da tomada de decisão e percepção de riscos.

E, nos ambientes de trabalho atuais, o estresse espreita nos cantos mais surpreendentes. Vejam, por exemplo, o escritório em conceito aberto.

Considerado anteriormente como a única forma de melhorar a colaboração, o escritório em conceito aberto tornou-se o ambiente básico para a maioria das empresas durante o início do século XX, quando arquitetos como Frank Lloyd Wright entendiam paredes e salas como barreiras ditatoriais. Embora alguns acreditem que salões abertos tenham benefícios, muitos estudos científicos provam o contrário. Um estudo publicado no *Asia-Pacific Journal of Health Management* (Oommen *et al.*, 2008) descobriu que os colaboradores enfrentam uma gama de problemas quando trabalham num ambiente sem divisórias, tais como perda de privacidade e identidade, baixa produtividade, problemas de saúde, excesso de estímulo e baixa satisfação no trabalho.

Em uma pesquisa da Universidade Cornell (Evans e Johnson, 2000), quarenta funcionárias foram designadas aleatoriamente a uma condição de controle ou a uma exposição de três horas a ruído de baixa intensidade, projetado para simular níveis típicos de ruídos de um escritório em conceito aberto. O ruído simulado de escritório elevava os níveis de epinefrina urinária dos trabalhadores — um hormônio que muitas vezes chamamos adrenalina, também associado à resposta de luta ou fuga. A resposta química produziu desafios comportamentais que incluíram menos tentativas de resolver quebra-cabeças, indicando uma redução na motivação.

Uma pesquisa ainda mais recente da Steelcase, fabricante de móveis para escritórios, descobriu que, em uma amostragem de 39 mil trabalhadores, 95 por cento dos entrevistados expressaram a necessidade de algum tipo de privacidade, seja para marcar uma consulta médica ou para lidar com uma negociação delicada com um cliente (Steelcase, 2014).

Herman Miller, outra empresa famosa pela fabricação de móveis de escritório, acredita nisto:

> Nos últimos anos, o trabalho evoluiu do lugar para onde se vai, para aquilo que se faz. A maioria das organizações — mesmo as mais progressistas — ainda está em transição para este novo paradigma e luta com as suas implicações, sendo importante repensar o espaço de trabalho. Empresas como a Cisco observaram que cerca de 65 por cento das estações de trabalho estavam vagas e o banco internacional ABN Amro descobriu que apenas 45 por cento dos assentos em seu escritório de Londres estavam ocupados (Miller, 2007).

Somente através do estudo da ciência da felicidade podemos aprender que escritórios sem divisões criam estresse suficiente para dificultar a motivação. Isso pode não ser verdade em todos os escritórios, mas imagine se, agora, através de pesquisas psicológicas e neurocientíficas, conseguíssemos ligar esses dados e pesquisas de forma mais significativa? Isso nos permite, como líderes, fazer perguntas melhores para obter resultados melhores — algo que não era comum há vinte anos.

Então como chegamos à raiz dessas questões essenciais? Como sabemos em que áreas focar dentro das nossas equipes, e em toda a nossa organização? Não há resposta mágica para essas perguntas, mas podemos sempre voltar à ciência como um ponto de partida — começando pela ciência da motivação. Ao longo das próximas páginas deste livro, vamos melhorar a nossa compreensão das neurociências no que diz respeito à motivação — tanto pessoalmente quanto na forma como podemos implementá-las nos outros.

O cérebro motivado

Há um grupo de neurônios localizado perto da base do mesencéfalo, conhecido como área tegmental ventral. De acordo com a Society for Neuroscience (2012), essa parte do cérebro é relevante para a cognição, a motivação, o desejo, o vício e as emoções intensas (como o amor), e, curiosamente, para vários distúrbios psiquiátricos. Ela contém neurônios que se projetam em numerosas outras áreas do cérebro.

Essa zona, também conhecida como a área da "novidade" ou o "centro de recompensa", está intimamente ligada ao hipocampo e à amígdala, os quais desempenham grandes papéis na aprendizagem e na memória. O hipocampo compara novos estímulos com as memórias existentes, enquanto a amígdala responde aos estímulos emocionais e fortalece as memórias de longo prazo.

A descoberta é uma das formas preferidas do nosso cérebro para adotar e aprofundar uma nova memória. Imagine algumas primeiras vezes: a primeira vez que você ouviu o mar, viajou de avião, provou um sorvete ou viu um bebê sorrir. Essas memórias raramente são negligenciadas porque damos muita importância à novidade.

E quanto às nossas estreias profissionais? A primeira vez que fomos chamados para fazer um grande trabalho em uma reunião. A primeira vez que conseguimos promover alguém da nossa equipe. A primeira vez que orientamos um novo talento, e assim vimos sua carreira decolar.

São memórias que desejamos repetir. Queremos repeti-las porque elas nos oferecem uma onda de endorfina de emoções positivas. Sentimos que estamos realizando algo significativo. E, na maioria dos casos, estamos mesmo.

Portanto, não deve ser surpresa que o tédio é o principal assassino do comprometimento no local de trabalho e que o principal culpado pelo tédio é a repetição de tarefas com pouco senso de realização. O cérebro não reage favoravelmente à repetição quando pouco ou nenhum ganho é obtido. Quando reduzimos a atividade no "centro de recompensa" do cérebro, ele começa a desejar mais recompensas e pode ficar altamente distraído na sua procura por novas experiências.

A realidade?

Ninguém é imune ao tédio.

Dos CEOs aos caminhoneiros, "o tédio não se limita aos executivos", afirmam as pesquisas de Cynthia Fisher (Fisher, 1993).

No contexto da motivação no trabalho, os psicólogos Teresa Amabile e Steven Kramer revisaram doze mil diários eletrônicos de dezenas de profissionais de importantes projetos de inovação, em sete empresas norte-americanas (Amabile e Kramer, 2012). Eles começaram pesquisando 669 gestores em todos os níveis de gestão, em indústrias de todo o mundo, e aprenderam que apenas cerca de oito por cento dos gestores sabem o que realmente motiva o seu pessoal. A grande descoberta desta pesquisa foi que, enquanto estamos trabalhando, a nossa maior inspiração é regida pelas nossas motivações intrínsecas ou internas, tais como alcançar objetivos e encontrar sentido; elas não são extrínsecas ou externas, como o ganho financeiro.

Essa pesquisa também descobriu que uma sensação de "progresso" era o mais importante método de engajamento para os funcionários. Isso faz todo o sentido, pois corresponde ao que nossos centros de recompensa desejam. Nós gostamos de experimentar pequenas vitórias e acreditamos que estamos ganhando força em nossos objetivos.

Esta sensação de progresso como indicador de felicidade no trabalho também foi validada na pesquisa "Tédio e Felicidade no Trabalho", da Universidade de Kent, em 2013, que pediu a 2.113 graduados entre 21 e 45 anos de idade que fornecessem uma "classificação de tédio", de no máximo dez, para suas novas funções. A pesquisa mostrou que a profissão docente tinha os níveis mais baixos de tédio entre dezenas de outras profissões.

Estas respostas de múltipla escolha dizem muito sobre a forma como as pessoas encontram alegria no trabalho:

- 81 por cento disseram que "é o desafio do cargo".
- 81 por cento disseram que "não há dois dias iguais".
- 86 por cento disseram que "gostam da interação com as pessoas".
- 64 por cento também observaram "a oportunidade de usar a criatividade".

Os cargos administrativos, de TI, de vendas e marketing e de fábricas estavam no topo da lista de empregos que apresentam os mais altos níveis de tédio, pelas seguintes razões:

- 61 por cento disseram que "falta desafio em seus empregos".
- 60 por cento disseram que "não usavam suas habilidades ou seus conhecimentos".
- 50 por cento disseram que "faziam as mesmas coisas todos os dias".

Este estudo revela que os recém-formados e a força de trabalho millennial estão procurando um local de trabalho que tenha desafio, novidade e comunidade em vez de aborrecimento e apropriação indevida de habilidades. Portanto, se pudermos começar a construir uma programação baseada em pelo menos alguns desses pontos, estaremos no caminho de melhorar a experiência para os recém-ingressados no mercado de trabalho.

Ou seja, se você é recém-formado, professor, administrador ou executivo, o tédio é extremamente prejudicial à felicidade e ao alto desempenho no local de trabalho. Encontrar projetos desafiadores e significativos é obrigatório para manter qualquer pessoa envolvida. Pode parecer taticamente difícil, mas permitir que cada colaborador invista alguma percentagem do seu tempo em projetos apaixonantes da própria escolha, pode gerar um retorno enorme de envolvimento.

Entrega de propósito

Então, a questão agora se torna a seguinte: "Como combater o tédio se a repetição é um aspecto inevitável do trabalho?"

Podemos estar liderando equipes, trabalhadores de linha de produção ou assistentes administrativos; papéis que ainda requerem engajamento, mas que consistem em trabalho repetitivo. Os funcionários que realizam esse tipo de trabalho e, ainda assim, sentem-se felizes e satisfeitos, tendem a encontrar mais significado em seus cargos — que vai além das tarefas desempenhadas diariamente.

No estudo "How to Motivate Assembly Line Workers" da Jonkoping International Business School (Jusufi and Saitović, 2007), quando questionados dos motivos de gostarem de seus trabalhos, os funcionários da manufatura identificados como os mais engajados em suas funções responderam o seguinte:

1 "Caso contrário, o cliente não obteria produtos limpos, a empresa não teria clientes, e nós não teríamos empregos".
2 "Fornecemos têxteis limpos para hotéis em toda a Suécia. Se fizermos bem o nosso trabalho, o pessoal do hotel pode fazer bem o trabalho deles, o que significa hóspedes felizes".

Ao entender que retirar um parafuso defeituoso da pilha da correia transportadora salva uma vida, um empregado da linha de produção desencadeia um sentido mais forte de propósito e compromisso com o seu trabalho. Ele se torna parte de um quadro mais amplo e, como resultado, tende a demonstrar níveis mais elevados de envolvimento.

Imagine a diferença entre um funcionário que acredita que seus esforços estão contribuindo para construir um capacete ou um colete de proteção mais seguro para um policial e alguém que nunca sabe o resultado de seus esforços.

Quem você acha que se sentiria mais realizado no que faz?

Muitas vezes não sabemos como o usuário final está se beneficiando dos produtos que fabricamos. Envolver as pessoas nos objetivos mais amplos ajuda a dar sentido aos trabalhos do dia a dia. Precisamos nos esforçar, levando essas histórias aos nossos funcionários para que eles estejam conectados ao que fazem a cada hora e a cada dia.

O desejo inato de estarmos ligados ao nosso trabalho e uns aos outros é evidente. Mas, com o tédio entrando sorrateiramente na nossa vida profissional, precisamos entender o sentido do que fazemos para conseguir lidar com o inevitável. No entanto, como mostra a ciência, o desejo do cérebro por estímulos é uma criatura que deve ser alimentada. Uma vez que o tédio não pode ser totalmente excluído dos nossos locais de trabalho (só que alguns dias são melhores do que outros), precisamos usar quantas ferramentas forem possíveis para dar sentido ao trabalho que fazemos.

Quão simples pode ser?

Você pode reduzir o tédio, aumentar a produtividade, diminuir a procrastinação e até mesmo ser mais lucrativo apenas pedindo à sua equipe para praticar dois minutos de gratidão antes de começar o dia.

Robert A. Emmons (Emmons e McCullough, 2003) aprendeu que, a partir da construção dos traços de gratidão em nosso cérebro, a felicidade aumenta até 25 por cento. E, quando as pessoas estão felizes, elas se engajam mais, o desempenho melhora e o tédio diminui.

A pesquisa foi realizada com três grupos experimentais ao longo de dez semanas.

Foi solicitado que aqueles no grupo da gratidão escrevessem cinco coisas pelas quais estavam gratos a cada semana durante dez semanas. Pediu-se ao grupo do aborrecimento (como foram nomeados) que escrevessem cinco aborrecimentos diários da semana anterior durante o mesmo período. O grupo de condição de controle listou cinco eventos (nem positivos nem negativos).

As coisas listadas pelas pessoas na condição de gratidão incluem:

- pôr do sol através das nuvens;

- a chance de estar vivo;
- a generosidade dos amigos.

E na condição de aborrecimento:

- impostos;
- a dificuldade de encontrar vaga no estacionamento;
- "estraguei o que estava cozinhando".

Antes do início da experiência, os participantes usaram diários para registrar seu humor, saúde física e atitudes em geral.

O que aconteceu?

As pessoas que estavam na condição de gratidão sentiam-se 25 por cento mais felizes — estavam mais otimistas sobre o futuro, sentiam-se melhor sobre suas vidas e se exercitavam quase uma hora e meia a mais por semana do que as pessoas do grupo de aborrecidos.

Os participantes na condição de gratidão estavam mais propensos a relatar ter ajudado alguém com um problema pessoal ou ter oferecido apoio emocional, em relação ao grupo de aborrecidos ou ao grupo de controle.

Em uma comparação experimental, os participantes do grupo da gratidão, que mantinham diários semanais, exercitavam-se regularmente, relatavam menos sintomas físicos, sentiam-se melhor sobre suas vidas como um todo e estavam mais otimistas sobre a semana seguinte, em relação àqueles que registraram os aborrecimentos ou eventos neutros da vida.

Já se convenceu?

Tenho mais estudos para compartilhar ao longo do livro. Todos eles demonstram correlações altamente significativas com a prática da gratidão no local de trabalho e melhoraram as principais métricas de desempenho, incluindo: diminuição da procrastinação, melhoria da eficiência, maior atenção às tarefas, redução dos erros de digitação e codificação e, para uma pequena empresa de até sessenta funcionários, uma economia de quase 250 mil dólares.

Nem preciso dizer que a gratidão tem um impacto enorme e positivo no nosso resultado. A melhor parte disso para nós, como líderes, é que podemos gerar receita para a nossa empresa e colocar a felicidade dos funcionários em primeiro lugar.

Fomentar amizades

A construção de uma comunidade no trabalho também favorece uma cultura de trabalho de melhor desempenho. Criar amizades saudáveis e relacionamentos positivos é uma das formas mais eficazes de aumentar a retenção de talentos, de acordo com uma gama de pesquisas sobre o tema.

Donald Clifton, psicólogo americano e professor de psicologia da educação, adquiriu a Gallup, uma empresa de consultoria baseada em pesquisa, e desenvolveu a pesquisa Q12. A pesquisa Q12 faz uma pergunta muito importante que diz respeito à amizade no trabalho e como esses relacionamentos são importantes para o sucesso de uma empresa.

O resultado dessa questão teve um efeito multiplicador na forma como os líderes agora veem o valor da comunidade no local de trabalho. Clifton e Gallup aprenderam que ter pelo menos um (sim, apenas um) amigo próximo no trabalho é um dos mais fortes preditores de produtividade. Estudos mostram que funcionários com um amigo no trabalho tendem a ser mais focados, mais apaixonados e mais leais às suas organizações. Eles adoecem menos, sofrem menos acidentes e mudam de emprego com menos frequência. Até mesmo, têm clientes mais satisfeitos (Gallup, 1999).

Isso é importante.

Precisamos criar oportunidades para os nossos funcionários terem pelo menos um bom amigo.

Numa meta-análise de 148 estudos, incluindo trezentas mil pessoas estudadas durante sete anos, os investigadores descobriram que aqueles com relações sociais fortes tinham uma maior probabilidade de saúde a longo prazo e menos probabilidade de morrer do que as pessoas com relações sociais mais fracas.

Entendeu essa última parte? Eles tinham menos probabilidade de morrer! Esqueça o compromisso, a produtividade, as metas ou qualquer outra coisa que estamos medindo, estamos falando em aumentar a expectativa de vida de um indivíduo.

Os professores da Brigham Young University, Julianne Holt-Lunstad e Timothy Smith, descobriram que as ligações sociais, incluindo amigos, família, vizinhos ou colegas, podem melhorar as nossas probabilidades de sobrevivência em cinquenta por cento (Holt-Lunstad *et al.*, 2010). Aqui está como a solidão nos coloca em risco:

- equivale a fumar quinze cigarros por dia;
- equivale a ser um alcoólatra;
- é mais prejudicial do que não se exercitar;
- é duas vezes mais prejudicial do que a obesidade.

O aumento da comunidade no trabalho é altamente valioso para um negócio. Talvez esteja na hora de criar o orçamento para o projeto "construindo amizade", não é?

Holt-Lunstad, principal autor do estudo, diz: "Quando alguém está ligado a um grupo e sente responsabilidade por outras pessoas, esse sentido de propósito e significado traduz-se em cuidar melhor de si próprio" (Holt-Lunstad *et al.*, 2010).

E isto é fundamental: "Aqueles que vemos diariamente no trabalho têm o mesmo potencial de aumentar a nossa felicidade do que um salário de mais de cem mil dólares por ano." (Smith, 2013)

Neste capítulo, identificamos o que parecem ser algumas das forças mais destrutivas contra o engajamento e a felicidade dos funcionários. Aprendemos que o tédio é indiscutivelmente uma das atitudes mais tóxicas que predominam no trabalho, e que ninguém pode escolher uma ocupação que o erradique completamente. O tédio funciona como um impedimento para o entusiasmo e, como as empresas precisam "inovar ou sair do mercado", queremos definitivamente manter distância da chatice. Como líderes, precisamos reconhecer isto, e espero poder fornecer um material com conteúdo e atividades que ajude tanto a equipe quanto nós mesmos a combater o tédio no trabalho.

Aprendemos também que a amizade e o senso de comunidade entre os colegas de trabalho poderiam proporcionar um valor de compensação adicional de aproximadamente cem mil dólares sem um aumento no salário. Precisamos valorizar o nosso pessoal pagando-lhes adequadamente. Porém, há uma variedade de formas de melhorar o envolvimento que os incentivos financeiros simplesmente não oferecem.

Todos nós temos a capacidade de construir um comportamento saudável, positivo e automático. Para que o comportamento seja automático, precisamos praticá-lo. Então, vamos começar a alavancar este aprendizado no cotidiano do trabalho e motivar nosso pessoal. Porque, se pudermos liderar dando sentido, gratidão e até mesmo fazendo alguns amigos pelo caminho, evitaremos os obstáculos à paixão.

No final de cada capítulo, incluirei uma ou mais atividades que o encorajo a praticar. Claro, o livre-arbítrio pode sempre ser exercido. Mas, experimentando pelo menos uma atividade por poucos dias, você começará a treinar seu cérebro para pensar objetivamente sobre como lidera e sobre o quão sério você é em relação à criação de hábitos positivos.

Desafie a si e a sua organização com uma ou todas as atividades abaixo. Todos se beneficiam ao tirar a aprendizagem das páginas e trazê-la para o mundo real.

Atividades

1 Experimente uma atitude de gratidão.
2 Construa comunidades.
3 Gere propósito.

Atitude de gratidão

No Labs há alguns exercícios que usamos para elevar e manter a gratidão de nossas equipes. E trabalhamos isso com empresas como TD Bank, o Governo Federal, Lululemon e, até mesmo, pré-escolas e seus professores. A idade ou profissão não limita a gratidão. Participar em atividades de gratidão é simples, mas não significa que seja uma bobagem. Muitas vezes nós complicamos demais nossos esforços porque acreditamos que a complexidade sinaliza eficácia; isso simplesmente não é verdade.

Aqui está uma atividade para você começar:

1 Pegue um quadro branco ou um quadro de cortiça (no nosso escritório usamos uma porta velha de vidro pulverizada com tinta de quadro branco) e coloque-o contra uma parede que seja visível para o maior número possível de colaboradores no escritório.

2 Em seguida, reúna marcadores e canetinhas, apagadores para o quadro branco ou notas adesivas com qualquer tipo de marcadores e tachinhas para o quadro de cortiça.

3 Escreva um número num papel representando cada pessoa no escritório e peça a todos que sorteiem um papel numerado.

4 Começando pelo funcionário que escolheu o papel com o número um, coloque uma nova pergunta no quadro todos os dias. A questão deve ser de natureza positiva e centrada na gratidão. Por exemplo, fazemos perguntas como:

   a) O que o fez sorrir no caminho para o trabalho esta semana?

   b) O que você mais gosta de fazer nos fins de semana e por que isso o faz feliz?

   c) Diga o nome de uma pessoa que tornou o seu trabalho mais fácil esta semana. Como ela te ajudou?

   d) Sem o que você não conseguiria viver no escritório? Por exemplo, a cafeteira? O grampeador? A impressora? As janelas?

e) Quem é a pessoa que mais inspira você? Por quê?

5 Se você tiver uma grande empresa, pode dividir as equipes por departamento. O exercício não precisa parar quando os números acabarem. Este é um hábito que pode ser incorporado na vida cotidiana. Se quiser continuar, faça a pergunta ficar ativa por sete dias, fazendo uma rotação semanal.

A oportunidade de aprender mais sobre o que faz as pessoas felizes é incrivelmente poderosa. Este exercício obriga os indivíduos a fazerem um balanço do que têm à sua disposição no trabalho e em casa para serem mais felizes, mais gratos e bem-sucedidos em relação ao que lhes falta; os líderes aprendem novas maneiras de motivar e inspirar os outros com base em valores e entusiasmo compartilhado. E, quando estas duas experiências colidem, esse é, muitas vezes, um ponto de mudança para a cultura da organização.

Construção de comunidades

Como mencionei neste capítulo, uma pesquisa da Gallup descobriu que funcionários que têm um melhor amigo onde trabalham apresentam sete vezes mais probabilidade de estar totalmente envolvidos nas suas funções. Isso faz com que seja muito interessante fomentar novas amizades entre colegas de trabalho.

As amizades não devem ser forçadas e as relações devem ser construídas com o tempo, com confiança, respeito e intenção. A forma como construímos comunidades é simplesmente criando oportunidades para os funcionários socializarem longe de suas mesas.

Aqui estão algumas atividades para dar o primeiro passo:

- Coma como uma "família". Crie espaços no escritório que incentivem as refeições em conjunto. Junte as mesas e sugira eventos no feriado, campeonatos de receitas, bebidas depois do trabalho — o que fizer sentido para a sua cultura. O objetivo é reunir todos em um espaço onde possam se sentir relaxados e próximos uns dos outros. Compartilhar a comida é um exercício muito familiar e reconfortante. Isto permite uma comunicação e uma troca mais aberta.

- Voluntariado ou caridade. Há uma ciência fantástica sobre os benefícios de retribuir. Quando doamos, somos 3,5 vezes mais felizes do que quando recebemos. Imagine uma equipe que esteja feliz e fazendo trabalho voluntário em conjunto.

Um dos nossos momentos favoritos de caridade no Plasticity Labs custou apenas cinco dólares, mas a felicidade espalhada não teve preço. Você pode facilmente replicar essa tarefa com sua equipe. O time da Plasticity começou doando um cartão presente de cinco dólares para uma pessoa em uma cafeteria local movimentada. Nós só tínhamos uma regra: a pessoa podia usá-lo para comprar seu café, mas deveria comprar outro para a próxima pessoa na fila. Esse plano acabaria com uma pessoa saindo feliz da cafeteria com um café grátis na mão. Mas esse não é o fim da história.

Durante horas, as pessoas usaram suas economias e compraram outro café para a próxima pessoa na fila. A barista nos encontrou mais tarde para compartilhar como aquele havia sido seu "dia preferido no trabalho". Foi incrível ver como algo tão simples (e acessível) teve um efeito dominó tão positivo.

Gere propósito

Por que estou fazendo isso?

Esta é uma pergunta que faremos a nós mesmo e aos nossos empregadores ao longo de nossas carreiras e durante momentos difíceis.

Para conectar as pessoas ao trabalho que fazem, precisamos ajudá-las a entender o porquê por trás de seus esforços — o mais frequentemente possível. Nenhuma tarefa é pequena demais que não possamos infundir propósito nela. Acreditamos que encorajar alguém a ficar entusiasmado por grampear papéis é ridículo, mas e se esses papéis forem o novo contrato de um empregado ou o contrato do plano de saúde de um funcionário? Cada momento pode ser considerado, mesmo que seja apenas por um elevado nível de compromisso e diligência ao detalhe.

E como fazemos isso?

Uma das melhores formas de fazer os nossos colaboradores pensarem em suas tarefas é mostrando-lhes o que elas significam para as pessoas da outra ponta de suas interações. Aqui estão algumas formas de compartilhar estas narrativas:

- Você está gerindo uma equipe de contadores? Mostre-lhes através de palavras, imagens ou vídeo como os seus esforços reduzem o estresse para a sobrecarga do imposto de renda — faça o seu melhor. Você está gerenciando uma equipe de desenvolvedores de sites? Mostre-lhes como cada minuto de código que eles programam sustenta diretamente a capacidade do pequeno empresário de ganhar a vida através do seu site. Esses são apenas alguns exemplos de como podemos usar as narrativas dos nossos clientes ou usuários finais para ligar os esforços diários dos nossos funcionários ao quadro geral.

- Comece um exercício "razão da semana"; nele, você e sua equipe se levantam e compartilham por que todos estão comprometidos em fazer seu melhor trabalho naquela semana. Seria para o paciente que vai ter o monitor cardíaco mais eficaz e seguro? Para a mãe que pode finalmente dormir descansada porque confia que sua babá eletrônica funciona perfeitamente? As pessoas não só apresentarão ideias inovadoras, e mais significativas, quando essas razões forem compartilhadas entre pares, como também lhes proporcionarão novas e envolventes razões para se manterem motivadas.

Leitura recomendada

HANSON, R. *Hardwiring Happiness: The New Brain Science of Contentment, Calm and Confidence.* Harmony, 2013.

EMMONS, R. *Thanks!: How Practicing Gratitude Can Make You Happier.* Houghton Mifflin, 2008.

A história da felicidade

2

Para obter uma crença autêntica e pragmática sobre a filosofia da felicidade no trabalho, é preciso saber o quão longe vai a história da felicidade. Os enigmas mais confusos da vida são aqueles que se estendem no tempo e entre as culturas, e que ainda são ponderados e discutidos até hoje. A razão pela qual essas questões não são facilmente resolvidas deve-se, em grande parte, à complexidade e multiplicidade das respostas. Então, vamos voltar no tempo e através das culturas para selecionar as peças que são mais relevantes e conectá-las.

A história da felicidade é vasta, profunda e sinuosa.

Não há páginas o bastante neste capítulo, ou capítulos neste livro, para falar o suficiente sobre a felicidade através dos tempos. Para resolver isso (garantindo sua relevância), vamos dar uma olhada nos marcos que considero mais interessantes na evolução da felicidade — com foco no local de trabalho e na liderança.

Ao longo do tempo, os líderes debateram sobre o valor de investir no bem-estar dos seus funcionários. Mas foi apenas no final do século XX que o engajamento se tornou um termo reconhecidamente relacionado à força de trabalho, e esse debate permanece até hoje. A maioria dos gerentes se pergunta se realmente podem causar impacto.

Numa época em que o estresse no local de trabalho cresceu significativamente e a concorrência por emprego só aumenta, não é de admirar que o envolvimento total seja sempre baixo. Os gestores também estão menos inclinados a envolver-se em discussões emocionais e pessoais por medo de ultrapassar a linha de limite pessoal, o que reduz a oportunidade de ocorrerem mudanças positivas no local de trabalho.

Contudo, com a empatia e a compaixão como traços comuns aos mais influentes líderes globais, a necessidade de ser feliz se torna imperiosa — a despeito de todas as razões pelas quais ela deveria ser diminuída. Por exemplo, os líderes políticos de alto nível, de acordo com o Relatório da Felicidade Mundial de 2015, estão demonstrando a importância do bem-estar como um guia para as suas nações. Alguns dos nomes citados no relatório incluem a chanceler alemã Angela Merkel, o presidente sul-coreano Park Geun-hye, o antigo primeiro-ministro britânico David Cameron e sua alteza, o xeque Mohammed bin Rashid Al Maktoum, primeiro-ministro dos Emirados Árabes Unidos e governante de Dubai.

Isto está acontecendo em todos os lugares. Angela Merkel foi aplaudida pela sua resposta à crise dos refugiados sírios de 2015 e 2016, durante a qual absorveu o peso econômico de acolher 1,1 milhão de refugiados na Alemanha. Embora ela também tenha enfrentado críticas, muitos a viram como uma líder impulsionada pela empatia e tolerância. E, sua alteza, o xeque Mohammed bin Rashid Al Maktoum, investiu trezentos bilhões de dirhams (81,5 bilhões de dólares) do dinheiro do governo em algo além do mercado petrolífero: em fevereiro de 2016, ele anunciou que iria estabelecer um Ministério da Felicidade, Tolerância e Futuro. Para reforçar ainda mais esta afirmação ousada, ele nomeou como Ministro da Juventude um jovem de 22 anos, além de uma mulher para dirigir o Ministério da Felicidade (Bin Rashid Al Maktoum, 2016).

Há vários outros exemplos de novas lideranças em partes do mundo onde, talvez, não esperássemos ver essa mudança, mas ela está realmente acontecendo. E, se essa transformação de liderança autoritária para liderança empática parece nova, é porque ela realmente é.

Este capítulo confirmará que os inovadores mais ousados e progressistas foram aqueles que abraçaram e espalharam a felicidade. No entanto, eles eram frequentemente punidos por suas opiniões fora do comum. Esses visionários são lembrados com carinho nos livros de história de hoje, mas, em vida, muitos deles foram considerados tolos ou perigosos para a sociedade.

Porém, imagine se esses agentes de mudanças fossem impedidos de correr riscos? Sua coragem diante da perseguição nos deu conhecimentos da ciência cerebral, instrumentos financeiros modernos, medicina moderna — podemos até mesmo agradecer a eles por nos dar a autoridade para sorrir.

Como você pode ver, a felicidade tem uma história fascinante, e estou prestes a levá-lo nessa emocionante jornada através do tempo. Vamos começar.

Erga-se das cinzas

Vamos começar nossa jornada no Egito Antigo, uma civilização que existiu desde cerca de 3300 a.C. até a conquista de Alexandre, o Grande, em 332 a.C.

Os Egípcios Antigos são considerados uma sociedade de alto desempenho. A expectativa de vida era curta, a ameaça de doença era alta e eles entendiam seus deuses como impiedosos; apesar disso, muitos desfrutaram de uma existência relativamente proveitosa para o seu tempo.

Durante aquela era, nasceria o mito da fênix que se ergue das cinzas. Porém, por que isto é importante para a evolução da felicidade? A fênix é frequentemente retratada como uma ave colorida que, após uma longa vida (quinhentos anos ou mais), morre num incêndio criado por ela para então ressuscitar das cinzas. Da simbologia religiosa e naturalista do Egito Antigo a um símbolo secular usado por exércitos, comunidades e até mesmo sociedades, bem como um símbolo literário, a representação mítica da morte e do renascimento dessa ave parece se relacionar com as aspirações da humanidade.

O termo "garra" é por vezes aplicado àqueles que desenvolvem resistência depois de terem vivido uma experiência desafiadora. Pode ser surpreendente para alguns, mas a felicidade é geralmente considerada uma consequência de se ter garra, porque, dessa forma, a pessoa se torna consciente de que pode resistir aos desafios da vida. O estresse do cotidiano torna-se mais controlável e a resiliência do indivíduo aumenta.

Angela Lee Duckworth, psicóloga e pesquisadora da Universidade da Pensilvânia, popularizou o termo "garra" em um TED Talk assistido mais de oito milhões de vezes. Ela descobriu, em seus estudos com escolas públicas de Chicago, que as crianças com mais garra tinham uma probabilidade significativamente maior de se formar, mesmo quando isso era medido a partir de aspectos como renda familiar, resultados de testes de desempenho padronizados e, até mesmo, o quão seguras as crianças se sentiam quando estavam na escola. A pesquisa de Angela também descobriu que "o talento não faz alguém ter garra. Na verdade, ter garra geralmente não está relacionado a isso, e é até inversamente proporcional às medidas de talento" (Duckworth, 2013).

Duckworth acredita que a pesquisa mais próxima ao estudo sobre garra vem de Carol Dweck, professora da Universidade de Stanford, que estuda a "mentalidade do crescimento" ou a crença de que a capacidade de aprender não é fixa e pode mudar de acordo com o esforço. "A dra. Dweck mostrou que quando as crianças leem e aprendem sobre o cérebro e como ele muda e cresce em resposta ao desafio, torna-se mais provável que perseverem quando falham, porque passam a acreditar que o fracasso não é uma condição permanente." (Duckworth, 2013)

Para explicar o termo "garra" com mais detalhes, ele é definido como um termo psicológico, um traço positivo e não cognitivo, baseado na paixão de um indivíduo por um objetivo particular de longo prazo ou estado final, aliado a uma forte motivação para atingir seu respectivo objetivo.

O conceito de garra surge fortemente alinhado com a ascensão da mitologia da fênix. Mas, em vez de nos erguermos das cinzas, estamos nos preparando para agir.

A garra é predominante na maioria dos líderes. Alguns argumentam que uma pessoa não é capaz de realmente liderar sem experimentar um desafio pessoal que seja influente o suficiente para garantir os níveis de resiliência, perseverança e empatia necessários para o trabalho.

Histórias de líderes empresariais como Howard Schultz, CEO da Starbucks, nos fazem acreditar que podemos conseguir qualquer coisa se perseverarmos. Ele foi uma criança pobre que cresceu em lares de baixa renda e viu a família ficar financeiramente arrasada quando o pai, que não tinha um plano de saúde, quebrou a perna no trabalho. Este momento permaneceria na mente de Schultz por décadas — foi um catalisador para sua própria perseverança e seu desejo de reduzir a vulnerabilidade dos trabalhadores.

Este conceito de renascimento, redenção e felicidade como resultado de traumas ou crises é um tema que se repete ao longo da história. Ele ganha vários nomes ao longo dos anos. O que outrora foi descrito na mitologia através da imagem da fênix erguendo-se das cinzas, é denominado crescimento pós-traumático (PTG) no vernáculo atual. Esse crescimento refere-se à mudança psicológica positiva que se experimenta como resultado da adversidade e de outros desafios, e que permite melhorar o nosso desempenho.

Através dos tempos, a liderança foi poderosamente associada à ideia de garra. Ao olharmos para alguns dos líderes mais influentes, veremos como as experiências mais desafiadoras moldaram suas narrativas.

Sócrates

Sócrates, o filósofo grego, quebrou barreiras; ele era um rebelde, além de ser reconhecido pelo avanço de temas relacionados à felicidade e ao sentido da vida. Sócrates foi também um dos primeiros a debater abertamente que a felicidade está sob nosso controle.

A inevitável queda de Sócrates deveu-se ao *timing* das suas teorias, que foram expostas durante uma época pouco receptiva aos conceitos que se opunham aos deuses gregos. Em 480 a.C., quando Sócrates estava abraçando suas teorias de felicidade, os gregos não só eram pessimistas sobre os humanos e sua falta de capacidade de grandeza, como também acreditavam que a alegria estava reservada apenas para aqueles entendidos como dignos pelos deuses.

Se os deuses estivessem preocupados em ouvir, teriam percebido que Sócrates estava tentando mostrar, através do pensamento científico, que, para alcançar a felicidade, todos deveriam considerar os seguintes princípios:

1 Esforçar-se para ser honesto.

2 Ser a sua melhor versão possível.

3 Demonstrar controle emocional.

E, se olharmos para essa questão sob um prisma de liderança, penso que os princípios permanecem os mesmos, tanto no trabalho como na vida.

No final das contas, Sócrates pagou caro pelos comentários públicos e pelos esforços para provar que a felicidade era uma escolha e não algo transmitido pelos deuses. Ele foi acusado de "corromper a juventude" e condenado à morte por envenenamento por cicuta.

Um dos momentos mais grandiosos da vida de Sócrates veio nos últimos minutos antes de sua morte. Em vez de ruminar sobre a dor e culpar os deuses por seu castigo injusto ou implorar por misericórdia, ele teve leveza ao lidar com Platão e seus outros amigos. Lembrou-os de seus ensinamentos e os aliviou de seus medos. Sócrates seria lembrado como uma pessoa feliz, até o momento em que ingeriu o veneno.

Esse filósofo é importante para o tema da felicidade através da história porque viveu da forma que acreditava. Ele estava tão comprometido com o conceito de que a felicidade é uma escolha que a validou mesmo momentos antes de morrer.

Seus ensinamentos sobreviveram na ciência e na matemática. Hoje, eles influenciam os métodos que usamos para o pensamento crítico de líderes em uma enorme variedade de disciplinas. O Método Socrático é um método de eliminação de teorias, na medida em que as melhores hipóteses são encontradas, excluindo aquelas que levam a inconsistências. Professores, advogados e psicoterapeutas usam o Método Socrático para desenvolver programação, planejar argumentos e diagnosticar pacientes, respectivamente.

Haveria muitos outros líderes influentes que avançariam o tema da felicidade, da garra e da liderança, mas há um exemplo moderno que para mim é a epítome desses conceitos.

Helen Keller

Helen Keller, a primeira pessoa surdocega a obter um diploma de artes, foi imortalizada nos livros, na arte e no cinema. Keller se destacou na história como alguém que foi implacável em sua busca por aprendizado, além de ser uma pessoa cheia de otimismo, esperança e resiliência. Parte da esperança de Helen é creditada a sua professora, Anne Sullivan, que também perdeu a visão na infância. Esta relação foi fundamental para o sucesso de Helen, pois a obrigou a ver além daquilo que os outros pensavam ser limitações.

Antes da chegada de Anne, Helen tinha cerca de sessenta sinais inventados para se comunicar com a família. As duas se conheceram através de Alexander Graham Bell (o inventor do telefone), por meio do seu trabalho com crianças surdas. Este tornou-se o início de uma relação de 49 anos entre professora e aluna, que acabou sendo uma amizade para toda a vida.

Depois de muitas sessões frustrantes e exaustivas com Anne, Helen finalmente aprendeu o básico da comunicação, que evoluiu para um desejo insaciável de saber mais. Determinada a se comunicar da forma mais confortável possível, Helen aprendeu a falar lendo os lábios dos outros com as mãos. Ela aprendeu tão bem que passou a ser oradora pública e viajou por pequenas cidades nos Estados Unidos, compartilhando mensagens de

> otimismo, esperança, encorajamento... uma mensagem que permanecerá por muito tempo com aqueles afortunados o suficiente para tê-la recebido... a maravilhosa moça que triunfou brilhantemente sobre as tríplices aflições da cegueira, da falta de conhecimento e da surdez, deu uma palestra sobre a felicidade com seus próprios lábios, a qual será sempre lembrada como um ensinamento inspirador por aqueles que a ouviram (*Dunn County News*, 1916).

O que permeou a mensagem de Helen foi encontrar a alegria que a vida lhe deu. Jessica Koser, da Dunn County Historical Society, descobriu arquivos antigos de jornais que descreviam uma das palestras de Helen, de acordo com os que a assistiram. A jovem falava da alegria que a vida lhe deu. Ela estava grata pelas faculdades e habilidades que possuía e afirmou que os prazeres mais produtivos que tinha eram a curiosidade e a imaginação. Keller também falou da alegria em servir e da felicidade que advém de fazer coisas para os outros.

De acordo com o artigo original do jornal sobre o evento, Keller compartilhou que "ajudar os seus semelhantes [era] a única desculpa para estar neste mundo. E que era em fazer as coisas para ajudar os seus semelhantes que residia o segredo da felicidade duradoura". Ela também falou das alegrias de amar o trabalho e da felicidade da realização.

Neste ponto de sua vida, Helen já conhecia a chave da felicidade havia muito tempo. Sua compreensão intuitiva de que a liderança vem com a perseverança, o propósito e a coragem, foi consistentemente demonstrada nas mensagens que compartilhou com as multidões enquanto viajava de cidade em cidade. Ela era uma ativista da felicidade muito à frente de seu tempo.

Keller passou a ser uma oradora e autora de fama mundial. Ela defendeu as pessoas com deficiência e fundou a Helen Keller International, uma organização voltada à pesquisa em visão, saúde e nutrição. A instituição é altamente eficaz em salvar a visão e as vidas dos mais vulneráveis e desfavorecidos. A organização tem atualmente mais de 120 programas em 21 países africanos e asiáticos, bem como nos Estados Unidos. Em 1920, ela ajudou a fundar a União Americana pelas Liberdades Civis (RNIB, 2008).

Em 14 de setembro de 1964, o presidente Lyndon B. Johnson concedeu-lhe a Medalha Presidencial da Liberdade, uma das duas mais altas honras civis dos Estados Unidos. Em 1965, Hellen foi eleita para o National Women's Hall of Fame na Feira Mundial de Nova York (RNIB, 2008).

Keller morreu enquanto dormia, em 1º de junho de 1968.

Ela foi, para mim, um brilhante exemplo de como construímos nosso caráter por meio da história que contamos a nós mesmos, mas também por meio de quem permitimos que espelhe essa história. Anne Sullivan foi uma grande parte desta trajetória de triunfo. Através da cegueira, elas viram a grandeza uma da outra. Muitas vezes, esquecemos como é valioso ter alguém que acredite em nós, como é valioso ver um reflexo positivo de nós mesmos nos olhos dos outros.

Como líderes, não podemos esquecer como é poderoso ser um treinador, um mentor e um professor, alguém que seja consistente, persistente e fiel às metas estabelecidas pelos indivíduos que entram no nosso local de trabalho todos os dias. Precisamos refletir e nos perguntar regularmente: "Estamos nos comportando como nossos melhores professores? Estamos permitindo que a nossa equipe aprenda através da tentativa e do erro? Estamos incentivando nossos funcionários? Estamos sendo pacientes o suficiente? Estamos lembrando nossa equipe de ser grata pela dor que vem com a aprendizagem e através da mudança?"

A história de Helen Keller e Anne Sullivan é uma das minhas favoritas porque a relação delas pode ser encontrada em todas as espécies, mas ainda assim é rara e especial. Quando você encontra uma pessoa no trabalho que "te entende", até mesmo uma tarefa maçante se torna mais fácil, pois você está trabalhando com o seu equivalente a Anne Sullivan.

Certa vez, Helen teve um dia particularmente difícil tentando aprender a palavra "caneca", e explodiu de raiva. Ela jogou sua boneca contra a parede, e o brinquedo se desfez em pedaços. Em vez de ficar zangada, Anne deu uma pausa, segurou uma das mãos de Helen debaixo da água fria e escreveu a palavra "água" na outra. A tolerância e paciência de Anne finalmente dariam sua voz a Helen.

"Fiquei parada", disse Helen Keller alguns anos depois,

> toda a minha atenção se fixou nos movimentos dos dedos dela. De repente senti uma consciência nebulosa, como se lembrasse de algo esquecido — uma emoção de retorno de um pensamento; e, de alguma forma, o mistério da linguagem foi-me revelado. Eu sabia então que "á-g-u-a" significava a coisa maravilhosa e legal que estava fluindo sobre a minha mão. Essa palavra viva despertou a minha alma, deu-lhe luz, esperança, alegria, libertou-a! (Lewis, n.d.)

Todos nós precisamos de ajuda, orientação e de alguém que nos acompanhe até a linha de chegada. E, sempre que pudermos ser essa pessoa para a nossa equipe, devemos aproveitar a oportunidade.

Quero compartilhar brevemente com você outra narrativa particularmente significativa, porque nos melhores casos de garra há também graça. Ninguém, além de Nelson Mandela, resume melhor os obstáculos e as conquistas presentes no caminho até uma liderança eficaz.

Nelson Mandela

Depois de passar 27 anos preso por lutar contra o apartheid, Nelson Mandela tornou-se o primeiro presidente negro da África do Sul. Enquanto estava na prisão, ele teve que viver numa cela úmida de concreto de cerca de dois metros quadrados com uma esteira de palha sobre a qual dormia. Outros prisioneiros o assediaram até que ele fosse transferido para trabalhar numa pedreira de cal. O que deveria ter sido um alívio, acabou tornando-se outro problema, pois o brilho da cal danificou permanentemente a sua visão.

À noite, Mandela estudava para seu curso de Direito, mas os jornais eram proibidos aos prisioneiros. Muitas vezes, ele foi para a solitária por posse de recortes contrabandeados de notícias. Finalmente, em 1980, depois de muitos anos de confusão e esforço exaustivo, Mandela obteve seu diploma. Mas só depois da sua libertação, em 1990, e da sua posterior vitória nas eleições presidenciais, quatro anos mais tarde, é que ele teve a oportunidade de fazer jus à sua formação.

O que demonstra melhor a graça deste líder são episódios que vieram bem depois de seus 27 anos preso. Embora ele pudesse ter se exaurido e se transformado em uma pessoa zangada e vingativa, Mandela se tornou o oposto. Isso foi demonstrado na forma como ele sempre olhava nos olhos de qualquer pessoa que encontrasse. Quer fosse um sem-teto ou um político de alto escalão, para ele, todos eram iguais. Esse comportamento também foi visto em seu encontro com Betsie Verwoerd, a viúva do "arquiteto do apartheid", o primeiro-ministro Hendrik Verwoerd, para compartilhar uma xícara de chá. Mandela, sempre em busca de demonstrações de humildade, foi até a casa dela, que, aliás, ficava no lado "branco" da cidade e no epicentro da segregação racial na África do Sul. O seu crescimento pós-traumático foi exemplificado durante o seu juramento como presidente. Mandela convidou os seus guardas da época da prisão para participar daquele momento histórico, como uma forma de atenuar os medos da minoria branca. Ele explicou: "Temos que ser generosos."

O que isso nos ensina?

Como humanos, esse momento nos lembra que temos a capacidade de superar quase tudo. Independentemente de quão duro seja o sacrifício, somos construídos com a capacidade de enfrentá-lo e temos a resiliência necessária não apenas para sobreviver, mas para prosperar.

Como líderes, isso nos ensina a colocar de lado nosso ego e fazer o que é melhor para o bem maior da organização. Também nos obriga a decidir se queremos ficar com raiva quando somos atingidos ou se queremos ser indulgentes. Precisamos nos perguntar constantemente se há uma oportunidade de unir as pessoas, e como podemos representar isso em nossas falas, em nossa comunicação e na forma como lideramos. Que sinal posso dar àqueles que me procuram em busca de orientação de que estou aqui com graça, dignidade e respeito pela sua felicidade e seu bem-estar?

Não precisa ser um grande gesto, só precisa ser consistente. Como podemos interpretar a história de Mandela bebendo chá com Betsie Verwoerd? Existe uma maneira de transformar ameaças em oportunidades? Inimigos em amigos? Desconfiança em confiança? Caso contrário, agora seria uma boa oportunidade para aproveitar essa lição de história para consertar o que anteriormente parecia impossível.

Aqui estão mais alguns exemplos de pessoas inspiradoras que superaram barreiras no caminho do sucesso:

- J.K. Rowling, autora dos livros de Harry Potter, teve seu manuscrito rejeitado doze vezes e foi aconselhada a abandonar a profissão antes de convencer uma editora a aceitá-lo. Esta mãe solteira com dificuldades foi a primeira mulher a tornar-se uma autora bilionária.
- Richard Branson é disléxico e tirou notas terríveis na escola, porém mais tarde fundou o Virgin Group, composto por mais de quatrocentas empresas. Ele foi condecorado pelo seu papel nos serviços empresariais.
- Vincent Van Gogh vendeu apenas um quadro em sua vida, mas posteriormente tornou-se um dos artistas mais reconhecidos da história.

- Foi dito aos Beatles que eles "não tinham futuro no mundo do show business". Eles são a banda que mais vendeu na história; cerca de um bilhão de cópias em todo o mundo.
- Michael Jordan foi cortado da sua equipe de basquete da escola. Até hoje, a Associação Nacional de Basquetebol afirma que ele é o "maior jogador de todos os tempos".
- Thomas Edison falhou aproximadamente dez mil vezes antes de inventar a lâmpada. E nós sabemos como essa invenção foi importante!

E há muitos outros exemplos.

Cada líder verdadeiro tem um ponto de virada em sua história, o momento quando um desafio pessoal mudou o rumo da sua vida e o seu estilo de liderança.

Se eu perguntasse, você poderia me dizer o seu?

Você pode ser alguém que teve algumas experiências esclarecedoras que acabaram resultando em um "empurrãozinho" final. Ou talvez seja alguém que viveu um grande incidente que mudou sua trajetória para sempre.

Seja como for, está sempre ligado à escolha.

Um dos cientistas mais influentes a pesquisar a temática da escolha foi William James. Ele, como Sócrates, foi outra força mobilizadora a favor do argumento de que a felicidade é uma decisão que tomamos cada vez que somos confrontados com uma escolha — para além das nossas limitações biológicas e sociais —, e a sua linha de pensamento é crucial para as atuais ideologias da psicologia positiva.

William James

William James foi professor de Psicologia e Filosofia na Universidade de Harvard e tornou-se um dos mais famosos psicólogos e filósofos americanos do seu tempo.

James compartilhou em seu livro, *O princípio da Psicologia* (1890), a ideia de que as reações involuntárias vêm primeiro

— como um bebê inspirando pela primeira vez e depois alimentando-se ou quando está com fome e chora para ser alimentado. Quando uma criança desenvolve uma memória para suplantar o seu instinto, ela toma uma decisão consciente quando opta por chorar por comida.

E, é aqui que fica interessante.

O livre-arbítrio só se desenvolve em nossa psique quando uma memória é formada e podemos selecioná-la como uma escolha. A felicidade torna-se algo na nossa memória a que podemos reagir ou ignorar, para então conduzir adequadamente o fluxo de tráfego emocional.

O que é mais provocante nesta descoberta é que James conseguiu explicar como a felicidade é parcialmente inata (incorporada em nossa composição genética) e, no entanto, uma grande parte da felicidade depende se queremos incorporá-la em nossas narrativas ou ignorá-la (aprendida e escolhida). James é famoso por ter citado: "A arte de ser sábio é a arte de saber o que ignorar."

Voltando à discussão de natureza versus educação (nossos genes versus nosso conhecimento aprendido), William James estabeleceu um termo para cada um.

Ele descreveu as pessoas como nascidas uma ou duas vezes.

As pessoas nascidas uma vez são aquelas que parecem ser biologicamente predispostas à felicidade, enquanto as pessoas nascidas duas vezes têm um pessimismo natural.

Conforme analisado por David Thomas Ekram: "Com base nessas definições, pode-se pensar que pessoas nascidas uma vez são felizes enquanto as nascidas duas vezes são infelizes. Porém, James argumenta que algumas das pessoas mais felizes são na verdade aquelas nascidas duas vezes." (Ekram, 2016)

James acreditava que as crises são muitas vezes seguidas por um desejo inato de dar sentido às coisas e, já que um estado emocional negativo nos impede de encontrar uma solução, somos forçados a "superar" as nossas circunstâncias.

Vamos examinar como isto se desenrola em alguns exemplos da vida real. A primeira história começa em um dos dias mais dolorosos da história americana — 11 de setembro de 2001.

Regresso às Torres após o 11 de setembro

Em entrevista a Annie Lowrey na revista *New York*, Greg Carafello discute como foi sobreviver ao horrível trauma de estar dentro das Torres Gêmeas quando elas foram atacadas em Nova York (Lowrey, 2015). Greg descreve como ele e um outro funcionário desceram as escadas do 18º andar da torre sul, escapando por pouco quando o segundo avião atingiu o edifício e matou milhares que ainda estavam dentro dele.

O negócio de Greg, uma empresa de impressão digital, foi arruinado. Ele tinha perdido equipamento, materiais e, com a recessão atingindo a economia, tornou-se caro demais de ser mantido. O negócio fechou, mas Greg não desistiu. Quer tenha sido por pura perseverança — depois de ter vivido um dos momentos mais difíceis da história de Nova York —, por uma história ou crescimento pós-traumático pessoal, ele soube como lidar com o que aconteceu. Após a perda do negócio, Greg comprou a Cartridge World, uma franquia que vende tinta e toner. Ao longo de treze anos, ele transformou uma loja em 58 filiais, demonstrando como prosperar com sucesso, e não apenas sobreviver a um evento traumático.

Mas, enquanto construía o seu negócio, Greg começou a reconectar-se com o lugar que tantos anos antes lhe tinha tirado tudo. Passou a trabalhar como voluntário no Museu Memorial do 11 de Setembro, tornando-se guia. Para ele, "É saudável falar sobre o acontecimento. Para desabafar e para falar com pessoas de todo o mundo sobre o que aconteceu".

Greg foi o primeiro arrendatário do World Trade Center a regressar, abrindo um escritório para sua loja Cartridge World no novo World Trade Center. Greg ainda se emociona com sua decisão de voltar ao lugar que já foi um local de angústia, trauma e dor emocional, mas ainda compartilha a razão pela qual ele adorava estar lá antes das torres caírem: "Tinha muita energia." Ele diz que isso é ainda mais evidente neste novo edifício. Em termos simples — é bom para o negócio.

Esta história é uma ilustração perfeita de como podemos estar emocionalmente ligados às nossas experiências e ainda ser pragmáticos sobre o negócio. Em posições de liderança, há muitas situações em que teremos que remover o medo e a culpa das nossas decisões e simplesmente fazer o que é certo para as empresas que lideramos.

A maioria dos nova-iorquinos, ao ouvir falar da experiência do World Trade Center, dirá que ela os uniu. Como líderes, precisamos usar os tempos de luta na história da nossa empresa e encontrar maneiras de abraçar as lições em vez de ignorá-las. Se tirarmos um tempo para lidar com as dificuldades, depois avançar e realmente comunicar os impactos de nossas experiências desafiadoras, conseguiremos enfrentar momentos igualmente desafiadores no futuro — e, ainda mais importante, enfrentá-los como uma equipe.

A enfermeira do turno da manhã ou a enfermeira do turno da noite?

A segunda história começa numa cama de hospital. Ela foi tirada de um momento da minha história e enfatiza o poder das narrativas positivas, examinadas do ângulo a) das histórias que contamos para nós mesmos e b) das histórias ditadas por outros, às quais nos agarramos ou rejeitamos.

Cerca de duas semanas após a recuperação, Jim descreveu-me uma história sobre uma de suas enfermeiras. Aquela acabaria sendo uma conversa significativa e transformadora.

Apesar de todos os pedidos para ficar na cama e usar um penico, Jim recusava. Entenda, ele ainda tinha um forte desejo de competir e vencer. Quando precisava ir ao banheiro, chamava a enfermeira para ajudá-lo a arrastar os pés pelo quarto. O que a maioria de nós considera um esforço de dez segundos, era tortuosamente demorado para Jim. Mas ele estava determinado a manter a dignidade e acreditava que isso importava para a sua cura.

O revés veio como resultado da rotina que acabei de descrever. Como Jim pedia repetidamente às enfermeiras que o ajudassem a ir da cama para o banheiro, por vezes sentia-se frustrado. O processo era longo e doloroso e, ansiosos por voltar ao trabalho, os enfermeiros teriam que esperar pacientemente por Jim enquanto ele descansava no meio do caminho até seu objetivo.

Certa manhã, com o incômodo deste esforço demorado, a enfermeira do turno da manhã disse a Jim: "é melhor você se acostumar, pois ficará assim por muito tempo!"

Aquilo desanimou Jim completamente. Quando o vi mais tarde, a desmotivação podia ser percebida em seu rosto e em todo o seu corpo preguiçoso. Aquele comentário assombrou Jim, mas também o motivou.

Não é deitado que se consegue alguma coisa; ele levantou novamente e iniciou a caminhada excruciantemente lenta até o banheiro. Mas, desta vez, enquanto fazia sua pausa regular depois de dez passos, a enfermeira da noite disse, jovialmente: "Não se preocupe, querido, você ficará de pé rapidinho."

Há momentos que nos derrubam ou nos fazem ir adiante.

Jim conseguiu superar as palavras desmotivantes da enfermeira da manhã e assumiu a história da qual ele queria se recordar para, então, agir. Esse foi um momento decisivo na sua recuperação e, inevitavelmente, ele saiu do hospital sem assistência após apenas seis semanas. Ele estava ao meu lado na maternidade quando demos à luz o nosso segundo filho, apenas dois meses após ter sido internado na UTI, em outro andar do mesmo hospital.

Há milhares de lições de liderança analisadas através das lentes da psicologia do esporte, mas muitas vezes elas são tomadas do ponto de vista do atleta em atividade. Ou nosso herói arremessa a bola no último minuto para ganhar o jogo ou torcemos para a equipe mais fraca do campeonato, e ela acaba conquistando o troféu.

Quando observamos como os atletas lidam com suas experiências pessoais depois que param de praticar esportes é que realmente vemos como a aptidão psicológica excede em muito a aptidão física. Os atletas são treinados há séculos para usar a inteligência emocional para vencer — e para ter um alto desempenho —, e esse desempenho pessoal e profissional não para assim que saem de campo.

Se você olhar para os maiores, mais felizes e mais bem-ajustados atletas aposentados, perceberá que eles saíram de campo e se afastaram da fama, mas tinham economias, um relacionamento sustentável, interesses filantrópicos e projetos para mantê-los ocupados pelos anos seguintes.

As histórias de Greg e Jim são exemplos incríveis de como podemos ser confrontados com alguns dos maiores desafios da vida e ainda encontrar uma maneira de vencer as probabilidades. A capacidade humana de suportar as dificuldades está embutida em nossa constituição genética. Deveríamos nos sentir frustrados porque nossa tendência à negatividade continua a impedir o otimismo. Porém, nossas adversidades evolutivas também nos dão um limiar extremamente alto para a dor física e emocional. Como ambos estão agora profundamente embutidos em algum lugar ao longo da cadeia de DNA, só precisamos decidir quais das nossas atitudes arraigadas devemos ignorar e a quais devemos nos agarrar.

Como todos sabemos, a escolha torna-se mais fácil quando a opinião pública é a favor de um ponto de vista ou de outro. Embora Sócrates, e mesmo William James, tenha tido dificuldade em convencer o público de que ser otimista pode nos trazer enormes benefícios emocionais, intelectuais e físicos, o tema da felicidade e do bem-estar não mudou de verdade até o final do século XX e início do século XXI.

A mudança na felicidade

Revoluções industriais e tecnológicas, inovações militares e a indústria publicitária são alguns dos fatores-chave para o aumento da popularidade do tema felicidade.

Durante a Revolução Industrial, o mundo viu uma melhoria na educação sanitária. O cuidado com o corpo humano foi finalmente discutido abertamente e priorizado, em grande parte devido ao aumento do auxílio da Cruz Vermelha Americana, que atravessou a América do Norte e a Palestina, Índia, África do Sul e outros "campos de batalha".

Quando colocados lado a lado, felicidade e guerra soam como um paradoxo, mas, apesar da ironia, a Primeira e a Segunda Guerras Mundiais trouxeram consigo algumas conquistas incríveis que nos beneficiam até hoje. Alguns afirmam que este foi o catalisador para o que chamamos de bem-estar.

A descoberta científica durante este período foi globalmente transformadora. Invenções como a borracha sintética e conceitos como viagens aéreas comerciais surgiram a partir das guerras, e ainda mais impactante foi a instituição dos bancos de sangue e as inovações como os ultrassons e a cirurgia plástica. Talvez o objetivo inicial dessas invenções tenha sido a guerra, mas depois de seu fim, elas provaram ser ainda mais eficazes para melhorar vidas. Motores a jato, computadores, sistemas de navegação e levar um humano à Lua, tudo isso foi possível graças à tecnologia inventada ou melhorada durante a guerra.

O século XX começou com cavalos e terminou com automóveis de alta velocidade, viagens comerciais globais e foguetes que iam para a Lua; as cartas tornaram-se e-mails e a expectativa de vida dobrou.

Então o que significa essa rápida evolução no contexto da felicidade humana?

Esses avanços têm influenciado enormemente a nossa longevidade e qualidade de vida. Eles criam centenas de milhares de empregos em um novo mundo industrializado, tirando as pessoas dos campos e levando-as para as fábricas. Uma nova infraestrutura do local de trabalho surgiu, mais parecida com os dias de hoje. Esta era deu início à economia baseada no conhecimento. Os avanços em tais conhecimentos nos tornaram mais esclarecidos e as nossas conversas se tornaram mais abertas.

Por outro lado, à medida que as melhorias aumentavam, também aumentavam as nossas expectativas. O consumo da felicidade cresceu e, como acontece com a maioria das tendências da nossa sociedade, as consequências são positivas e negativas. As tendências influenciam o que comemos, em que nos viciamos, como gastamos o nosso dinheiro e com o que nos preocupamos.

A saturação da felicidade

O McDonald's tem o McLanche Feliz, a Coca-Cola tem o slogan "Abra a felicidade", a Amazon tem um sorriso embutido diretamente no logotipo. Produzir as nossas emoções têm sido uma estratégia de marketing desde que a publicidade foi inventada.

Embora a indústria publicitária nem sempre tenha as mais puras das intenções, as repercussões do aumento do esforço de branding geram mais pesquisa, mais consciência e muito mais oportunidades para fazer a ciência avançar.

No entanto, uma das consequências negativas da saturação da mensagem de felicidade é um ceticismo generalizado. Todos nós ficamos desconfiados quando a felicidade é tratada como mercadoria.

Como líderes, isso pode ser um desafio, pois defendemos o desenvolvimento da inteligência emocional dentro das organizações. Consideramos o uso de uma linguagem objetiva ao descrever habilidades técnicas e subjetiva para descrever a inteligência emocional. Porém, essa forma de abordar a inteligência emocional diminui o seu valor e, por isso, não a incluímos nas nossas estratégias de contratação.

Mais uma vez, como líderes, temos de enfrentar a ironia dos nossos mal-entendidos. Quando contratamos alguém por suas habilidades avançadas, formação ou escolaridade, mas não consideramos sua inteligência social/emocional baixa, percebemos, sem demora, que cometemos um grande erro. As pesquisas mostram que quando nos concentramos muito em atingir competências difíceis, corremos o risco de falhar na comunicação, limitando as interações entre colegas e o profissionalismo no local de trabalho, além de reduzir o acesso ao conhecimento.

Herb Kelleher, ex-chefe executivo da Southwest Airlines, dizia: "Podemos mudar os níveis de habilidade com treinamento, mas não podemos mudar atitudes."

Independentemente de uma compreensão maior e de uma pesquisa crescente sobre o tema, eu ainda gasto um tempo excessivo em minhas palestras explicando que a psicologia positiva é uma coisa real. Ironicamente, estou conectando os pontos não pela falta de conhecimento, mas para contrapor as conotações infelizes que a palavra "feliz" invoca.

Para muitos, felicidade significa a ausência de emoções negativas, mas no artigo que escrevi para a *Harvard Business Review*, "Happiness isn't the absence of negative emotions" (Moss, 2015), contrariei veementemente a crença de que ser feliz é apenas sentir alegria, a cada minuto de cada dia, o tempo todo. Escrevi o artigo para compartilhar minhas frustrações com a reação contra o movimento da psicologia positiva. Depois de ler mais um artigo sobre o porquê de a felicidade ser prejudicial, decidi que era hora de enfrentar os opositores.

O pouco embasamento científico em torno do argumento de que a positividade é algo ruim é particularmente frustrante. Um pesquisador afirmou: "O pensamento positivo é bom momentaneamente, mas, muitas vezes, gera uma falsa esperança" (Oettingan, 2014). Porém, o que mais me incomodou neste artigo foi a gritante e excessiva generalização da definição de felicidade. A pesquisa descreve a felicidade como uma "fantasia positiva". Também sugere que "desejar" não pode ser atribuído a perder peso, deixar de fumar ou obter boas notas. Eu gostaria de pensar que a maioria das pessoas entende que não podemos simplesmente desejar perder peso ou dar fim a um mau hábito e obter resultados. A "tolicização" da felicidade presta um mau serviço aos pesquisadores que estão analisando rigorosamente a ciência.

Se você confrontar essa pesquisa com a teoria da mentalidade de crescimento de Carol Dweck, verá uma análise muito mais profunda de como a mentalidade é absolutamente importante para alcançar nossos objetivos. A maior parte desses artigos tende a generalizar a definição de felicidade e reduzir absurdamente o pensamento positivo versus o pensamento negativo a um debate inteiramente preto no branco. Infelizmente, eles acabam levando as pessoas a acreditar que toda essa conversa sobre felicidade é boba, simples e até estúpida.

O que também aprendi ao ler os artigos foi que a maioria de seus autores estava apenas deturpando o que a felicidade realmente significa. Existem poucas definições verdadeiramente científicas para a felicidade, porque o longo processo de pesquisa inibe os cientistas de desenvolverem um modelo.

Mais uma vez, a ideia de perseguir uma coisa sem ter a garantia de alcançá-la — um conceito que pode ser comparado a um hamster correndo numa roda ou a um cão perseguindo a própria cauda — parece muito cansativa. E se, em vez disso, pensarmos na felicidade como parte de uma constelação mais ampla de traços saudáveis que não "perseguimos", mas sim "adotamos" ao longo do tempo através da prática e da intenção? Não soa muito mais tangível?

Em uma entrevista, Vanessa Buote, uma pós-doutora em psicologia social, disse:

Uma das concepções erradas sobre felicidade é que ela significa estar sempre alegre, satisfeito e contente; ter sempre um sorriso no rosto. E não é isso. Ser feliz e ter uma vida tranquila é aceitar o bom e o mau, e aprender a reenquadrar as experiências negativas para tirar delas os aspectos positivos.

Em outras palavras, não somos felizes quando perseguimos a felicidade. Somos mais felizes quando não estamos pensando nela; quando aproveitamos o momento presente porque estamos imersos em um projeto significativo, trabalhando para um objetivo maior ou ajudando alguém.

Positividade saudável não significa camuflar sentimentos autênticos. A felicidade não é a ausência de sofrimento; é a capacidade de se recuperar dele. E ela não é o mesmo que alegria ou êxtase; a felicidade inclui contentamento, bem-estar e flexibilidade emocional para experimentar uma gama completa de sentimentos.

O modelo de felicidade que ressoa com a maioria dos cientistas, pesquisadores e líderes começa com Martin Seligman, psicólogo e ex-presidente da Associação Americana de Psicologia.

Seligman é responsável por definir o termo PERMA, raiz de muitos projetos de pesquisa da psicologia positiva em todo o mundo. A sigla representa os cinco elementos essenciais para um contentamento duradouro (figura 2.1):

Figura 2.1 O modelo PERMA

P — Emoções positivas (*Positive emotions*): Paz, gratidão, satisfação, prazer, inspiração, esperança, curiosidade e amor se enquadram nesta categoria. Distinguir entre ter prazer e desfrutar é uma preocupação central. O prazer tem relação com satisfazer necessidades corporais como sede, fome e sono. Desfrutar de um momento ou de uma série de momentos é resultado da estimulação intelectual e da criatividade.

E — Engajamento (*Engagement*): Quando nos dedicamos em realizar uma tarefa ou projeto, temos a sensação de que o tempo "voou", porque estamos muito empenhados. Quando nos apaixonamos pelo trabalho em que estamos envolvidos, cria-se uma sensação de "fluxo" ou "êxtase". Este sentimento pode ocorrer em atividades extracurriculares, desde a dança até o exercício da jardinagem. Também pode ocorrer no trabalho. Como diz o ditado, "Se você ama o que faz, nunca terá que trabalhar na vida".

R — Relacionamentos (*Positive relationships*): As pessoas que têm relações significativas e positivas são mais felizes. Como passamos setenta por cento do tempo que estamos acordados no trabalho, torna-se ainda mais importante para nós, como líderes, facilitar as relações saudáveis e positivas.

M — Propósito (*Meaning*): Ter significado é resultado de servir a uma causa maior do que nós mesmos. Seja uma religião ou uma causa que ajude a humanidade de alguma forma, todos nós precisamos do senso de propósito em nossas vidas. Quando construímos significado para os nossos colaboradores, cria-se um sentido mais profundo de realização quando as metas são atingidas. Em seguida, damos valor à sua contribuição, o que leva a uma experiência de trabalho mais feliz e saudável.

A — Realizações (*Accomplishments*): Para sentir uma satisfação significativa, devemos nos esforçar para melhorar de alguma forma. Tendemos a nos concentrar apenas nas vitórias em vez de comemorar as pequenas conquistas que nos levaram a completar esses grandes objetivos. Quando analisamos o esforço, sentimos que estamos no caminho do sucesso, em vez de perseguindo um objetivo distante.

O modelo PERMA nos lembra que a felicidade não é perseguir o prazer, mas engajar-se ativamente em objetivos de vida sustentáveis e de longo prazo que incluam investimentos diários em trabalho, atividades e relacionamentos positivos.

Levando em consideração o trabalho da Seligman, acompanhado por décadas de pesquisa em psicologia positiva, podemos dizer com absoluta certeza que a felicidade no local de trabalho não é um tipo de iniciativa na qual apenas alguns diretores executivos (CEOs) estão investindo.

Eu sei que a história pode ser assustadora e que introduzi muita informação neste capítulo, mas, como líderes, precisamos compreender que a felicidade, a gratidão e a inteligência emocional são tópicos que vêm sendo estudados há muito tempo. Seremos frequentemente questionados sobre o valor desse tema. Mas agora sabemos até onde esta conversa se estende. A felicidade não é uma novidade, então vamos parar de fingir que ela é.

Desde o Egito Antigo até o mito da fênix — que se eleva das cinzas —, passando pelas teorias de Sócrates e William James, pelas histórias modernas de líderes com coragem e chegando aos cientistas que se aprofundaram na mentalidade da felicidade, estamos armados e prontos para defender que esse sentimento é uma missão crucial para a cultura e a inovação dentro das organizações.

Nos capítulos seguintes, vamos investigar as atividades presentes nos locais de trabalho de hoje. Veremos, a partir das perspectivas dos empresários, gestores, CEOs e líderes em inovação, como a felicidade está sendo colocada no centro de suas práticas de liderança existentes.

Atividades

1 Numa escala de um a cem, até que ponto você se considera resiliente?
2 Exemplifique um momento em que você acredita que teve garra.
3 Como este desafio impactou o seu estilo de liderança?
4 Dê um exemplo de quando sua empresa teve que ser resiliente.
5 O que você e seus funcionários aprenderam com esta experiência? Ela tornou a empresa mais forte ou mais fraca? Por quê?

Leitura recomendada

KAHNEMAN, D. *Thinking, Fast and Slow*. Penguin, 2012.
SELIGMAN, M. *Flourish: A Visionary New Understanding of Happiness and Well-Being*. Nicholas Brealey Publishing, 2011.
MANDELA, N. *Long Walk to Freedom*. Back Bay Books, 1995.

Assista!

DUCKWORTH, A.L; The key to success? Grit (Ted Talk), 2013. Disponível em: <www.ted.com/talks/angela_lee_duckworth_the_key_to_success_grit/transcript?language=en#t-181462>.

O poder do hábito

3

Agora que temos um bom entendimento de como a ciência do cérebro e a felicidade se cruzam, vamos mergulhar em como podemos treinar essa plasticidade em nossos cérebros para criar melhores hábitos. Nós podemos escolher a felicidade. Como também mencionei nos capítulos anteriores, as ações necessárias não são complicadas, mas requerem esforço; repetições, a cada dia, para alcançar resultados complexos. O que significa que, com o tempo, nossos cérebros irão estimular os hábitos positivos e, como consequência, desestimular os hábitos negativos.

Este capítulo irá ensiná-lo a escolher a felicidade com mais frequência para que possamos embutir os comportamentos desejados no nosso cérebro. Construindo hábitos, poderemos transformar os estados emocionais e agrupar esses neurônios de queima rápida para fazer da felicidade uma característica permanente. Porém, lembre-se: a felicidade não se torna um hábito sem esforço significativo ou intenção diária. Conforme a ciência da neuroplasticidade afirma, os hábitos são construídos modificando e repetindo nossos comportamentos até que possamos mover as ações conscientes para o nosso subconsciente.

Assim como criamos hábitos diários como tomar banho e escovar os dentes para manter um padrão saudável de higiene, também precisamos praticar algo que eu chamo de "higiene da felicidade". Para conseguirmos um regime benéfico que aumente os nossos níveis de aptidão psicológica, precisamos começar a construir um hábito de cada vez. Isso leva tempo, exige esforço e motivação. Porém, uma vez estabelecida a higiene da felicidade, os impactos positivos são sentidos quase imediatamente.

Você pode estar pensando: "Se é uma prática tão deliberada, por que eu deveria me incomodar? A minha vida já está ocupada o suficiente".

Desenvolver a aptidão psicológica é extremamente benéfico para o sucesso no trabalho. No entanto, quando damos mais um passo na nossa formação, associando a felicidade ao hábito, abrimo-nos a novos e mais elevados níveis de liderança e capacidade de desempenho. E, como acontece com os hábitos, uma vez que são construídos, deixamos de pensar neles. Um comportamento pode parecer tão imperceptível como colocar o cinto de segurança, calçar os sapatos ou pentear o cabelo.

Uma vez que a capacidade de processamento inconsciente do cérebro humano é estimada em cerca de onze milhões de fragmentos de informação por segundo, um dos maiores benefícios dos bons hábitos é que eles liberam uma quantidade limitada de processamento consciente disponível no nosso cérebro. Em particular, quando se estima que o processamento consciente só nos permite acessar quarenta informações por segundo.

Imagine o poder do nosso córtex pré-frontal. Ele decifra aquilo que precisamos prestar atenção por meio de um processo de eliminação que está além do processo de qualquer computador. Movemos cerca de 10.999.000 de partículas de dados para o nosso cérebro inconsciente a cada segundo! O cérebro é incrivelmente inteligente e nunca deixa de surpreender com a sua complexidade.

Então, imagine que este incrível processador não tem que decidir se tende à gratidão, ao otimismo, à esperança ou à autoeficácia, porque os hábitos já foram formados. O cérebro inconsciente pode simplesmente continuar o trabalho enquanto o consciente é liberado para tomar os tipos de decisões com que os líderes se deparam constantemente. Nós nos apegamos à valiosa capacidade mental para a liderança — enquanto a parte de trás do cérebro nos guia tendo a felicidade como orientação para essas decisões.

Este capítulo enfatizará a construção de hábitos. Eles são importantes para nós, como líderes. Também focaremos em como construir hábitos mais felizes na nossa equipe. Aprenderemos a liderar com positividade e a construir mais capacidade no cérebro para a tomada de decisões. Além disso, entenderemos por que os maus hábitos são fáceis de criar e os bons são igualmente fáceis de abandonar; discutiremos estratégias, táticas e ferramentas para garantir que nossos hábitos de felicidade sejam mantidos.

Nossos cérebros preguiçosos

Como já mencionei antes, a plasticidade do cérebro tem um papel substancial a desempenhar na transformação dos comportamentos em hábitos. O cérebro pode mudar, adaptar-se e reorganizar-se para otimizar o ambiente. Alguns hábitos são mais fáceis de criar do que outros. Segundo Daniel Kahneman, o psicólogo ganhador do Prêmio Nobel, isso pode ser atribuído à "heurística preguiçosa" do cérebro.

Em psicologia, as heurísticas são regras simples e eficientes que usamos para formar julgamentos e tomar decisões. Essencialmente, o cérebro quer que tomemos o caminho mais fácil para chegar a uma solução, por isso usamos atalhos mentais para nos concentrarmos em um único aspecto de um problema complexo, enquanto ignoramos os outros. Isso também explica por que retomamos facilmente velhos padrões.

No início dos anos 1970, o psicólogo Kahneman, juntamente com seu parceiro de pesquisa Amos Tversky, desafiou a ideia de que os seres humanos (em sua maioria) são racionais. Segundo eles, estimamos nossas escolhas usando esses atalhos no cérebro. O artigo "Judgment under uncertainty: Heuristics and biases" (Kahneman e Tversky, 1974) discute como nossos atalhos mentais podem ser úteis, porque reduzem a demanda sobre os recursos do cérebro: "Eles são rápidos, podem ser feitos sem informação completa e podem ser tão precisos quanto procedimentos mais complicados."

O cérebro propõe muitas questões conflituosas. É ele que nos ajuda a ter um desempenho superior, ou seria um processador poderoso o responsável por isso? Em ambos os casos, a forma como aproveitamos os hábitos, tanto os positivos como os negativos, determinará o nosso sucesso como líderes.

Por um lado, se aproveitarmos a construção de hábitos positivos, podemos contar com estas "heurísticas preguiçosas" para escolher o caminho do desejo por otimismo, esperança, gratidão e outros traços das pessoas mais felizes e com melhor desempenho. No entanto, isso também se aplica ao acesso aos maus hábitos. E, como discutimos nos capítulos anteriores, nossa tendência à negatividade influencia fortemente o cérebro a agir como se comportavam os humanos primitivos — nos tornamos assustados, pessimistas e ficamos em alerta máximo. Se deixarmos apenas o nosso cérebro preguiçoso escolher, então temos que conhecer os padrões que queremos que ele selecione.

Vamos dedicar tempo ao longo deste livro para aprender a concentrar os nossos esforços em entender os traços das pessoas com melhor desempenho. Mas, primeiro, trabalharemos em como formar um único hábito antes de tentarmos fazer mudanças complicadas. O cérebro tem preferências no seu fluxo de trabalho, por isso, quer queiramos começar a usar mais o fio dental, comer menos à noite, caminhar durante as reuniões, ou ficar de pé em nossas mesas, precisamos aprender a criar uma rubrica simples para desenvolver automaticidade com qualquer comportamento.

O mito do hábito em 21 dias

Construir hábitos positivos é trabalhoso porque exige uma variedade de desafios. Combater nossa tendência profundamente enraizada à negatividade é uma tarefa diária, mas criar estímulos e depois transformá-los em comportamento habitual não é fácil. O cérebro é um lugar muito ocupado e sem espaço livre.

Em um estudo, a pesquisadora Phillippa Lally e sua equipe de cientistas investigaram o processo de formação do hábito na vida cotidiana (Lally *et al*, 2010). Noventa e seis voluntários escolheram um comportamento para realizar diariamente no mesmo contexto durante doze semanas. Eles preencheram um índice de hábitos autorrelatados todos os dias e registraram se cumpriram ou não o comportamento. O tempo necessário para os participantes atingirem 95 por cento do objetivo (transformar o comportamento em hábito) variou de 18 a 254 dias. Esta gama é significativamente mais ampla e menos concreta do que a crença generalizada de que são precisos cerca de 21 dias para estabelecer um hábito.

Esse estudo demonstrou que é necessário muito mais tempo para que um comportamento repetido atinja o seu nível máximo de automaticidade (hábito). As intervenções que visam criar hábitos requerem um apoio contínuo para nos ajudar a manter esse comportamento no padrão de hábito. Phillippa Lally comentou em seu trabalho de pesquisa: "É interessante notar que mesmo neste estudo, em que os participantes estavam motivados a criar hábitos, aproximadamente metade não executou o comportamento de forma consistente o suficiente para alcançar o status de hábito."

O que Lally notou foi que os comportamentos simples eram mais fáceis de serem desenvolvidos do que os complexos. Por exemplo, os participantes que tentavam comer uma unidade de fruta enquanto estavam usando o computador à noite tinham um caminho mais rápido para construir o hábito, em oposição aos que tinham que se exercitar por quinze minutos antes do jantar. Na verdade, o hábito do exercício demorou uma vez e meia mais a ser enraizado do que o comportamento alimentar, sustentando a proposta de que a complexidade do comportamento tem impacto no desenvolvimento de um hábito.

Este estudo prova que atalhos mentais não podem ser construídos sem foco, tempo ou intenção. Precisamos dar a nós mesmos e aos nossos funcionários a paciência de aprender e adotar os comportamentos positivos que levarão à automaticidade.

Uma das minhas citações favoritas é de Biz Stone, cofundador do Twitter, que disse: "*Timing*, perseverança e dez anos de tentativas farão com que você pareça um sucesso da noite para o dia".

Stone descreve apropriadamente a nossa impaciência social com o sucesso. Compreendemos, no âmbito intelectual, que vale a pena trabalhar para conseguir algo, mas também queremos que tudo aconteça de imediato. O fato do mito dos "21 dias para um hábito" se manter forte na crença popular (embora nunca tenha sido provado com qualquer rigor científico real) enfatiza como pensamos que podemos acelerar um processo apenas porque "decidirmos nos empenhar".

Ganhos rápidos

Como líderes, temos que ser pacientes ao construirmos estratégias de felicidade no local de trabalho. Uma das formas de aumentar a velocidade desse esforço é proporcionar ganhos rápidos e tornar os objetivos pequenos e tangíveis. Como as conquistas que chegam rapidamente são satisfatórias para o nosso cérebro, faz sentido que uma série delas proporcione uma satisfação exponencial. Os hábitos se baseiam nessa liberação de dopamina, de modo que, se pudermos aumentar essa liberação química positiva através de um trabalho significativo e estimulante, com o tempo, os indivíduos associarão a felicidade aos seus cargos e locais de trabalho. Sugere-se também que, se quisermos aumentar a velocidade com que os nossos colaboradores desenvolvem os hábitos de felicidade, precisamos nos concentrar em estratégias simples e eficazes em vez de objetivos grandes e ambiciosos.

Devemos evitar alterar demais a forma de trabalho. Tendemos a falhar em proporcionar ganhos rápidos aos nossos funcionários quando as mudanças que fazemos são muito drásticas e rápidas. E, mesmo com as melhores intenções, uma estratégia de bonificação tende a sair pela culatra. Uma boa maneira de mitigar esta questão é começar fazendo um pequeno esforço, atado a algo em que participamos regularmente.

Aqui estão alguns exemplos tangíveis de vitórias rápidas:

- Quando um funcionário fizer uma boa apresentação em uma reunião, envie um e-mail de "bom trabalho".

- Se tiver um dinheiro extra para gastar com a cultura da empresa, em vez de gastar em algo que acha que seria divertido, peça à sua equipe para fazer uma votação e use o dinheiro com o que escolherem. Para tornar o gesto mais valioso, execute a decisão rapidamente. Se todos votarem para sair para almoçar, faça-o dentro da mesma semana.

- Tenha o hábito de aprender algo novo sobre um dos seus funcionários todos os meses e faça algo a respeito. Se você é um CEO com milhares de funcionários, concentre-se na sua equipe principal e, ao mesmo tempo, incentive os gerentes a também se engajarem nessa rápida vitória. Se o seu funcionário adora churrasco, envie a ele uma recomendação de um bom restaurante, ou uma receita fantástica. Se adora variedades raras de chá, encomende algumas on-line e coloque-as em sua mesa. É preciso esforço? Sim. Vai valer a pena? Com certeza.

Então, como podemos pegar essas vitórias rápidas e transformá-las em hábitos? Aqui está um bom ponto de partida.

Ligando hábitos

Um dos maiores mitos sobre o tédio é que ele só é sentido por um seleto grupo de trabalhadores que realizam tarefas de rotina. Porém, qual é a rotina de trabalho que os executivos descrevem como "sugadora de tempo", apesar de ser, em última análise, necessária, e que eles nunca podem se ausentar?

Se respondeu "reuniões", está correto.

De acordo com vários estudos nos Estados Unidos e no Reino Unido, o número médio de reuniões que os gestores participam por mês é de 62 (Atlassian, n.d.). Quarenta e sete por cento consideram as reuniões um grande desperdício de tempo, setenta por cento trabalham em outra coisa durante as reuniões e 39 por cento admitiram já ter adormecido durante uma reunião! (Keith, 2015) De acordo com um especialista, existe uma forma de transformar essas rotinas de perda de tempo em uma experiência muito mais agradável e produtiva.

Fale e ande

A visionária autora Nilofer Merchant escreveu em uma matéria da revista *WIRED* que "sentar-se tornou-se o fumo da nossa geração" (Merchant, 2013). Ela argumentou em um TED Talk de 2013 que "reuniões-caminhadas" são a chave para colaborações mais significativas e produtivas. Na opinião de Merchant, as reuniões atualmente são mais ou menos assim: "Oito pessoas numa sala, em horário nobre, sendo usadas para fazer transferência de dados, não para construir ideias ou resolver problemas."

Além disso, elas são terríveis para a nossa saúde. Na América do Norte, passa-se, em média, 9,3 horas por dia sentado e 7,7 horas dormindo. Quando li esses números fiquei impressionada com o tempo que passamos como sedentários. Mas, infelizmente, não fiquei muito surpresa.

Merchant sugere trazer tecnologias alternativas para apoiar o esforço, como pulseiras Jawbone, ou rastreadores de atividades Fitbit, e eu concordo. Promover atividades com jogabilidade e um sentido de diversão competitiva pode melhorar a probabilidade de adotarmos um comportamento e o transformarmos num hábito. Pegando uma atividade como caminhar, que costumava ser considerada um "esforço isolado", podemos combiná-la com uma reunião e pronto! O exercício torna-se significativo para os resultados dos negócios.

Entrevistei Nilofer sobre seu trabalho de difundir as reuniões-caminhadas e ela contou que tudo começou quando se encontrou com a capitalista de risco Heidi Roizen, que a chamou para uma reunião desse tipo: "Era sua reunião das nove horas da manhã Enquanto eu bufava e ofegava mais do que gostaria, me peguei pensando que aquela era uma ideia genial. Por isso, decidi adotá-la como um hábito pessoal ao agendar as minhas reuniões das 16h ou 17h desta forma. É uma mudança simples com um grande impacto."

Ela também descreveu como sua saúde começou a melhorar a partir dessas reuniões: "Passei de um ritmo cardíaco em repouso típico para o pico dos sessenta anos a um ritmo cardíaco em repouso de quarenta anos."

O maior destaque da minha conversa com Nilofer é como ela tem mudado a mentalidade dos CEOs e como isso tem sido vantajoso para os executivos de alto escalão. Nilofer descreveu um exemplo de um líder sênior baseado em Silicon Valley, que agora realiza todas as suas reuniões individuais desta forma:

> Quem trabalha com ele afirma que o entende melhor e assim as reuniões são muito mais eficazes... hoje, nossa economia é alimentada por ideias, criatividade e experiências. Portanto, o que importa é a transferência de insights e a construção de ideias. Você não consegue fazer isso estando sempre ligado à tecnologia, mas por meio da melhor ideia de tecnologia que existe: estar presente para os outros.

Como fundadora de um startup de tecnologia, eu diria que inovação e pensamento criativo estão no topo das minhas exigências para me manter competitiva. E as minhas discussões com Nilofer foram extremamente influentes. Ela terminou acrescentando:

> Quarenta por cento das nossas ações são ações diárias repetitivas, ou seja, coisas sobre as quais não pensamos e que não precisamos colocar em nossos ciclos mentais; aquilo que apenas fazemos. Estas ações constituem a maioria das que moldam os nossos dias. Então, fazer reuniões de pé nos ajuda ao transformar uma dessas ações em um ato diário. Se você mudar as pequenas ações, pode mudar a sua vida.

Essa foi uma afirmação poderosa. Sendo uma pessoa de alto desempenho, Nilofer obviamente entende o quanto é valioso construir atalhos mentais positivos. E, é claro, a ciência apoia a sua teoria.

Aptidão física e psicológica

Marily Oppezzo, doutora em psicologia educacional em Stanford, e Daniel Schwartz, professor da Stanford Graduate School of Education, descobriram que caminhar impulsiona a inspiração criativa. Quer seja andar dentro de casa, numa esteira ou ao ar livre, a produção criativa aumenta, em média, sessenta por cento.

Oppezzo observa em sua entrevista ao *Stanford News*: "Já sabemos que a atividade física é importante e que passar muito tempo sentado não é saudável." Este estudo é outra justificativa para a integração da atividade física no cotidiano. Seríamos mais saudáveis e talvez mais inovadores assim." (Wong, 2014)

Surpreendentemente, as nossas atividades subconscientes representam quarenta por cento de nossas horas de vigília, o que significa que passamos dois em cada cinco minutos em piloto automático. Mais uma vez, a heurística preguiçosa ganha na maior parte do nosso dia porque, como sabemos agora, essa via neural rápida destina-se a poupar a energia do cérebro.

No entanto, isso não significa que os nossos corpos desejam uma heurística preguiçosa.

Quando fazemos a ponte entre o poder do hábito, a aptidão psicológica e o bem-estar físico, podemos desenvolver o nosso eu de maior desempenho. Os líderes tendem a fundir a maioria dos componentes em diferentes momentos e em diferentes graus. Mas, com a quantidade de estresse e a alta carga de trabalho que a maioria dos líderes enfrenta, pode ser difícil fundir esses três fatores para fomentar a condição perfeita para a saúde.

Os hábitos nos ajudam a tirar a pressão da carga cognitiva para que possamos favorecer as áreas que mais necessitam do nosso poder de decisão. Estes atalhos mentais vêm a calhar. Contudo, também discutimos anteriormente a possibilidade de que isso pode se tornar um problema quando os nossos cérebros preguiçosos se concentram em maus hábitos.

Quando os hábitos se tornam ruins

É importante lembrar que hábitos não são criados da mesma forma. Os hábitos que liberam mais dopamina requerem o mínimo de repetição para serem formados. Por exemplo, quando bebemos um copo de vinho, comemos um pacote de salgadinhos ou fumamos um cigarro, recebemos uma dose maior de dopamina. Ao contrário (e infelizmente), os bons hábitos, como o uso do fio dental, não oferecem o mesmo aumento de dopamina.

E, quando estressados, o que é típico em posições de liderança, tendemos a nos voltar para hábitos de sobrevivência, porque o estresse orienta nosso cérebro para velhos hábitos em detrimento de novas atividades.

Descobri que quando estou particularmente ocupada, trabalhando com um prazo apertado e querendo relaxar depois do trabalho, o meu cérebro imediatamente deixa transparecer o desejo de uma fuga.

É semelhante à forma como conectamos a ideia de uma xícara de café com o ato de nos sentarmos à mesa. Os hábitos em que nos baseamos tendem a corresponder ao que é fácil e ao que nos traz conforto. O que realmente procuramos é algo que proporcione um fluxo de dopamina que nos leve a um lugar seguro no nosso cérebro. Um lugar que não requer a tomada de decisões e que conjuga sensações e emoções familiares.

Infelizmente, à medida que o estresse atinge o local de trabalho, os hábitos positivos se tornam mais difíceis de manter, e as pessoas voltam às rotinas negativas.

Por exemplo, graças aos dados que coletamos no Plasticity Labs, sabemos que o isolamento é um grande problema. Não só porque impacta a inovação e a colaboração, mas também porque gera uma enorme quantidade de estresse e sobrecarga mental para a equipe. Quando os trabalhadores se sentem estressados, começam a questionar se têm uma rede de apoio social no trabalho. Se passarem a questionar a existência de uma comunidade ou mesmo de um amigo com quem possam contar no trabalho, entrarão num modo de autopreservação e isolamento. Se entrar na copa ou na sala de descanso da empresa gera medo de que surja uma fofoca negativa, essa pessoa deixará de se aventurar para longe de sua mesa. E se esse isolamento ocorrer pelo medo de encontrar com alguém que possa fazê-la se sentir estressada ou desconfortável, ela começará a passar mal, ou pior, o estresse resultará em uma doença.

Este é um exemplo de como os hábitos podem se tornar danosos. Eles são perigosos para a saúde de qualquer organização. No entanto, também podem ser geridos e resolvidos de forma proativa.

Uma das formas mais simples de combater o isolamento é a gratidão. Sim, a gratidão pode resolver isso — e não requer sorte ou um evento em equipe (embora esses eventos sejam sempre agradáveis). É necessário simplesmente que as pessoas tirem, todos os dias, alguns minutos para construir o hábito da gratidão.

O resultado?

De acordo com a pesquisa, essa atividade aumenta o senso de comunidade, a satisfação no trabalho, a probabilidade de prever maior satisfação na empresa e, até mesmo, reduz a procrastinação.

Como vimos no capítulo 1, com o estudo de Robert Emmons, a gratidão tem impactos poderosos e duradouros na produtividade. Nossos pesquisadores, liderados por Vanessa Buote, exploraram isso mais a fundo.

A pesquisa sugere que as pessoas gratas são melhores em analisar perspectivas, são mais agradáveis e mais abertas a novas ideias. Isso tudo tem implicações importantes para o local de trabalho. A gratidão também promove o comportamento pró-social, que pode contribuir para o apoio social e a coesão entre os membros da equipe. Entende-se, então, que refletir e observar pelo que se é grato no trabalho pode estar ligado a resultados positivos.

A dra. Buote, o dr. Scott Leith e a dra. Renee Hunt criaram e testaram uma atividade de gratidão para investigar os resultados desse sentimento especificamente no local de trabalho.

O método consistiu em reunir 65 empregados, com idades entre 18 e 82 anos, e pedir-lhes que se dedicassem a uma de duas curtas atividades de gratidão: metade descreveu três coisas pelas quais estavam gratos no trabalho, enquanto a outra metade descreveu três coisas pelas quais estavam gratos na vida. Os participantes também preencheram pesquisas sobre o quanto estavam satisfeitos com seu trabalho, o quanto achavam que ficariam satisfeitos em seis meses, e até que ponto se sentiam parte de uma comunidade no trabalho.

Os funcionários que se concentraram nas três coisas pelas quais estavam gratos no trabalho relataram mais gratidão na empresa do que aqueles que escreveram sobre coisas pelas quais estavam gratos na vida. Isso indica que a atividade alcançou as intenções desejadas — fazer com que as pessoas ficassem mais gratas no trabalho. Ao pedir aos funcionários que se concentrem nas coisas que apreciam no ambiente de trabalho — por exemplo, colegas, flexibilidade, benefícios para a saúde —, eles se tornam mais gratos.

Em relação ao grupo que descreveu coisas pelas quais estavam gratos na vida, aqueles que colocaram o emprego como um dos fatores, relataram mais satisfação com no trabalho. Não só os funcionários estavam mais satisfeitos no momento da pesquisa, como também anteciparam que estariam mais satisfeitos dentro de seis meses.

A atitude de gratidão

De acordo com Vanessa Buote:

> A atividade era simples. Todos os empregados foram capazes de listar e descrever coisas pelas quais estavam gratos. Portanto, embora muitas pessoas não se concentrem naturalmente nas coisas pelas quais são gratas no trabalho, quando são encorajadas a fazê-lo, elas conseguem. Pode ser que, no início, os funcionários precisem ser explicitamente solicitados a se concentrar em seu ambiente, mas, com o tempo, isso cria um hábito ou um padrão, em que os funcionários começam a pensar mais automaticamente sobre o que causa gratidão no trabalho.

Como estamos aprendendo, os hábitos são poderosos. Eles podem nos ajudar a ter um melhor desempenho, eliminando o estresse extra do nosso cérebro já tão ocupado e dando a capacidade necessária de atenção para outras áreas da vida. Porém, hábitos também podem ser práticas indesejáveis que são fáceis de reincidir. A capacidade de reconhecer quando estamos confiando demais nos hábitos ruins e quando precisamos construir novos hábitos é a chave para nos tornarmos e permanecermos líderes de sucesso.

Construir hábitos para a vida

A construção do hábito da felicidade também é possível usando uma estratégia poderosa que olhe para a cultura com uma abordagem de "cinco para a vida". O que significa que serão necessários cinco anos de esforço consistente para ter uma cultura feliz totalmente enraizada em sua empresa, além de uma vida inteira alimentando-a para continuar colhendo os frutos.

No Plasticity, trabalhamos com líderes de organizações para ajudá-los a entender essa mentalidade "cinco para a vida".

Os "3Rs" da mudança de hábito

Desde ações como ligar as luzes quando entramos numa sala ou olhar para os lados antes de atravessarmos a rua, até hábitos mais complexos como encher a nossa garrafa térmica de café antes de irmos para o trabalho ou a capacidade que temos de nos desligar enquanto dirigimos pelo mesmo caminho todas as manhãs — essas práticas diárias estão enraizadas no nosso subconsciente. O ditado "Eu poderia fazer isso de olhos fechados" é compreensível. Por quê? Porque, a qualquer momento, podemos provavelmente listar uma dúzia ou mais de comportamentos que executamos sem pensar.

James Clear descreve este padrão como "Os '3Rs' da mudança de hábito" (Clear, n.d.), pelo qual ele afirma que cada hábito que temos — bom ou mau — segue o mesmo padrão de três passos:

1 Recordação (*Reminder*): o gatilho do comportamento.

2 Rotina (*Routine*): o comportamento em si, a ação que você realiza.

3 Recompensa (*Reward*): o benefício que você ganha ao ter o comportamento.

Em seu livro *Transform your habits* (Clear, 2016), James nos fornece uma descrição muito clara de como funciona um hábito quando fracionado:

1 O seu telefone toca (recordar). Este é o lembrete que inicia o comportamento. O toque atua como um gatilho ou um sinal que lhe diz para atender o telefone. É a prontidão que inicia o comportamento.

2 Você atende o telefone (rotina). Este é o comportamento real. Quando o seu telefone toca, você atende.

3 Você descobre quem está ligando (recompensa). Esta é a recompensa (ou punição, dependendo de quem está ligando). A recompensa é o benefício obtido ao realizar o comportamento. Você queria descobrir por que a pessoa do outro lado estava te ligando; descobrir essa informação é a recompensa por completar o hábito.

James afirma que, se a recompensa for positiva, vamos querer repetir a rotina na próxima vez que o lembrete acontecer. Repetir a mesma ação vezes suficientes a torna um hábito. Cada hábito segue esta estrutura básica de três passos.

Eu testei a teoria com o conselho de Nilofer Merchant em mente. Comecei com uma reunião e segui o processo dos "3Rs":

Recordação: As reuniões estão constantemente no meu calendário, por isso foi fácil lembrar-me dela, pois está relacionada a algo do meu cotidiano. Além disso, ferramentas tecnológicas como Outlook, WebEx ou calendários do Google, que disparam e nos avisam quinze minutos antes de qualquer reunião, realmente ajudam. Eu, então, incluí uma observação na linha de assunto, "Fazer caminhando", para melhorar o lembrete.

Rotina: Fiz mudanças incrementais na minha rotina, transformando uma reunião sentada em uma reunião-caminhada e, depois de se tornar um hábito, acrescentei outra. Participo de cerca de três reuniões dessa forma por semana, mas também tenho incorporado discussões em pé sempre que possível. Como as reuniões de atualização devem ser rápidas, nós as tiramos das salas de reunião e as transformamos em *"standups"*. Isso nos obriga a ser rápidos e nos devolve parte do tempo que perdemos quando estamos todos sentados em uma sala de reuniões.

Recompensa: Tenho notado os benefícios acumulados ao melhorar a saúde — nos meus níveis de energia no trabalho e no aumento das endorfinas liberadas quando essas discussões em pé inspiram a resolução criativa de problemas. Além da redução do tempo desperdiçado em reuniões prolongadas. Quando você realiza reuniões em pé, tende a estar mais ciente do tempo.

Descobri também, enquanto me preparava para conversas com líderes empresariais que me convidavam para falar com as suas equipes, que as reuniões nas quais eu caminhava e falava eram as mais inovadoras e tinham os melhores resultados nos próprios eventos. Sempre que eu fazia um brainstorming sobre novas e inspiradoras formas de capturar uma audiência com o tema da felicidade, elas eram inegavelmente mais relevantes e emocionantes quando eu caminhava.

Passei um tempo adicional examinando como eu, pessoalmente, formo um hábito e depois faço esse hábito se manter. Desde fundar uma startup bem-sucedida até escrever um livro ou me esforçar para ser uma boa mãe, eu preciso de uma enorme capacidade mental. Os bons hábitos ajudam-me a liberar espaço na minha área consciente de tomada de decisões do cérebro.

Para garantir a formação de novos e melhores hábitos de liderança atuais, desenvolvi meu próprio padrão de construção de hábitos que se perpetuam. O modelo PERSIST continua apoiando a minha rotina de felicidade, e espero que também possa apoiar os seus esforços:

Figura 3.1 O modelo PERSIST

Prático (*Practical*)
Faça do seu hábito algo relevante e útil

P

Etern*Enduring*)
A construção de um bom hábito não deve terminar

Replicável (*Repeatable*)
Faça intervenções diárias

E   **R**   **S**

Simples (*Simple*)
Mantenha a tarefa simples para construir um caminho rápido para o automatismo

Gradual (*Incremental*)
Dê pequenos passos

I   **S**

Curto (*Short*)
Estabeleça uma janela para a definição de um hábito

Alvo (*Targeted*)
Não foque em quanto tempo é necessário para desenvolver um hábito

T

Prático: Construir um hábito não é fazer parte do Guinness World Records. Tentar comer apenas batatas por um ano não é um hábito que valha a pena construir. Tentar aumentar a automaticidade das aplicações práticas da nossa vida acrescenta muito mais valor do que inserir algo novo como parte do nosso dia a dia. Embora seja importante incluir novidades em nossas vidas, a construção do hábito abre espaço em nosso cérebro para atender a outros aspectos de nossa vida. E por outros aspectos me refiro àqueles que subestimamos ou ignoramos porque estamos muito atolados emocionalmente.

Eterno: Tenha em mente que a construção de bons hábitos não deve chegar a um ponto final e que procurar por essa "saída" jogará seus esforços no lixo. Em vez disso, concentre-se em pensar neste esforço como uma mudança permanente no seu comportamento arraigado e padronizado. E lembre-se de escolher seus hábitos sabiamente, porque a mudança muitas vezes tem um efeito dominó.

Replicável: Faça dele uma intervenção diária. Voltando aos benefícios da neuroplasticidade e daquelas heurísticas preguiçosas, queremos que nossos pensamentos de maior desempenho percorram os caminhos neurais mais fáceis. Se reforçarmos um comportamento através da repetição, o cérebro começará a selecionar naturalmente esse comportamento em detrimento de outro. Não estamos fazendo dieta. Com esforço, vamos tentar mudar os nossos comportamentos permanentemente.

Simples: Mantendo as tarefas simples, o caminho para a automaticidade será mais rápido. Hábitos complexos vão tomar mais tempo. Isso não significa que não devamos tentar estabelecer hábitos complicados; apenas que devemos começar com as conquistas mais rápidas.

Gradual: Quer levantar-se mais cedo? Em vez de exagerar e ajustar o relógio para as quatro da manhã, comece por antecipar seu despertador em cinco minutos, até que a hora de despertar desejada tenha sido alcançada. As mudanças incrementais desenvolverão hábitos mais sustentáveis do que as mudanças radicais.

Curto: Mantenha a quantidade de tempo gasto no desenvolvimento de um hábito dentro de um curto espaço de tempo. Não precisamos de horas de yoga todos os dias para nos tornarmos mais conscientes. Comece com dois minutos de silêncio uma vez por dia, concentrando-se e respirando fundo — depois duas vezes. Deve-se aumentar gradualmente o tempo usado para a mesma atividade, em vez de fazer um enorme investimento de tempo de uma só vez.

Alvo: Tenha em mente que conseguir construir qualquer hábito em 21 dias é um mito. Confie em uma rotina com pequenos passos incrementais (quer demorem dezoito ou 180 dias, não importa), você eventualmente construirá o comportamento que forma um hábito.

O PERSIST foi uma forma fantástica de me manter motivada e em um bom caminho. Continuo desfrutando de todos os benefícios positivos de uma vida pessoal e profissional mais organizada. Minha capacidade cerebral está focada nas decisões imediatas, e meu subconsciente me lembra de agir com compaixão, controle emocional, esperança, gratidão, resiliência e uma série de outros traços que me mantêm feliz no dia a dia.

Agora que temos a ciência para explicar como os hábitos são formados no cérebro e alguns exemplos de como esse hábito saudável pode ser transformado em comportamentos cotidianos, vamos colocar a aprendizagem em prática.

Atividades

1. Conecte-se com os seus pares. Conheça melhor os seus colegas, usando as pausas do trabalho para socializar. Uma vez por semana, quando for tomar um café ou almoçar, encontre uma oportunidade de passar na mesa de alguém com quem você não está familiarizado e dizer olá. Não há necessidade de demorar mais de alguns minutos, mas uma interação rápida pode levar a mais oportunidades de colaboração.

2. Pratique o hábito do agradecimento. Antes de fechar o laptop ou terminar o trabalho do dia, envie um e-mail de agradecimento, um tweet ou uma mensagem de texto para alguém sinalizando um trabalho bem feito. Só demorará dois minutos, mas trará enormes vantagens para a sua equipe, além de ser uma forma egoísta de melhorar o nosso bem-estar pessoal.

3. Faça reuniões-caminhadas. Já expliquei a ciência dessas reuniões e como construir esse hábito, agora é a sua vez de fazer a próxima reunião de pé, ou andando por aí. E sem desculpas! Muitas vezes pensamos que estamos muito atrasados na nossa carga de trabalho para sair da mesa e parar a tarefa em andamento, mas o oposto é verdade. Quanto mais nos levantamos, nos esticamos e nos movemos, mais produtivos somos.

4. Tenha o "hábito em você". Pratique o hábito de se colocar em primeiro lugar pelo menos uma vez (de preferência mais, mas vamos começar com uma vez) por dia. Tire vinte minutos para ler algo que não tem nenhum propósito, mas que proporcione alegria. Demore mais cinco minutos para desfrutar do seu café sem mergulhar em e-mails. Desfrute de uma *siesta* de quinze minutos ou de uma hora tranquila de almoço para reiniciar. Comece com alguns minutos para dar ao seu cérebro o que ele precisa para ser produtivo, inovador e empenhado. O controle emocional e a boa liderança são resultado de um cérebro bem descansado e produtivo. Isso representa autocuidado — algo que muitos líderes não consideram valioso. Em minha empresa, essa é a consideração mais valiosa de todas.

Leitura recomendada

CLEAR, J. (n.d.) *The 3 R's of Habit Change: How to Start New Habits That Actually Stick*. James Clear, 2016. Disponível em: <http://jamesclear.com/three-steps-habit-change>.

KING, V. *10 Keys to Happier Living*. Headline, 2016.

Veja!

MERCHANT, N. *Got a Meeting, Take a Walk!* TED, 2016. Disponível em: <www.ted.com/talks/nilofer_merchant_got_a_meeting_take_a_walk?language=pt>.

Inteligência emocional e liderança

4

Se os capítulos anteriores não enfatizaram claramente como os seres humanos se relacionam uns com os outros e com o mundo através de conexões emocionais, vou me certificar de repetir isso agora. As relações positivas nos fazem felizes. Se nos referirmos especificamente ao modelo PERMA de Martin Seligman, descrito no capítulo 2, o R em PERMA significa relacionamentos. Isso não se limita às relações com os membros de nossas famílias e com os nossos amigos. Na verdade, desenvolvemos relações com tudo aquilo com que interagimos. Desde a comida que comemos, as compras que fazemos e como trabalhamos.

Somos todos seres humanos naturalmente emotivos. Tentar lutar contra essas emoções é contraproducente, mas criar relações com aqueles em nossas empresas pode ser um desafio. É ainda mais desafiador quando seguimos os velhos padrões de estabelecer relacionamentos no local de trabalho.

Quando estamos separados em sistemas hierárquicos, esquematicamente envolvidos com gráficos organizacionais, percebemos lacunas entre os níveis dentro de uma organização. Os líderes são frequentemente isolados em um lugar privilegiado, residindo em algum espaço encantado acima do resto, enquanto os empregados existem naquela base comum, a infraestrutura que sustenta o andar acima. Muitos descrevem essa situação como um "eles versus nós", dependendo de que lado da cerca se pode habitar.

Como líderes, lutamos contra este tema perpétuo da divisão. Conversei com muitos líderes seniores que anseiam por mais interações com seus funcionários e sentem saudade dos dias em que todos estavam no mesmo nível. Lembro-me de uma conversa em particular com um CEO que disse que só queria ter a chance de beber cervejas com toda a equipe novamente. Outra executiva sênior comentou que desejava que as pessoas parassem de ficar tão nervosas ao seu redor ou de segurar a porta para ela como se fosse algum tipo de celebridade.

Essas histórias confirmam que todos nós precisamos de interações humanas positivas e, quer sejamos "eles" ou "nós", na nossa forma mais simplificada, somos todos apenas seres humanos.

Este capítulo explicará como a inteligência emocional constrói melhores líderes e por que os funcionários se relacionam mais e têm melhor desempenho em organizações com alta inteligência emocional. Olharemos para as organizações que há muito vêm investindo no estudo e na pesquisa, buscando entender por que esse é o seu segredo mais bem guardado. Também vamos definir o termo de forma mais completa. Aprenderemos a envolver-nos em comportamentos que conduzem aos mais altos níveis de inteligência emocional e depois apresentaremos formas de integrar esses entendimentos no nosso dia a dia do trabalho e em casa.

O que é inteligência emocional?

De acordo com Mayer e Salovey, psicólogos e pioneiros do movimento de inteligência emocional: "A inteligência emocional envolve a capacidade de perceber com precisão, avaliar e expressar emoções... para gerar sentimentos quando essas emoções facilitam o pensamento... para entender o sentimento e o conhecimento emocional; e... regular as emoções para promover o crescimento emocional e intelectual." (Mayer e Salovey, 1997)

Psicólogo mundialmente reconhecido, Daniel Goleman, autor do best-seller do *New York Times, Emotional intelligence and social intelligence*, desempenha um papel influente na popularização da inteligência emocional em ambientes de liderança e negócios. Durante muitos anos, Goleman, jornalista científico, escreveu reportagens sobre o cérebro e as ciências comportamentais. Ele equiparou o Dalai Lama a pesquisadores científicos e acadêmicos para destacar como liderança, criatividade, desempenho e inteligência emocional estão ligados.

Goleman também foi fundamental para descobrir como a aprendizagem socioemocional (SEL) poderia ajudar a melhorar o desempenho acadêmico. Quando os alunos foram avaliados através das médias das notas e dos resultados dos testes, notou-se uma melhora de autoconsciência, confiança, gestão de emoções e impulsos perturbadores, além do aumento da empatia (Goleman, n.d.).

Em uma metanálise de 668 estudos, realizados por Roger Weissberg na Universidade de Illinois, os dados mostraram que a programação SEL gera um aumento de até cinquenta por cento nas pontuações de desempenho; até 38 por cento dos alunos melhoraram suas médias de pontuação. Os programas também tornaram os estudantes e as escolas mais seguros. De acordo com o estudo, "os incidentes de mau comportamento caíram em média 28 por cento; as suspensões em 44 por cento; e outras ações disciplinares em 27 por cento. Ao mesmo tempo, as taxas de frequência aumentaram, enquanto 63 por cento dos estudantes demonstraram um comportamento significativamente mais positivo" (Goleman, n.d.).

No território da psicologia, quando resultados como esses surgem de pesquisas com jovens, podemos esperar que sejam extrapolados para englobar os adultos. A pesquisa de Goleman esboçou o quadro de como a aprendizagem social emocional está ligada à ciência do cérebro. Ele descobriu que o aumento da aprendizagem pode ser atribuído a melhorias na atenção e memória de trabalho, funções-chave do córtex pré-frontal. Também sugeriu que a neuroplasticidade e a construção dos hábitos de felicidade desempenhariam um papel fundamental nos benefícios da aprendizagem socioemocional.

De acordo com Daniel Goleman, a liderança e o desenvolvimento dos funcionários são apenas formas diferentes de aprendizagem, mas focadas em adultos. Então por que não se aplicariam resultados semelhantes quando aumentamos a inteligência emocional nessas áreas de aprendizagem? Empresas como Johnson & Johnson, parte da pesquisa de Daniel Goleman, aprenderam que os funcionários com alto potencial de liderança eram os mais fortes em inteligência emocional.

A pesquisa baseada em evidências de Daniel Goleman nos ajuda a entender o desempenho da inteligência socioemocional em todas as áreas de aprendizagem e desenvolvimento. De jovens a adultos, onde quer que possamos medir os resultados da aprendizagem, o aumento desse padrão melhorará o desempenho. Isso se formos capazes de focar o desenvolvimento de aprendizagem no aspecto "montante".

A distinção entre os termos "montante" e "jusante" no contexto de intervenções psicológicas é essencial. São pontos fundamentais de diferenciação na forma como desenvolvemos a felicidade e a inteligência emocional e como enxergamos a psicologia positiva em geral.

Estes termos amplamente utilizados podem ser aplicados a uma variedade de campos, mas nesta circunstância, e ao longo de todo o livro, vamos nos referir a eles como um lugar no tempo em que as intervenções ocorrem. A distinção montante/jusante é bem explicada por John McKinlay, um médico sociólogo, em sua alegoria do médico que continua resgatando pessoas de um afogamento em uma correnteza (McKinlay, 1974). Cada vez que ele puxa alguém para fora do rio e o salva, outra pessoa flutua, precisando de sua ajuda. Como ele está ocupado salvando vidas, continua perdendo a oportunidade de correr rio acima e impedir que novas pessoas caiam na correnteza.

Esta metáfora é uma excelente descrição da frequência com que concentramos os nossos esforços nas intervenções a jusante. E embora muitas dessas intervenções ainda sejam eficazes para reagirmos a uma necessidade, se investirmos apenas em medidas reacionárias não poderemos dedicar nosso tempo mais a montante para chegar à raiz do problema.

Isto ocorre constantemente no local de trabalho.

Vamos fazer um teste. Você mede o engajamento ao menos uma vez por ano?

Diria que medir o engajamento é uma métrica a montante ou a jusante?

Se você respondeu a jusante, está correto.

Quando medimos um resultado em vez de um insumo, raramente obtemos o quadro macro sobre o envolvimento em nossas organizações. Se uma maior inteligência emocional e o desenvolvimento dessa habilidade acontecer com insumos a montante, se o resultado do aumento da inteligência emocional for igual aos resultados de maior envolvimento e produtividade, então essa avaliação anual de engajamento que está sendo implantada é tão útil quanto o trabalho do médico arrancando corpos do rio.

Embora estejamos medindo o engajamento desde os anos 1920, as estratégias de inteligência emocional surgiram exatamente no mesmo período da história. Nossa impressão é a de que o investimento em estratégias a montante parece novo, mas, surpreendentemente, não é. A seguir estão as narrativas daqueles que adotaram esse princípio.

Os primeiros a adotar

Se eu perguntasse qual foi a primeira organização a investigar o benefício de equipes emocionalmente inteligentes para seus resultados comerciais, você saberia a resposta? E poderia adivinhar quando essas iniciativas começaram?

Surpreendentemente (ou, para alguns, talvez não), a resposta é a marinha dos EUA. A avaliação e a prática de inteligência emocional da instituição remontam à Segunda Guerra Mundial. Desde estas primeiras descobertas, a marinha americana tem sido ativa como uma líder em pesquisa, sendo a primeira a criar orçamentos internos, recrutar com base em perfis psicométricos específicos, treinar talentos, desenvolver currículos acadêmicos e usar dados para medir o sucesso.

O esforço da marinha para desbloquear a felicidade e o alto desempenho tem figurado na vanguarda de dezenas de pesquisas. Um estudo específico, "The relationship between emotional intelligence and leader performance", do major Michael A. Trabun, do Corpo de Fuzileiros Navais dos Estados Unidos, explica por que continuamos a nos concentrar nos efeitos a jusante e permanecemos avessos a criar conexões emocionais com o nosso pessoal (Trabun, 2002).

O major Trabun acredita que temos preconceitos sobre liderança emocional e que esse termo está ainda mais arraigado no campo militar do que, provavelmente, em qualquer outro setor. Há algum tempo, a liderança e as emoções não têm falado a mesma língua, e a suposta tendência à liderança emocional costuma ser negativa.

De CEOs a oficiais do exército, infelizmente tem prevalecido uma filosofia de que, para ser um líder eficaz, é preciso reduzir o papel que as emoções desempenham na resolução de problemas ou na tomada de decisões. Na cultura militar, os soldados e oficiais precisam tomar decisões rápidas, em ambientes caóticos e, portanto, como explica o major Trabun, a velha maneira de pensar era: "Permitir que a emoção faça parte de um processo decisório pode trazer consequências potencialmente negativas. Como resultado, o líder militar é aquele que muito provavelmente aprendeu a subjugar ou separar a influência que as emoções exercem em qualquer situação." (Trabun, 2002)

Na verdade, os militares americanos determinaram o exato oposto da teoria anterior.

Como psicólogos e sociólogos podem revisar uma vasta e profunda compilação de pesquisas científicas, datadas da Segunda Guerra Mundial, eles estão mais equipados para explicar como as emoções desempenham um papel positivo em eventos de liderança. Como esta pesquisa continua a ser consumida publicamente, vemos que as tendências existentes mudaram. Não é mais contraditório acreditar que um líder ou gestor possa usar as emoções para obter resultados mais consistentes e positivos de seus pares, subordinados, stakeholders e superiores.

No início, o principal objetivo da marinha dos EUA não era aumentar a felicidade de seus funcionários, mas sim melhorar seu desempenho. Quando os soldados voltaram da guerra, era evidente que sofriam do que hoje conhecemos como transtorno de estresse pós-traumático (TEPT), eventualmente definido no DSMIII em 1980. Contudo, esta "dor da mente" já ameaçava a nossa saúde e o nosso desempenho muito antes de entendermos que se tratava de TEPT.

Durante as Guerras Mundiais, os militares tentavam resolver o que era chamado de neurose de guerra. Em dezembro de 1914, até dez por cento dos oficiais estavam sofrendo desse distúrbio, e quarenta por cento das baixas da Batalha de Somme foram por conta dessa "neurose" (Anders, 2012). O termo "neurose de guerra", no entanto, criou controvérsia porque parecia sugerir que o cérebro estava traumatizado fisicamente e não psicologicamente. Mais tarde seria descoberto (Myers, 1940) que, de dois mil casos, muitos indivíduos não haviam se envolvido diretamente em explosões e, no entanto, a dor emocional e física era inegavelmente visível.

Como você pode ver, o desejo da marinha dos EUA de entender melhor como o seu pessoal retornou da guerra levou a uma quantidade enorme de investigação e pesquisa sobre a inteligência emocional do militar. E, posteriormente, esse conhecimento foi transferido para o público em geral, suscitando mais discussões sobre o envolvimento dos funcionários e a felicidade geral no local de trabalho.

Olhando a montante

Examinando o estudo de caso anterior do exército dos EUA, notamos que no passado a maioria das organizações buscava primeiro melhorar os resultados comerciais e, por último, o bem-estar dos funcionários. Infelizmente, hoje ainda observamos métricas como engajamento e produtividade ou absenteísmo e presenteísmo. Contudo, como mencionei anteriormente, estas medidas são baseadas em resultados e não em insumos. Colaboradores mais felizes e com melhor desempenho produzirão resultados como engajamento e produtividade, enquanto colaboradores infelizes e pouco saudáveis produzirão absenteísmo e desmotivação.

O que precisamos fazer é parar de nos concentrar nos resultados, o que resulta em um caminho labiríntico para alcançar a meta final. Em vez disso, precisamos gastar nosso tempo e esforços como líderes e estrategistas muito mais a montante.

Tomando mais uma vez o estudo de caso da marinha dos EUA, percebemos que a intenção era garantir que o pessoal estivesse melhor equipado para voltar ao campo de batalha, em uma versão mais saudável e resiliente de si mesmos. O treinamento em inteligência emocional não era uma opção, mas à medida que começaram a investir no bem-estar dos funcionários, o resultado apresentou menos soldados com estresse pós-traumático. Só quando a marinha viu o retorno do seu investimento é que essa estratégia se tornou permanente. Essa forma de resolução do problema destaca como a maioria das organizações trata os sintomas de desinteresse, em vez de reduzir proativamente os efeitos negativos a jusante através de intervenções profiláticas.

Este é um caminho típico, mas altamente ineficiente, para o sucesso do negócio. Muitos líderes organizacionais ainda agem da mesma maneira antiquada. Um resultado duplo, em que a organização procura ampliar o modo como mede o desempenho fiscal acrescentando um desdobramento que mede o impacto social positivo, ainda é visto como desejável em vez de necessário. E ainda assim, os seguintes estudos de caso provarão que uma abordagem de duplo resultado para os negócios é sempre uma estratégia vencedora.

Colocando esta afirmação em discussão, vamos analisar quais são as marcas mais bem-sucedidas e como esse sucesso está ligado à sua liderança.

O retorno sobre o investimento de alta inteligência emocional

A Starbucks é um exemplo de uma empresa altamente lucrativa que, segundo muitos, trabalha duro para cuidar de seu pessoal. Fundada em 1971, ela é hoje a maior empresa de cafeterias no mundo, com 22.766 lojas em 65 países e 16,4 bilhões de dólares em receitas anuais.

O presidente e CEO Howard Schultz fala abertamente sobre como seu pai é a razão pela qual ele oferece um generoso plano de saúde para os funcionários, sejam eles trabalhadores em período parcial ou em período integral. Quando Schultz era criança, o pai perdeu esse benefício e isso foi extremamente desafiador para a família.

Numa entrevista emocionante e sentimental (Ignatius, 2016), Howard Schultz falou sobre por que estava tão apaixonadamente comprometido com o lado humano da sua empresa.

Ele voltou a liderar a Starbucks em 2008, apenas um ano e meio depois do furacão Katrina ter devastado Nova Orleans. Ignorando os conselhos de sua equipe, ele assumiu uma pesada linha orçamentária para fazer um projeto funcionar: Schultz doou cinquenta mil horas de serviço comunitário para uma cidade que estava se reconstruindo, usando a força de dez mil gerentes de loja. Cheio de esperança por um futuro econômico mais próspero, Schultz queria que o seu pessoal fosse lembrado pelo caráter e pelos valores que uma vez foram a epítome de um empregado da Starbucks. "Se não tivéssemos Nova Orleans, não teríamos mudado as coisas. Estou convencido disso. Foi a experiência mais poderosa que qualquer um de nós teve em anos, porque foi real."

Quando Ignatius perguntou se Schultz alguma vez havia pensado em cortar os custos com planos de saúde, Howard disse o seguinte: "O nosso custo anual com cuidados de saúde... é de aproximadamente trezentos milhões de dólares. É o coração... é o que a Starbucks tem sido, por uma série de razões, a começar pela minha experiência pessoal quando era criança."

Howard Schultz e seu enigmático estilo de liderança são constantemente destacados como notáveis. Ele é amado por muitos dos seus empregados. Comprometido com os detalhes, é conhecido por visitar duas dúzias de lojas por semana, mesmo quando era presidente do Conselho de Administração. Além disso, é um líder cheio de compaixão e entusiasmo pelo seu pessoal. Um líder emocionalmente conectado que também faz seus acionistas muito felizes.

Embora essa não seja a persona universalmente vista nos cargos de CEO, ela não é exclusividade de Schultz e da Starbucks. Estamos começando a ver uma relação similar entre marcas e líderes bem parecidos. John Mackey, da Whole Foods; Gary Kelly, CEO da Southwest Airlines; Oprah Winfrey, da HARPO; e Jack Welch, ex-CEO da GE — todos esses líderes têm a mesma característica: eles unem os traços de liderança emocionalmente inteligente com a capacidade de traduzir essa inteligência emocional em lucro.

Desde os pioneiros mais prolíficos à frente das empresas mais poderosas até os agentes de mudança artesanais que estão construindo empresas em crescimento acelerado, existe um desejo por uma liderança mais inteligente emocionalmente. Outrora considerados fracos, os líderes que criam relações significativas baseadas na humildade, compaixão, empatia e bondade também estão construindo marcas de grande sucesso com o mesmo caráter.

Quando temos a opção de comprar um produto que tenha características e benefícios idênticos, escolhemos a marca que mais admiramos. Só por esta razão, a necessidade de criar relações a nível humano é primordial para o sucesso de qualquer organização atual ou futura.

A vantagem competitiva

Tive o privilégio de entrevistar Shawn Achor, um líder global na discussão sobre a psicologia positiva. Shawn é o autor de *The Happiness Advantage* e *Before Happiness*, foi professor de Harvard e lecionou várias disciplinas relacionadas à felicidade em colaboração com Oprah. Shawn é consultor sobre liderar com felicidade em 41 das empresas Fortune 100. Perguntei a ele por que é tão importante lidar com a felicidade e a inteligência emocional. Ele respondeu compartilhando um exemplo de como essa discussão está mudando entre as empresas a que ele presta consultoria:

> Os líderes têm uma visão míope do seu papel e não estão levando em conta os principais motivadores para o desempenho. Na força de trabalho atual, há dramáticas lacunas geracionais e o sucesso parece muito diferente entre esses grupos. Vemos novos talentos entrando no mercado de trabalho, talentos que esperam uma mudança na consciência cultural. Eles querem saber, "onde posso aplicar meu talento?" e "que empresa pode me desenvolver pessoalmente?". Se não descobrirmos como fazer isso acontecer dentro de nossas organizações, e se nos faltar a inteligência emocional para descobrir como desbloquear seu potencial, deixaremos de ser competitivos.

Estou muito intrigado com a forma como podemos sustentar o movimento da felicidade e mudar o diálogo em torno do bem-estar nas empresas. Há muito tempo falamos em encontrar esse equilíbrio entre trabalho e vida pessoal, mas... nos últimos oito anos, vi a conversa mudar no sentido de integrar a pessoa completamente e tomar decisões que sejam sustentáveis não só para a empresa, mas também para o indivíduo. As empresas que abraçam esta perspectiva estão na vanguarda da retenção e do engajamento de talentos e, acredito, liderarão uma revolução na forma como pensamos sobre recursos humanos.

Nós também presenciamos isso todos os dias com os líderes com os quais trabalhamos no Plasticity Labs. Eles não policiam a felicidade dos seus empregados; não lhes pedem para exibir sorrisos pela manhã ou sugerem que vistam um manto de inautenticidade durante todo o seu dia de trabalho. Os líderes mais reconhecidos, os mais altos em inteligência emocional, são os que enxergam as pessoas por inteiro. A vida e o trabalho fluem entre si, e as organizações que querem manter a posição de liderança precisam melhorar a forma como o funcionário, por completo, passa setenta por cento do seu tempo acordado.

ESTUDO DE CASO O valor da aceitação — Coreworx

Um dos meus exemplos favoritos que conecta liderança emocionalmente inteligente à experiência diária no trabalho é uma empresa chamada Coreworx. Recentemente nomeada uma das "Cool Vendors" da Gartner pela sua abordagem inovadora ao software de gestão de informação de projetos, a Coreworx gere alguns dos projetos mais complexos do mundo. Seu software é implantado em uma carteira de setecentos projetos avaliados em mais de 950 bilhões de dólares e está presente em mais de quarenta países, tendo mais de cem mil usuários.

A necessidade da organização permanecer altamente eficaz é fundamental para o seu sucesso, mas também está bastante ligada ao sucesso de seus clientes. Os muitos serviços e detalhes envolvidos na supervisão de projetos no valor de 950 bilhões de dólares exigem foco. Semelhante à maioria das outras empresas, as distrações e a perda de produtividade têm alguns impactos bastante caros.

Assim, quando um arquiteto sênior muito respeitado faleceu após vinte anos de serviço, o estresse e a dor perpassaram por toda a organização. As pessoas acharam difícil ir trabalhar (como qualquer um esperaria), então o engajamento e a produtividade diminuíram.

Este declínio na eficiência era esperado pela equipe de liderança, mas depois foi pedido que os funcionários retornassem ao normal dentro de determinado período. Algumas empresas oferecem apenas um ou dois dias para a recuperação, mas a maioria não oferece qualquer apoio real aos funcionários em luto — principalmente se a morte não for de um membro da família.

De acordo com o Conselho Nacional de Cuidados Paliativos, os funcionários sentem que não está sendo oferecido apoio suficiente no trabalho. A pesquisa descobriu que um terço dos empregados que passaram por um período de luto nos últimos cinco anos sentiram que não tinham sido tratados com compaixão pelo empregador.

Nós já sabíamos que a Coreworx tinha um software legal, mas foi então que aprendemos que a empresa também tem um bom coração.

Com um alto nível de confiança e inteligência emocional, a equipe de liderança sênior decidiu usar a plataforma Plasticity para fazer um memorial em homenagem ao seu falecido companheiro de equipe. Os funcionários deviam usar a *tag* #RememberingRick em seus vídeos, comentários e fotos. Após várias semanas de luto, eles aposentaram a *hashtag* e se despediram imprimindo um livro de memórias para comemorar a vida do colega.

Um momento de aceitação foi sentido em toda a empresa e a vida no trabalho foi retomada.

Laura Kacur, VP de recursos humanos da Coreworx, descreveu as razões que a levaram a tomar esta direção incomum. Ela sentiu que os funcionários precisavam de um lugar para compartilhar seus sentimentos de maneira segura. Kacur, pessoalmente, não queria ignorar a perda e acreditava que isso não seria algo autêntico para a cultura da empresa, que era de união. Laura também compartilhou publicamente o que sentia por Rick: "Foi uma perda significativa para a empresa porque perdemos tanto um bom amigo como uma mente brilhante."

No passado, teríamos considerado este tipo de luto público como sendo pouco profissional, mas já não é assim. Ao permitir que os indivíduos se comportem autenticamente e vivenciem uma ampla gama de emoções, eles puderam se recuperar mais rapidamente e retornar ao trabalho em um estado de espírito mais saudável.

E então analisamos o resultado. No caso da Coreworx — depois do espaço para o luto e da recuperação —, a equipe estava mais forte, o trabalho era mais atencioso, a gratidão era maior e, apesar de ainda faltar um personagem muito importante no escritório, a vida continuava.

É importante destacar que a liderança não estava pensando na rentabilidade quando decidiu criar esta linha aberta de discussão para os funcionários. A intenção era pura. E quando pensamos no ser humano primeiro — na pessoa por inteiro —, o pagamento não é o lucro. E, vou reiterar, isso reflete nos benefícios adicionais, mas eles chegam mais adiante. Como os primeiros a chegar a um local de acidente, a nossa principal prioridade como líderes deve ser salvar vidas, e deixar os bens por último.

Felicidade e dinheiro: a conversa embaraçosa

Você pode pensar que uma estratégia de felicidade é apenas uma iniciativa para "sentir-se bem" e não um plano lucrativo. Essa intangibilidade afeta nossa capacidade de acreditar que conceitos como a construção de líderes emocionalmente inteligentes ou o aumento da esperança e do otimismo entre equipes influenciará na medição financeira. Não acreditamos que a felicidade se traduza em atingir metas financeiras ou atingir indicadores-chave de desempenho.

Por quê?

Porque a maioria dos líderes não mede suas estratégias de felicidade e, portanto, não tem os dados para provar isso.

Também não gostamos de misturar felicidade, emoções e dinheiro. Essas coisas parecem muito contraditórias, e por isso as separamos, para que sejam menos dissonantes em nosso cérebro.

Mas há uma pessoa que estuda os resultados financeiros das estratégias de felicidade há anos. Shawn Achor faz um ótimo trabalho explicando o valor de unir a felicidade e a inteligência emocional aos resultados do negócio:

> Nas aulas de ciências do ensino médio, ainda ensinamos que o humano é apenas seus genes e seu ambiente. A nossa sociedade vive presa à crença de que a mudança não é possível e sob a tirania dos genes e do ambiente. Porém, mais de uma década de pesquisa em psicologia positiva mostra que há um terceiro caminho. Mudando conscientemente a nossa mentalidade e cultivando hábitos simples de dois minutos, podemos vencer o efeito dos genes e do ambiente sobre a nossa felicidade. Cientificamente, a felicidade é uma escolha, e, quando a fazemos, ela se torna contagiosa dentro das nossas organizações e famílias. Além disso, a maior vantagem competitiva na economia moderna é um cérebro positivo e engajado. Quando o cérebro é positivo, a produtividade aumenta em 31 por cento, as receitas podem triplicar, a probabilidade de promoção aumenta em quarenta por cento e as vendas, em 37 por cento.

Os mesmos resultados positivos continuam a ter lugar numa variedade de áreas em vários setores.

Resultados de inteligência emocional superior

O psicólogo David McClelland aprendeu através de sua pesquisa que quando os gerentes seniores das empresas da Fortune 500 tinham alta inteligência emocional, suas divisões superavam em vinte por cento as metas de lucros anuais. Um estudo dos recrutadores da força aérea americana mostrou que aqueles com altas pontuações de inteligência emocional excederam cem por cento das suas cotas anuais de recrutamento. E, usando inteligência emocional em suas práticas de contratação, a força aérea teve uma redução de 92 por cento em perdas financeiras, quase 2,8 milhões de dólares (Cherniss, 2000).

Sim, as habilidades de inteligência emocional podem ser desenvolvidas. Múltiplas ferramentas e programas estão disponíveis para desenvolver essa competência nas organizações. Muitos programas são baseados em anos de pesquisa que validam a ligação entre inteligência emocional e lucros.

Muitas vezes brincamos no Plasticity Labs que estamos felizes porque este trabalho nos permite "libertar o nosso nerd interior". E, como os cientistas adoram fazer, levantamos a hipótese de que ser quem realmente somos e aceitar uns aos outros como indivíduos pode ser a chave para uma cultura de sucesso — e possivelmente para qualquer outra cultura de trabalho. Então, o que acontece quando você tem como assessora científica na equipe a dra. Vanessa Buote, pós-doutora, além da dra. Anne Wilson, presidente de pesquisa com certificado Tier II?

Você faz um estudo, claro.

Fizemos um levantamento de 285 indivíduos empregados e perguntamos o quanto eles se sentem autênticos em seu local de trabalho e como isso é visto de várias maneiras no que diz respeito ao seu desempenho.

A sobrevivência dos autênticos

Os resultados provaram ser ainda mais verdadeiros do que esperávamos para a nossa hipótese. Quando olhamos para as correlações entre autenticidade e melhoria das experiências no local de trabalho, eis o que aprendemos: os empregados autênticos, aqueles que sentiam que estavam compartilhando seu verdadeiro eu no trabalho, eram, em termos simples, mais felizes:

- estavam menos estressados no trabalho;
- estavam mais satisfeitos com os seus empregos;
- estavam mais felizes enquanto trabalhavam;
- estavam mais gratos pelo seu trabalho;
- sentiam um senso maior de comunidade no trabalho;

- eram mais engajados;
- estavam mais inspirados.

Quando perguntamos por que era importante ser o seu verdadeiro eu no trabalho, estas foram algumas das respostas:

- não precisar se esconder;
- se censurar menos;
- gastar menos energia concentrando-se na autoapresentação e mais em ser produtivo;
- ter melhores relações no local de trabalho.

Então que tipo de local de trabalho ajuda os funcionários a serem autênticos?

De acordo com Vanessa Buote, a expressão do seu eu autêntico está, em grande parte, relacionada ao fato de as pessoas se sentirem confortáveis e perceberem que é aceitável expressar o seu verdadeiro eu no trabalho. Em média, as pessoas relataram levar cerca de dois a três meses para mostrar o seu verdadeiro eu no trabalho. Na marca dos três meses, 60 por cento eram autênticos, e em nove meses 81 por cento mostravam o seu verdadeiro eu. Apenas 9 por cento relataram que demorou mais de um ano no cargo para serem autênticos.

O relatório de Vanessa Buote dizia:

> A maioria das pessoas (80 por cento) que sentiam que estavam sendo autênticas acreditavam que isso melhorava o local de trabalho. Quando perguntadas por que entendiam dessa forma, os comentários tinham alguns temas-chave, incluindo que ser autêntico permitia aos funcionários gastar menos energia e tempo se censurando ou se escondendo (31 por cento) e que a autenticidade melhorava a produtividade e aumentava o sucesso (33 por cento). Esses temas estavam frequentemente interligados, de tal forma que, como os empregados gastavam menos tempo/energia no automonitoramento, mais tempo e energia eram gastos concentrando-se na tarefa em questão.

Alguns dos comentários incluíam:

"Porque é preciso muito tempo e esforço para agir como alguém que você não é."

"Ser o meu verdadeiro eu no trabalho me faz feliz."

"Eu trabalho melhor quando estou feliz."

"Por ser eu mesmo, posso mergulhar cem por cento no meu trabalho sem me censurar constantemente, o que pode ser muito cansativo."

"É preciso esforço para aparentar ser uma 'pessoa profissional'. Isto é um grande desperdício de energia. A exigência comum de ter uma 'personalidade profissional' é anacrônica e contraproducente."

"Você é capaz de desenvolver suas verdadeiras habilidades e pontos fortes, e trabalhar em suas áreas de oportunidade — só podemos melhorar nossas fraquezas admitindo que elas estão lá."

"Todos têm a necessidade de se sentirem ligados ao trabalho que produzem. Essa sensação de conexão é alcançada quando os funcionários são encorajados a serem eles mesmos e a usarem seus talentos únicos para criar algo incrível."

"Porque ser genuíno me ajuda a me conectar com meus clientes, fornecedores e parceiros. Mesmo na era da internet, as pessoas ainda compram de outras pessoas."

A dra. Vanessa Buote concluiu o relatório com o seguinte comentário:

> Mostrar o nosso verdadeiro eu pode derrubar barreiras e libertar a nossa energia mental para aumentar a produtividade. Gostaria de advertir que também é importante encontrar um equilíbrio entre mostrar o nosso verdadeiro eu e respeitar os outros e os seus limites. Não precisamos esconder emoções ou fraquezas, mas precisamos garantir que não estamos afetando ninguém negativamente.

No caso de nossa equipe no Plasticity Labs, aceitamos nosso "geek interior" e isso nos fez mais felizes, mais criativos e ainda mais inovadores. Em 2015, fomos nomeados "Inovadores do Ano" e aparecemos na capa da revista *Canadian Business Magazine*. A arte da capa nos mostrou como somos — borrifando água um no outro, andando com cachorrinhos, soprando bolhas de sabão e nos comportando como crianças em trajes de trabalho.

A melhor parte?

Isso só encorajou as empresas a trabalharem ainda mais conosco. Quando os clientes sabem que vão lidar com os verdadeiros "eus" dos funcionários, uma vez que você deixou isso claro tanto interna como externamente, essas parcerias estarão muito mais alinhadas com os valores da sua empresa. Já não haverá uma fase curta de lua de mel seguida de uma dolorosa e dispendiosa constatação de que não estão preparados para trabalhar juntos. Ser autêntico ajuda a ir direto ao assunto. Nós somos uma empresa feliz. Trabalhamos muito e levamos o nosso trabalho a sério, mas também gostamos de nos divertir.

Meu conselho para os CEOs com quem trabalho é: "Aproxime-se mais de quem você quer ser, e não de quem acha que os outros querem que você seja." E eu posso estar sendo tendenciosa, mas acho que seria benéfico para todos exibir o nosso "nerd interior" com um pouco mais de frequência.

A dra. Buote concorda: "Somos todos estranhos. Não tenha medo de mostrar isso."

Quero encerrar este capítulo dizendo que precisamos primeiro descobrir o que realmente nos traz felicidade, mas, ao mesmo tempo, precisamos definir qual é o caráter mais autêntico do nosso coletivo. Queremos definir a essência do empregado mais feliz e autêntico e depois contratar com base nesse personagem. Então, poderemos começar a criar uma programação que infunda esse espírito na organização, para que todos se sintam encorajados a serem o seu eu único. É aqui que podemos legitimamente começar a construir autênticos hábitos de felicidade para nós e para as pessoas que lideramos.

Vou dizer novamente, isso requer esforço, mas vale a pena. Oferecer aos seus empregados a oportunidade de viverem o seu eu mais feliz e autêntico no serviço leva a uma força de trabalho com maior desempenho e altamente motivada e, por consequência, a uma empresa mais rentável.

No capítulo 5, discutiremos como traduzir inteligência emocional em inteligência empresarial olhando pelas lentes dos capitalistas mais compassivos. Veremos, com entrevistas de Raj Sisodia, CEO do Compassionate Capitalism, e outros, uma nova onda de líderes empresariais que investem em uma abordagem de duplo resultado para administrar suas empresas.

Antes de virarmos a página e começarmos a discutir este tópico importante, vamos dedicar alguns minutos para manter o hábito do alto desempenho.

Atividades

Se eu pudesse, eu faria

Imagine que tenha um orçamento de cem dólares. Como você o usaria para realizar uma pequena mudança dentro da sua organização? Escreva a sua ideia e explique por que ela faria a diferença.

Agora, imagine que você tenha um orçamento de dez mil dólares ou cem mil dólares e repita a atividade.

O que o impede de executar qualquer um desses planos?

Liste cinco exemplos específicos e possíveis de como você poderia ser um líder mais inteligente emocionalmente. Implemente essas ações e mantenha um diário de como elas foram atualizadas e posteriormente percebidas por seus funcionários.

Leitura recomendada

SCHULTZ, H. *Onward: How Starbucks Fought for Its Life without Losing Its Soul*. John Wiley & Son, 2011.

ACHOR, S. *The Happiness Advantage: The Seven Principles of Positive Psychology That Fuel Success and Performance at Work*. Virgin, 2011.

ACHOR, S. *Before Happiness: The 5 Hidden Keys to Achieving Success, Spreading Happiness, and Sustaining Positive Change*. Crown Business, 2013.

Capitalismo consciente 5

O termo "capitalismo consciente" parece fazer parte de um futuro distópico de Stanley Kubrick, mas posso garantir que ele existe. Embora tenha sido postulado pela primeira vez nos anos 1970, ele está de volta com força total, e por uma boa razão — realmente funciona. Neste capítulo, quero mostrar como, por que e quem o está aplicando. Para entender o significado do capitalismo consciente, perguntei a líderes conceituados o que significa ter como princípio um propósito maior e como eles usam isso na construção e no funcionamento de suas empresas de sucesso. Primeiro vamos descobrir de onde veio o capitalismo consciente e para onde ele vai. Depois vou mostrar como implementei essa filosofia na minha vida e no meu negócio e explicar como fazê-lo na sua empresa. É uma das coisas mais gratificantes que você pode fazer por si mesmo, por seus empregados, seus clientes, sua família e seus acionistas.

O que é o capitalismo consciente?

Você pode estar familiarizado com o termo responsabilidade social corporativa, popularizado nos anos 1960, que é um conjunto de iniciativas que uma empresa pode implementar juntamente com suas práticas comerciais já existentes. Essa ideia se relaciona a "ações que parecem promover algum bem social, além dos interesses da empresa e do que é exigido por lei" (Siegel e McWilliams, 2001). As estratégias incentivam a empresa a ter um impacto positivo no ambiente e nas partes interessadas, incluindo consumidores, funcionários, investidores, comunidades e outros.

O capitalismo consciente é simplesmente um avanço do conceito de responsabilidade social corporativa, mas evoluiu para uma forma mais holística de pensar sobre o termo. A sua evolução surgiu como resultado da união de métricas e expectativas para decifrar se a filosofia estava ligada a todas as áreas do seu negócio. Como a responsabilidade social seria um aspecto da organização, possivelmente com esforços isolados e pensada como um centro de custos, o capitalismo consciente se reflete em quem você é e em como se comporta em toda a organização.

Pode soar radical, e é, mas isso também faz aumentar drasticamente o lucro e a força da marca. Essa ideologia muda todos os aspectos de uma organização, reorientando os seus esforços primeiro para as pessoas e depois para a economia. Isso não significa que a produção não seja medida, indica apenas que exige uma forma holística de definir o sucesso, e essas métricas não são todas financeiras.

Muhammad Yunus, que em 2006 ganhou o Prêmio Nobel da Paz por seu trabalho de desenvolvimento social e econômico em Bangladesh, foi o primeiro a usar o termo capitalismo consciente. Professor de economia, Yunus fundou o Grameen Bank em 1976, que se concentrava em dar aos pobres de Bangladesh, especialmente às mulheres, acesso ao microcrédito para iniciar microempresas. Yunus levantou a hipótese de que os negócios sociais, em vez de instituições de caridade, podem ser uma maneira melhor de resolver alguns dos problemas do mundo. Em sua entrevista ao Prêmio Nobel, Yunus explicou a essência do capitalismo consciente:

> Negócios sociais são negócios em que se quer investir dinheiro para atingir um objetivo social... Não é caridade, não é algo dado sem retorno... mas não faço isso para ganhar dinheiro para mim. Faço para atingir as pessoas, resolver problemas sociais e problemas

econômicos... Não tenho que andar por aí segurando um chapéu para coletar dinheiro, porque, como um negócio, ele gera o seu próprio dinheiro (Griehsel, 2006).

Yunus sabia do que estava falando, e não foi a única pessoa que pensou dessa maneira. No mesmo ano em que foi fundado o Grameen Bank, Anita Roddick, mãe de dois filhos, fundou a The Body Shop em Brighton, na costa sul da Inglaterra.

ESTUDO DE CASO A beleza de comprar com ética — The Body Shop

Em 1982, a The Body Shop estava abrindo uma média de duas lojas por mês. A empresa em rápido crescimento faria a afirmação ousada de "enriquecer e não explorar" e que seu "objetivo é ser o negócio global mais ético e verdadeiramente sustentável do mundo" (Body Shop, 2012).

Em 1993, a firma proibiu quaisquer produtos testados em animais. Três anos depois, reuniu quatro milhões de assinaturas em uma petição para proibir testes cosméticos em animais na União Europeia. Em 2004, a proibição entrou em vigor (Kaufman e Confino, 2015). A The Body Shop Foundation foi lançada em 1990 para oferecer apoio financeiro a instituições de caridade que promovem os direitos humanos e civis e a proteção do meio ambiente e dos animais.

Em seu Relatório de Valores de 2009, Jan Buckingham, diretor de valores internacionais, escreveu o seguinte em um memorial sobre a morte da fundadora Anita Roddick: "Anita fundou a The Body Shop, uma empresa 'extraordinária', com sua própria visão singular de que o negócio poderia ser uma força para o bem e que lucros poderiam ser gerados sem comprometer princípios".

Buckingham descreveu Anita como a pioneira do que agora é chamado de "comprar com ética", que descreve o tipo de consumidor que quer comprar produtos que promovam a saúde e o bem-estar.

Esta nova forma de adquirir bens traduziu-se em uma nova relação entre a prosperidade econômica e o bem-estar individual.

Não foi surpresa para ninguém o fato de Roddick não deixar dinheiro em testamento, mas doar 51 milhões de libras esterlinas para causas beneficentes (Moore, 2008).

Claro, a The Body Shop tem sido também alvo de críticas. Quando Roddick vendeu a empresa para a marca de beleza global L'Oreal, houve uma dispersão em massa dos fiéis seguidores da The Body Shop e da mídia, que debateram calorosamente se a L'Oreal manteria um compromisso com o capitalismo consciente depois que a poeira baixasse. No entanto, o que aconteceu a seguir surpreendeu muitos.

Embora a The Body Shop tenha trabalhado arduamente para estabelecer sistemas ambientais, ela simplesmente dispunha de financiamento o suficiente para investir pesado no monitoramento de sua cadeia de suprimentos. A L'Oreal aprenderia que (ironicamente) tinha desenvolvido melhores mecanismos para gerir esta lacuna — sobretudo devido aos lucros operacionais anuais de 4,1 bilhões de dólares e à proliferação global. A The Body Shop abriu 110 lojas no seu primeiro ano com a L'Oreal. Hoje, ela conta com mais de 2,5 mil lojas em mais de sessenta países, provando que a sustentabilidade e a fidelidade dos clientes continuam fortes, mesmo após quarenta anos e uma aquisição polêmica.

Os clientes se importam de verdade?

A história da The Body Shop é condizente com os resultados de um estudo importante, o Cone Communications/Echo Global Report. A pesquisa on-line foi realizada em uma amostra demograficamente representativa de 10.287 adultos, compreendendo 5.127 homens e 5.160 mulheres com dezoito anos de idade ou mais, com dados coletados de dez países: Estados Unidos, Canadá, Brasil, Reino Unido, Alemanha, França, Rússia, China,

Índia e Japão (Cahan, 2013). O relatório encontrou estatísticas convincentes sobre as exigências e expectativas dos consumidores do mundo de hoje. Aqui estão alguns dos destaques:

- 96 por cento têm uma imagem mais positiva de uma empresa consciente do que de uma sem práticas socialmente responsáveis.
- 94 por cento terão mais probabilidade de confiar nessa empresa.
- 93 por cento serão mais leais à empresa (ou seja, continuarão comprando produtos ou serviços).
- É provável que 91 por cento dos consumidores globais mudem de marca para uma que apoie uma boa causa, dado o preço e a qualidade semelhantes.
- 92 por cento comprariam um produto com um benefício social e/ou ambiental se lhes fosse dada a oportunidade, e 67 por cento o fizeram nos últimos doze meses.

Enquanto essas estatísticas parecem falar por si, vamos examinar como o capitalismo consciente funciona no variado e tumultuado mundo dos negócios de hoje. Indo direto à fonte, conversei com o fundador do capitalismo consciente, Raj Sisodia. Ele é professor de Global Business, pesquisador em capitalismo consciente para a Whole Foods Market, autor e principal líder do movimento do capitalismo consciente moderno.

As empresas humanizadas

Há oito anos, Raj cofundou a Conscious Capitalism Inc. A organização define o capitalismo consciente como: "Uma filosofia baseada na crença de que está surgindo uma forma mais complexa de capitalismo que detém o potencial para melhorar o desempenho corporativo e, ao mesmo tempo, continuar a melhorar a qualidade de vida de bilhões de pessoas."

Para Raj e sua organização, uma empresa consciente (ou uma empresa humanizada, como ele apropriadamente nomeou) deve servir aos interesses de todos os principais stakeholders — clientes, funcionários, investidores, comunidades, fornecedores e o meio ambiente — e se baseia em quatro princípios: ter um propósito maior, um alinhamento de todos os stakeholders, uma liderança consciente ("não pelo poder ou pelo enriquecimento pessoal") e uma cultura consciente ("confiança, cuidado, compaixão e autenticidade").

Ele é um profissional de negócios altamente astuto, que estuda e ensina marketing desde meados dos anos 1980. O seu livro *Firms of Endearment*, foi um dos títulos de negócios mais elogiados de 2007 (Sisoda *et al.*, 2013). Raj foi consultor e ensinou em programas para grandes empresas como AT&T, LG, Sprint, Volvo, IBM, Walmart e McDonald's. Ele acredita verdadeiramente que o poder do capitalismo pode ser dominado, e que o aspecto "consciente" desse sistema melhora o modelo capitalista que conhecemos. E ele pode exemplificar esta crença. Através de pesquisa rigorosa em companhias como a Southwest Airline, Starbucks e Whole Foods, Raj descobriu que, durante um período de quinze anos, as empresas capitalistas conscientes tiveram retornos de investimento de 1.646 por cento, enquanto as empresas do índice S&P 500 tiveram 157 por cento no mesmo período (Sisodia et *al*, 2013). Esta descoberta, por si só, faria as orelhas de qualquer CEO ficarem de pé.

No entanto, mesmo diante desta evidência, os líderes empresariais ainda exigem saber por que devem se preocupar com algo mais do que o resultado. Afinal de contas, o que os acionistas exigem é um resultado saudável. Gerir bem um negócio é uma dádiva, e é certamente muito importante. Porém, a ideia de que fazer o bem é tão fundamental e alcançável quanto entregar resultados é menos clara. Eu perguntei a Raj sobre a evolução do movimento capitalista consciente, e como os líderes empresariais aos quais ele presta consultoria justificam fazer a mudança.

Raj delineia oito regras para criar tal empresa — uma que não só é bem-sucedida, como tem o potencial real de mudar o mundo. Em seu livro, ele apresenta empresas humanizadas: 22 públicas, 29 privadas e quinze não americanas.

A Costco, classificada como a "empresa mais feliz do mundo" por se preocupar com seus funcionários, "reconhece que, a longo prazo, os interesses dos funcionários espelham os da empresa". Ao pagar acima do padrão do mercado, a Costco experimenta uma menor rotatividade de funcionários, maior produtividade e melhor serviço ao cliente do que os seus pares da indústria, o que acaba por aumentar os seus lucros.

A Southwest Airlines promove a inclusão dos envolvidos, o que impacta positivamente o desempenho da companhia, a inovação e o engajamento da comunidade. Acha que isso parece uma perda de tempo ou um atraso? Não é assim que os investidores pensam, porque, em janeiro de 2016, a Southwest Airlines reportou o seu quarto trimestre de lucro anual recorde e um inédito 43º ano consecutivo de rentabilidade.

Então, quais são os benefícios para as empresas que trocam a mentalidade de motivação pelo lucro para motivação por objetivos? Segundo empresas como a 3M, Disney, REI, New Balance, BMW e IKEA, o benefício é simplesmente o sucesso. Essas marcas globais, e outras da mesma categoria, superaram consistentemente o índice S&P 500 em catorze vezes, e o índice Good to Great Companies em seis vezes ao longo de um período de quinze anos.

Figura 5.1 Empresas humanizadas — retornos acumulados 1998-2013

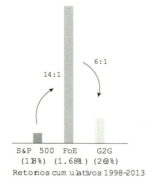

As empresas humanizadas (FoE) apresentadas neste livro superaram o S&P 500 em 14 vezes e as empresas Good to Great (G2G) em 6 vezes em um período de 15 anos.

Desempenho acumulado	15 anos	10 anos	5 anos	3 anos
FoE EUA	1.681%	410%	151%	83%
FoE Internacional	1.180%	512%	154%	47%
Empresas G2G	263%	176%	158%	222%
S&P 500	118%	107%	61%	57%

Agora que temos as estatísticas e os números que provam que o capitalismo consciente tem um valor real e tangível, não seria motivo suficiente para praticá-lo?

Raj diria que sim, mas com uma advertência: "Você tem que fazer as coisas certas pelas razões certas. Os CEOs que adotam os métodos do capitalismo consciente apenas para obter ganhos financeiros geram cinismo e fazem com que clientes e funcionários se sintam usados."

O benefício da atração e retenção de talentos

O bônus à construção de um negócio com base numa estratégia consciente é que estes mesmos fatores também ajudam a atrair e reter talentos. Raj me revelou que empresas conscientes têm uma melhor capacidade de atrair funcionários que buscam um senso de propósito compartilhado com o empregador. Ele diz:

> Quando você reconfigura o negócio desta forma, aproveita uma grande quantidade de energia positiva latente. As pessoas são capazes de níveis extraordinários de compromisso, criatividade, paixão e engajamento, mas na maioria das vezes foram desligadas e estão operando a um nível mínimo, porque não lhes são dadas condições para que esse potencial seja liberado.

Como Raj, vi em primeira mão como a liderança compassiva e com propósito transforma equipes e negócios, e que o conhecimento opera no centro do que faço como líder empresarial, familiar e comunitária. Meus funcionários são um grande exemplo de trabalho duro em prol de uma missão socialmente consciente. Em uma startup, o salário e as vantagens nem sempre são o que se vende para os candidatos que se inscrevem para o trabalho. As características específicas em startups tendem a ser separadas em dois campos. Um deles é o desejo de se juntar a uma empresa em fase inicial com muita vantagem financeira, outro é fazer parte de uma empresa orientada para a missão, na qual você pode se ver fazendo a diferença. Ainda há a terceira opção, em que se pode fazer parte de ambos.

Exercer o capitalismo consciente no Plasticity Labs tem sido de grande ajuda no recrutamento dos melhores talentos. Em nossos primeiros dias, quando não tínhamos vendido um único código de software, conseguimos a ajuda de pós-doutores em psicologia social, organizacional e comportamental. Atraímos pesquisadores de Harvard, Stanford, UCLA e Penn, neurocientistas da Itália e de Berlim. Nosso CTO, que recentemente tinha construído a infraestrutura tecnológica para uma startup e a vendido por duzentos milhões de dólares, nos procurou porque queria fazer algo "bom com suas habilidades".

Muito de nossa capacidade de atrair talentos em torno da nossa declaração de missão é dar a um bilhão de pessoas as ferramentas para viver uma vida mais feliz e de melhor desempenho. Também apoiamos e doamos vinte por cento do dinheiro que entra para pesquisa sobre felicidade e oferecemos nosso software a estudantes, o que ajuda a atrair os melhores talentos de todo o mundo.

Será que ainda queremos ser uma empresa de um bilhão de dólares um dia? Claro que sim! Acreditamos que ainda temos muito a fazer, e por que não poderíamos resolver alguns destes problemas globais? Nós só queremos chegar ao objetivo financeiro como uma organização mais feliz e com melhor desempenho. Construir riqueza financeira não significa sacrificar sua felicidade ou a felicidade de sua equipe — ou a felicidade do mundo em geral — para alcançar o objetivo.

O dinheiro não deve ser consequência da miséria.

Raj me explicou que muitas pessoas em posições de liderança devem seu sucesso à excelência no ethos tradicional dos negócios, o que pode dificultar que vejam o valor não apenas no resultado, mas também no "duplo resultado final", a medida do impacto positivo. Os líderes a que ele presta consultoria com maiores retornos reconhecem e prestam atenção às métricas financeiras, ele disse, "a menos que tenham tido um despertar pessoal, a menos que tenham algum tipo de experiência transformadora". É aqui que a magia acontece na linha de trabalho do Raj. Despertar, epifanias e momentos de insight são os catalisadores para mudanças que podem impactar corporações inteiras. "Você não pode ter um negócio consciente sem um líder consciente, e não pode ser um líder consciente a menos que seja um ser humano consciente, então precisa trabalhar em si mesmo primeiro."

Como mudar de padrões antigos para novos?

Estas observações me atingiram em cheio: minhas jornadas pessoal e profissional foram repletas de despertares, embora quase todos fossem orgânicos e não propositais. Quando esses momentos ocorreram, raramente vieram embalados como grandes estratégias de marketing, mas assumiram a forma de fracassos, perdas e contratempos. Quando Jim ficou doente, não parecia um ponto de virada, parecia uma parede que me impedia de avançar. Só mais tarde é que a experiência tomou a forma de inspiração empresarial.

Então perguntei a Raj se ele espera que os líderes tropecem na sua própria epifania de capitalista consciente ou se alguém, no papel de consultor, pode iniciar a mudança. Ele me disse algo que eu entendia bem: os momentos de impacto vêm de muitas formas. Ele contou histórias de CEOs que tiveram momentos de lucidez em igrejas e casamentos, depois de ler livros ambientalistas, ou depois de ouvir de seus filhos que eles não apoiam os produtos excessivamente processados vendidos por suas empresas. Replicar o poder desses momentos da vida real é seu "maior desafio", mas ele afirmou que é possível, desde que os líderes tenham "alguma abertura e certo grau de questionamento".

De acordo com Raj, embora os métodos tradicionais de negócio sejam caminhos bastante usados para o sucesso de muitos dos seus clientes, muitos deles também lutam com a "meia-idade e o depois". Ele comentou que esta etapa da vida promove a autoanálise e o desejo de mudança e crescimento pessoal, e que essas mudanças de perspectiva pessoal são facilmente realizadas em práticas comerciais.

Como podemos chegar a um lugar de autoconscientização e crescimento pessoal? Continuar a desenvolver-se através da aprendizagem e da tentativa de novas estratégias pode ajudar. No entanto, há também muitas táticas tangíveis e eficazes que apoiam uma mudança, mesmo que você esteja profundamente arraigado em um estilo de liderança pessoal que, no seu caso, pode estar funcionando bem.

Raj adverte que os líderes têm que ser "muito cuidadosos e atenciosos com o processo de transição". Ele disse: "A maneira antiga não pode ser desligada da tomada de repente." Em vez disso, sugere "energia ambidestra" e "o que Richard Barrett chama de consciência de espectro total": ser capaz de considerar simultaneamente planos de curto e longo prazo, nunca negligenciando as partes interessadas e lembrando-se de priorizar a sobrevivência e os fluxos de caixa. Como muitas decisões empresariais, escolher um caminho capitalista consciente é tanto um investimento como um risco, mas com as estratégias e o apoio certos, Raj diz que vale a pena. "Você precisa ter um grau alto de fé e acreditar que está fazendo a coisa certa". Precisa ser capaz de dizer: "Quero fazer isso mesmo que não resulte em lucros mais elevados." No entanto, segundo os muitos anos de experiência de Raj, "acontece que, na verdade, isso beneficia significativamente o negócio".

Parece que se você é um líder de negócios nos dias de hoje — seja porque viveu um momento que afetou sua visão de mundo (como Jim e eu vivemos) ou simplesmente porque não pode mais ignorar a crescente insistência dos funcionários e clientes de que o seu negócio deve fazer bem ao mundo —, é improvável que consiga superar a onda do capitalismo consciente. De fato, de acordo com as estatísticas atuais, parece pouco sensato ignorá-la. Se você teve um despertar (ou está tendo um agora), então entendeu o que Raj diz ser o maior obstáculo.

E agora?

Deixe-me apresentá-lo a um CEO que mergulhou de cabeça nessa questão.

ESTUDO DE CASO Os desajustados — Misfit Inc.

Em 31 de dezembro de 2007, A. J. Leon, um executivo financeiro de 25 anos casado há apenas quatro dias, teve um problema inacreditável em seu escritório em Manhattan. Ele tinha acabado de receber uma merecida promoção que duplicaria o seu já elevado salário de seis dígitos. Leon tinha estudado e trabalhado duro para alcançar cada objetivo de carreira que tinha estabelecido para si mesmo, e esse empenho deu frutos. Ele sabia que a promoção o colocaria em uma trajetória de vida com a qual muitas pessoas sonhavam. Infelizmente, esta não era a vida com que ele sonhava. Embora o futuro parecesse financeiramente próspero, também parecia desprovido de humanidade; então, no que ele chamou de um "breve momento de audácia", A. J. recusou com firmeza a promoção e deixou o emprego.

Esse foi o seu despertar.

Na busca de uma vida autêntica e aventureira, A. J. e sua esposa Melissa começaram a fazer um mochilão pelo mundo, trocando trabalhos por "lugares para dormir e bagels". A. J. tentou ganhar algum dinheiro com suas habilidades rudimentares de web design, mas disse que era tão inexperiente que não conseguia convencer os donos de hospedaria a pagá-lo. Hoje, A. J. ainda usa uma mochila nas costas, mas agora tem um plano. Ele dirige a Misfit Inc., uma "agência criativa nômade" que, nos últimos oito anos, doou vinte por cento de sua receita a esforços filantrópicos em todo o mundo. A Misfit Inc. conta com cinco divisões diferentes: uma agência digital, um braço editorial, uma conferência, uma fundação que capta a maior parte da receita doada para seus projetos, e uma incubadora de inovação.

Jessie White, a "Princesa do Caos Organizado" da Misfit, e A. J. também percebem pessoas com histórias semelhantes às deles se candidatando a oportunidades em suas incubadoras e atravessando as portas de suas conferências. Mais do que nunca na história do trabalho presenciamos aventureiros de vinte e poucos anos desistindo do caminho de menor resistência para fazer o que consideram ser mais significativo. Esse movimento de carreira já não é atípico. Atualmente é muito mais comum que os millennials procurem forjar a sua própria experiência. Hoje, mais jovens profissionais estão escolhendo assumir papéis em empresas que se vangloriam de fazer algo bem e ao mesmo tempo fazer o bem — o que é singularmente diferente da geração de seus pais. E esta decisão, por sua vez, está mudando dramaticamente o cenário do trabalho para a sua geração, e para as gerações futuras.

E quem não quer trabalhar para uma empresa como a Misfit ou outras organizações semelhantes socialmente responsáveis? Só nos últimos quatro anos, a Misfit ajudou a angariar mais de seis milhões de dólares para programas de água, educação, microfinanças, saúde e bem-estar. Além disso, abriu um fundo médico que fornece suplementos e medicamentos para melhorar a vida de pessoas vulneráveis. Os funcionários também treinam *storytellers* digitais em aldeias rurais de países como Quênia, Etiópia, Tanzânia, Malawi, Uganda, Índia, Senegal e Moçambique. A. J. salientou que nem todos os seus empreendimentos são lucrativos por si só, mas a diversificação torna isso possível.

O compromisso da Misfit com o altruísmo e com o capitalismo consciente ajudou a conquistar clientes como a gigante dos cosméticos L'Oreal, empresas de tecnologia como a Citrix e algumas das melhores marcas com as quais você poderia trabalhar, partindo de uma agência com uma equipe de 35 pessoas.

Quando perguntado por que o capitalismo compassivo se tornou seu caminho profissional, A. J. disse algo que pode parecer óbvio, mas que talvez não abracemos: "Essa é minha vida e é a única que tenho. Se eu tivesse três, poderia jogar uma fora fazendo o que todos fazem, mas esta é a única, então quero que seja importante."

Jessie dirige a divisão editorial, e compartilha a necessidade de A. J. de ter um propósito, expressando o desejo de se distanciar da apatia que ela vê como um problema crescente na sociedade. "Por mais que haja sofrimento e dor no mundo, como você pode reclamar se não está fazendo nada para contribuir com o bem? Pessoalmente, se estou envolvida em um trabalho que realmente importa, posso manter a cabeça erguida, pois estou, pelo menos, fazendo algo."

Essa abordagem ao capitalismo consciente não vem sem sacrifícios. Como CEO, A. J. não recebe mais do que vinte por cento além do salário que seu empregado com menores ganhos recebe. Ele acredita que seu papel como líder significa dar o máximo ou mais. "Eu posso fazer duas promessas às pessoas", diz ele, "primeiro, que vou garantir que elas trabalhem consistentemente em projetos dos quais se orgulham. E, segundo, que investirei todo o meu tempo e a minha energia emocional e criativa assegurando que elas não só façam um trabalho de que se orgulhem, mas que vivam a vida que desejam".

Poucos CEOs escolheriam este caminho, e A. J. reconhece que as escolhas pouco ortodoxas e desafiadoras que ele faz não se adequam aos líderes de todas as empresas. Mas ele me disse: "Perceber que todos nós, todos os nossos funcionários, somos indivíduos e estamos contribuindo coletivamente para algo que importa, nos faz felizes."

Hoje, a equipe de liderança de A. J. ainda está intacta. Nos últimos oito anos, a Misfit cresceu de uma pequena operação em um quarto no East Village para escritórios em Austin, Manila, Cagayan de Oro e Vancouver, com mais um posto avançado em Londres.

Em termos de crescimento financeiro, eles passaram do web design de lojas de bagels para uma empresa de sete dígitos, trabalhando em quatro continentes e, muitas vezes, usando os lucros para financiar o capital inicial para negócios que eles acreditam que farão o bem.

Quando você escuta A. J., é evidente que para ele as recompensas vêm em muitas outras formas além da financeira, e o sucesso nos negócios pode significar muitas coisas. E embora a Misfit Inc. busque essas recompensas de uma forma "revolucionária", seu compromisso com os pilares do capitalismo consciente é compartilhado por algumas das empresas mais respeitadas do mundo.

A história da Whole Foods

Como discutimos anteriormente no capítulo, Raj Sisodia também trabalha com uma empresa chamada Whole Foods. Muitos de vocês já ouviram falar nesta marca, mas para aqueles que não a conhecem, a Whole Foods é conhecida por ser um negócio de sucesso, altamente lucrativo, que também se concentra na sustentabilidade e em práticas com a mentalidade ética.

Para recapitular: em 1978, John Mackey, 25 anos, e Renee Lawson, 21 anos, abriram uma loja de alimentos naturais chamada SaferWay, em Austin, Texas. Era pequena, e John e Renee viviam dentro da loja. Em 1980, a SaferWay fundiu-se com a Clarksville Natural Grocery de Craig Weller e Mark Skiles para formar o primeiro Whole Foods Market, com uma equipe de dezenove pessoas. A Whole Foods, 36 anos depois, conta com 430 lojas em todo o mundo e mais de 91 mil funcionários. Em 2014, o salário médio por hora dos trabalhadores em período integral era de 19,16 dólares. A rede foi nomeada uma das "Cem Melhores Empresas para Trabalhar" pela revista *Fortune* por dezoito anos consecutivos.

Raj está no conselho da Whole Foods e trabalha com o CEO, John Mackey, há muitos anos. Como muitos consideram a Whole Foods um exemplo sólido de capitalismo consciente, eu aproveitei a oportunidade para perguntar ao Raj como eles alcançaram esse modelo. Ele me disse que por servirem pessoas preocupadas com uma alimentação saudável e natural, eles "quase intuitivamente criaram um ambiente de trabalho que era orientado para o propósito, porque aqueles que iam trabalhar lá se preocupavam com saúde e nutrição, companheirismo e clientes felizes". No final dos anos 1970 e durante os anos 1980, antes de expressões como "orgânico", "ao ar livre" e "sem hormônios" estarem no vocabulário popular, a Whole Foods era um paraíso para pessoas preocupadas com a saúde.

Menos de um ano após a primeira Whole Foods ter aberto as portas, os métodos da empresa foram validados de um jeito importante. Quando Austin foi abalada pela enchente do Memorial Day de 1980, a loja foi destruída, assim como o estoque e tudo mais. A Whole Foods "estava basicamente falida naquele momento", disse Raj. "Na verdade, eles tinham cerca de meio milhão de dólares em dívidas." Como fundadora de uma empresa em ascensão que sabe como os primeiros anos podem ser frágeis, não consegui compreender como uma empresa voltou de tal devastação com força total.

"Eles teriam fechado se não fossem as partes interessadas, sua comunidade, seus funcionários e seus clientes, que se reuniram, ajudaram a limpar a loja e a reerguer a empresa", comentou Raj. "Os fornecedores absorveram grande parte das perdas e os reabasteceram, os banqueiros liquidaram a sua linha de crédito". A experiência, disse ele, teve "o poder de construir um negócio baseado verdadeiramente no amor e no cuidado, em que todos se preocupam com o negócio e uns com os outros".

Esta história ilustra os tipos imprevistos e poderosos de retorno de investimento que podem ocorrer ao ser uma empresa consciente. No entanto, é absolutamente necessário apontar que qualquer negócio pode implementar a filosofia capitalista consciente, sem necessidade de ser um item de luxo exclusivo dos supermercados de alto preço do mundo.

"As pessoas veem a Whole Foods como um exemplo, e é um bom exemplo, mas de forma alguma é a única empresa desse tipo", enfatiza Raj. "É muito provável", disse-me ele, "que um negócio que opera desta forma também possa ser muito competitivo em termos de preço. Você ganha muito mais produtividade, ganha muito mais eficiência operacional".

Toda empresa pode ser capitalista consciente? E as empresas que trabalham ou fabricam produtos que ativamente causam prejuízos?

Raj acredita que todas as empresas, independentemente de onde estão hoje, podem melhorar. Ele sente que mesmo, digamos, as empresas de tabaco têm espaço para se transformar, para começar a repensar o que fazem e por que o fazem. Talvez elas não sejam consideradas capitalistas conscientes, mas podem ser formadas por melhores cidadãos globais do que eram antes.

Pedindo emprestado uma citação de seu colega Ed Freeman, Raj disse o seguinte: "Todo santo tem um passado, e todo pecador tem um futuro."

Embarcando na jornada capitalista consciente

A nossa empresa original, a Smile Epidemic, inicialmente não estava no caminho para se tornar a Plasticity. Como a Misfit Inc., a Whole Foods e empresas em todos os lugares, tivemos de abraçar a dor do crescimento. No início, eu trabalhava em uma agência de publicidade, e nós executávamos nosso projeto de gratidão, não muito mais do que um Tumblr, paralelamente. Em pouco tempo, pessoas de todo o mundo estavam participando e o projeto ganhava impulso a cada dia. Decidimos que éramos destinados a ser uma organização sem fins lucrativos, e que compartilhar gratuitamente gratidão, felicidade e alto desempenho com o mundo era a nossa nobre causa. Estávamos confiantes de que poderíamos receber subsídios e doações, e quando fomos convidados a falar sobre o ROI da Felicidade na convenção South By Southwest Interactive em Austin, nos sentimos prontos para dar o nosso presente ao mundo.

Jim e eu decidimos transformar a viagem a Austin numa viagem de construção de equipes. Alugámos um *motor home*, colocamos toda a nossa equipe lá dentro e dirigimos para o sul. Tínhamos combinado com várias instituições de caridade e organizações voluntárias ao longo do caminho para aparecer e "bombardear o sorriso" dos seus funcionários e voluntários. Começamos em uma casa de recuperação para jovens sem-teto e em situação de risco em Louisville, Kentucky. Foi lá que aprendemos a gratidão pela segurança que temos, mas que é tão dolorosamente ausente na vida dos jovens que conhecemos. Depois paramos em Nashville, no Banco de Alimentos Second Harvest, para colher e embalar alimentos para serem distribuídos às áreas carentes em todo o estado.

Nova Orleans foi a nossa próxima visita, onde empreendemos a tarefa simples e significativa de preparar o café da manhã para crianças e famílias que viviam em uma casa Ronald McDonald local. As Casas Ronald McDonald funcionam como um local de estadia para famílias com crianças hospitalizadas recebendo tratamento, e é acessível para aqueles que residem dentro de uma área determinada. Essas casas oferecem mais de 7,2 mil quartos a famílias em todo o mundo a cada noite, com um valor estimado de 257 milhões de dólares em vez dos custos de hotel. Existem atualmente 322 Casas Ronald McDonald em 57 países. Sou especialmente apaixonada por esta iniciativa de caridade porque o meu irmão e a sua mulher passaram os primeiros seis meses de vida da minha sobrinha em uma dessas casas. Foi uma verdadeira mudança de vida para todos nós, e desempenhou um papel fundamental na proteção da sanidade da nossa família enquanto vivíamos desafios. Madison, ou Maddy Milagre, como nós a chamamos, é uma linda menina de quatro anos, que já teve menos de dez por cento de chance de sobreviver.

Empolgados pelo impacto deste pequeno esforço, visitamos outra casa Ronald McDonald em Austin, onde preparamos jantares para que os pais lá hospedados pudessem levá-los para o hospital e comer com seus filhos.

No meio do poderoso sentimento de união de equipe, algo aconteceu à forma como pensávamos no nosso produto e como víamos o mundo. Percebemos que, como uma organização sem fins lucrativos, a Smile Epidemic teria que competir por recursos com os próprios lugares que visitamos e onde nos voluntariamos, as casas de recuperação e as Casas Ronald McDonald, bem como os abrigos para sem-teto, os centros de ajuda a mulheres, os fundos para o câncer de mama, a prevenção da malária e as instituições de caridade contra o HIV, e inúmeras outras causas dignas. Ao nos tornarmos uma organização sem fins lucrativos, teríamos de nos acotovelar em um meio já superlotado e com poucos serviços. A nossa "necessidade" de espalhar a felicidade global e o alto desempenho, de repente, pareceu muito menos relevante. Éramos supérfluos diante de desafios maiores.

Isso foi algo difícil e humilhante de se perceber. Nenhum de nós queria tirar dinheiro de entidades sem fins lucrativos financiadas exclusivamente com base neste modelo. Em vez disso, aproveitamos a nossa resiliência e decidimos encontrar outra forma. Acreditávamos que o que tínhamos começado com a Smile Epidemic poderia ser traduzido em um produto com valor que ainda atendesse nosso objetivo de fornecer a um bilhão de pessoas as ferramentas para serem mais felizes, mais saudáveis e com melhor desempenho.

Por isso, nós mudamos, como qualquer outra startup existente. Mudamos para algo que preenchia uma necessidade maior. O resultado foi a Plasticity, uma empresa verdadeiramente consciente e verdadeiramente capitalista, de todas as melhores formas.

A primeira coisa que mudou foi o nosso produto. A segunda foi a forma como somos pagos. Numa startup tradicional, que não gera receitas, você procura financiamento. Tínhamos feito isso até certo ponto, mas não tanto que tivéssemos uma longa trilha de dinheiro para embolsar. Neste ponto, tivemos que descobrir como dar valor a uma organização que queria algo além de um programa de Trinta Dias de Gratidão.

Foi aqui que decidimos pesquisar como a felicidade leva ao alto desempenho com análises, dados e métricas-chave de desempenho. Se pudéssemos provar que o capitalismo consciente realmente funciona, demonstrando-o com dados e ao mesmo tempo melhorando a vida dos indivíduos através da construção da inteligência emocional, então todos ganhariam.

Por onde começar?

Você provavelmente percebeu que o capitalismo consciente é o caminho do futuro, mas está se perguntando por onde começar, inseguro de como incitar um despertar em sua liderança e como mudar a base de sua empresa. O que funcionou para nós pode não funcionar para você, mas como descobrimos com Raj e A. J., há muitos caminhos para se tornar uma empresa capitalista holisticamente bem-sucedida e consciente.

Para ajudá-lo a ter sucesso, eu compartilhei atividades que são recomendadas por capitalistas conscientes do mundo real. Em última análise, como você vai encontrar o seu propósito maior depende de você, e o seu negócio o seguirá.

Para citar Mae West: "Eu nunca disse que seria fácil, só disse que valeria a pena."

Atividades

1 Escreva em um caderno uma área em sua organização que demonstre o capitalismo consciente. Explique como ela encarna o conceito descrito neste capítulo. Você acha que ela ajuda ou atrapalha o seu negócio? Por quê?

2 Escolha uma área da sua organização que você gostaria de dirigir com uma estratégia capitalista consciente. Como você agiria? Liste os passos. É realizável? Caso contrário, volte à lista de passos para torná-la real. Se o resultado for algo que você poderia apresentar à liderança sênior ou começar por conta própria, vá em frente e comece. Embora pareça uma tarefa assustadora, você ficará espantado com a rapidez com que os outros o apoiarão. E, no final, somos responsáveis pela mudança que queremos ver. Além disso, eu adoraria ouvir como as estratégias se desdobraram, então conte-me como se saiu e o seu estudo de caso pode acabar no meu próximo livro.

Leitura recomendada

RODDICK, A. *Business As Unusual*. Thorsons, 2000.
MACKEY, J. SISODA, R. *Capitalismo Consciente: Como libertar o espírito heroico dos negócios*. Alta Books, 2020.
SISODIA, R. WOLFE, D. SHETH, J. *Firms of Endearment: How World-Class Companies Profit from Passion and Purpose*, 2. ed. Harvard Business Review Publishing, 2013.

Os disruptores da felicidade 6

Neste momento, você pode ter escolhido aceitar ou rejeitar as pesquisas, os conceitos e as teorias que expus até agora. Pelas minhas muitas discussões com líderes seniores, estou bem ciente de que, embora existam algumas narrativas com as quais podemos nos relacionar e em que acreditamos rapidamente, existem outras com as quais demoramos um pouco mais para nos envolvermos. A nossa aceitação ou rejeição de uma filosofia ou um sistema de crenças tem muito a ver com os preconceitos subconscientes, o passado pessoal, a educação familiar, a história pessoal e profissional e uma miríade de outras experiências que moldam os centros de decisão do cérebro.

A felicidade pode ser uma das mais antigas expressões de emoção da história da evolução humana, mas também pode soar tão *new age* quanto chips de couve e cristais, ou tão ficção científica quanto clonagem e criogenia. Alguns de vocês ainda podem estar esperando pela evidência única que os convencerá sobre a importância de desbloquear a felicidade no trabalho. A prova que lhe permitirá abraçar, tanto racional quanto emocionalmente, os conceitos, a ciência e a pesquisa que apresentei, a despeito de quaisquer crenças doutrinárias anteriores.

Por isso, o meu trabalho na última metade do livro será o de reunir conteúdo para que você possa pensar em como integrar uma estratégia de felicidade na sua organização. Mas também quero expor algumas das áreas do nosso negócio que podem causar estresse. O que é mais esclarecedor sobre os disruptores da felicidade é que eles são práticas comerciais comuns.

Eles oferecem inúmeros benefícios, mas também podem ser um obstáculo à nossa felicidade.

Neste capítulo, compartilharei os erros comuns que cometemos quando assumimos novas estratégias, ferramentas e táticas, mesmo as que aparentemente fazem todo o sentido. Identificando quais são os disruptores da felicidade mais comuns e mal compreendidos, podemos ajudar os nossos colaboradores a se envolverem com eles de uma forma saudável e eficaz.

A explosão tecnológica

Alguns de vocês podem se perguntar como a tecnologia pode ser estressante. E você estaria certo em fazer essa pergunta. Há muitos exemplos de como a tecnologia melhora as nossas vidas, alguns dos quais vou compartilhar nas próximas páginas. No entanto, com a proliferação crescente da tecnologia que flui entre o trabalho e a vida, podemos também sentir que estamos sempre ligados e sintonizados. Há prós e contras no aumento da conectividade ao longo da última década. No entanto, vale a pena analisar mais de perto as consequências negativas de uma overdose de tecnologia.

Vamos dar uma olhada em alguns desses disruptores da felicidade ocultos.

Desvantagens da tecnologia no local de trabalho

Como mencionei anteriormente, a tecnologia pode parecer abrangente. Há até uma discussão considerável, na quinta edição do *Manual Diagnóstico e Estatístico de Transtornos Mentais,* sobre se a dependência da internet deve ser categorizada como diagnóstico. Alguns psiquiatras têm argumentado que o vício na internet mostra as mesmas características do uso excessivo, dos fenômenos de abstinência, da tolerância e das repercussões negativas que caracterizam distúrbios de abuso de substâncias (Pies, 2009).

Este é obviamente um olhar bastante sombrio sobre as consequências negativas do uso excessivo da tecnologia em nossas vidas. Embora seja algo a se levar em conta, a tecnologia também funciona de formas menos dramáticas, mas que ainda causam estresse aos nossos colaboradores. Aqui estão alguns exemplos em que precisamos concentrar a nossa atenção:

- Diminuição da criatividade: uma vez que a maioria das tarefas é automatizada pela tecnologia, ela pode sufocar formas criativas de resolver problemas ou de pensar de maneira inovadora sobre o trabalho. Como aprendemos nos capítulos anteriores, isso pode resultar em tédio, que é a criptonita da motivação.
- Impacto negativo nos relacionamentos: quando utilizamos demais a comunicação digital, reduzimos as interações face a face. As comunicações interpessoais são extremamente importantes na construção de culturas mais felizes e criativas/inovadoras. Quando as pessoas têm a oportunidade de se encontrar e colaborar, ou mesmo de compartilhar informações não relacionadas ao trabalho, é construído um senso de comunidade. E a comunidade é um dos aspectos mais essenciais das estratégias de retenção no local de trabalho. A capacidade de confiar estritamente na tecnologia de comunicação pode dar às pessoas uma forma de evitar a criação de laços saudáveis de amizades.
- Alteração dos padrões de sono: isso afeta negativamente nosso humor e nossas habilidades de resolução de problemas.
- Insegurança: os funcionários inexperientes com a tecnologia podem se sentir obsoletos e inseguros de suas habilidades. Essa insegurança pode levar à desmotivação e ao medo de perder o emprego.
- As redes sociais podem colocar em risco os nossos colaboradores: considere, por exemplo, que enquanto a maioria das pessoas relata ter sido tratada gentilmente, um quarto das pessoas diz já ter sido atacada ou intimidada on-line (Schupak, 2015).

Por um lado, vemos que a comunicação digital pode diminuir as nossas capacidades de conversação e que estamos perdendo a capacidade de fazer amigos sem nos escondermos atrás da máscara tecnológica. A professora do MIT e psicóloga Sherry Turkle acredita que "estamos experimentando um senso de ligação sem as exigências e as responsabilidades da intimidade" (Turkle, 2015).

Nancy Baym, principal pesquisadora da Microsoft Research, não compartilha dessas preocupações. Em uma entrevista de rádio da NPR com Iris Adler, Nancy indicou ter a crença oposta, a de que a comunicação digital aumenta as relações. "A evidência mostra consistentemente que quanto mais você se comunica com pessoas usando dispositivos, maior é a probabilidade de você se comunicar com essas pessoas cara a cara" (Adler, 2013). Ela diz que cada nova tecnologia aumenta o medo de perder ou diminuir as ligações humanas, mas que acabamos descobrindo como nos adaptar.

Seguindo esta corrente de pensamento, vamos agora examinar alguns dos aspectos positivos da tecnologia. Como ela não sumirá e se tornará mais significativa para o nosso sucesso como líderes, precisamos encontrar novas formas de aumentar o florescimento em parceria com a tecnologia. Para ajudar a nossa equipe a evitar riscos à felicidade em suas experiências profissionais, precisamos reduzir alguns dos impactos negativos do uso excessivo da tecnologia descrito anteriormente.

Como a tecnologia melhora a nossa felicidade no local de trabalho

Com tecnologias melhores e mais acessíveis ocupando o local de trabalho, a maioria dos empregadores aceita agora o seu uso diário no escritório. Como Nancy Baym menciona, em muitos aspectos a tecnologia tem melhorado a nossa vida profissional (NPR, 2013). Temos a capacidade de realizar tarefas mais rapidamente, com maior eficiência e reduzindo a quantidade de trabalho administrativo que tende a dispersar a energia do nosso cérebro.

Alguns lembram-se de como era o cotidiano antes de a tecnologia conduzir grande parte do dia, enquanto outros não compreendem como tudo funcionava sem ela. Sentimos sua influência em vários níveis, em nossas vidas pessoais e profissionais, na vida escolar de nossos filhos... basicamente na maioria das interseções de nossa vida. A tecnologia revolucionou o mundo e, como tal, as empresas agora percebem que, para se manterem competitivas, também precisam construir melhores estratégias tecnológicas no local de trabalho. Desde uma postura de "traga o seu próprio dispositivo" em vez de fornecer computadores e laptops, até incentivar pausas para verificar redes sociais como Facebook, Twitter e LinkedIn, há uma atitude de "vale tudo" para a tecnologia no ambiente de trabalho.

De acordo com o artigo "Is social media at work the new smoke break?", o autor Barry Moltz sugere que restringir totalmente o acesso a aplicativos de mídia social no trabalho apenas levará os funcionários a usá-los em seus dispositivos pessoais e que, em vez de impedir os funcionários de usarem a mídia social, devemos descobrir como aproveitar seus benefícios (Moltz, 2013).

O professor da Universidade de Melbourne, Brent Coker, descobriu que setenta por cento das pessoas a quem foi permitido navegar na rede durante até vinte por cento do dia aumentaram a sua produtividade global em nove por cento. Coker observa: "Breves e discretos intervalos, como uma rápida navegação na internet, permitem que a mente se reinicie, levando a uma maior concentração total líquida para um dia de trabalho e, como resultado, a uma maior produtividade." (Moltz, 2013)

E há outros benefícios em utilizar a tecnologia no trabalho:

- Mentalidade global: quando estabelecemos pontes de comunicação entre culturas e em outras línguas, construímos a nossa empatia cognitiva, que se desenrola dentro das nossas equipes internas.

- Conexões aprimoradas: as ferramentas de colaboração em mídias sociais no local de trabalho podem proporcionar uma proximidade não comum em e-mails em massa. Elas também escalonam e estreitam a comunicação entre gerentes e funcionários.

- Habilidade: obviamente, a velocidade é crucial para o mundo empresarial de hoje, em rápida evolução e altamente competitivo. A tecnologia é extremamente influente na transferência de comunicação de uma forma controlada e eficiente. As organizações que incorporam novidades da tecnologia conseguem atender melhor as necessidades de seus clientes porque quando a informação é móvel, podemos viver e trabalhar em um mundo em movimento. Como mãe, posso trabalhar em casa se meu filho fica doente, ou posso chegar em casa para jantar a tempo de me conectar ao meu cônjuge e aos meus filhos. Quando nos preocupamos autenticamente com a continuidade trabalho/vida, o resultado é retenção, lealdade e engajamento.

E qual tem sido a resposta às organizações que estão redesenhando os processos de trabalho, mudando a forma como lidam com a gestão da tecnologia da informação (TI), vendas e marketing, recursos humanos e atendimento ao cliente? Uma pesquisa da Avanade, que analisou as tendências em torno do uso de tecnologias pessoais no espaço empresarial, descobriu que entre as empresas que adaptaram pelo menos um processo de negócio ao aumento do uso de dispositivos móveis, os resultados tinham sido esmagadoramente positivos:

- 73 por cento mais propensos a relatar uma melhoria nas vendas.
- 54 por cento mais propensos a relatar um aumento dos lucros.
- 58 por cento mais propensos a relatar melhorias na introdução de produtos e serviços no mercado. (Avanade, 2012)

A Avanade chama esta abordagem adaptativa ao ambiente de trabalho em mudança de "trabalho redesenhado". Significa um local de trabalho mais inclusivo, criativo e colaborativo, com maior mobilidade e flexibilidade. Também significa empregados mais felizes — a pesquisa constatou que as empresas que adotam esta abordagem têm 37 por cento mais chances de relatar uma maior satisfação dos empregados.

Como podemos pegar as lições aprendidas acima, descobrir uma maneira de diminuir os impactos negativos do uso excessivo da tecnologia e ligá-las com abordagens mais saudáveis às estratégias de TI? E qual é o benefício que traz para nós, como líderes, esse investimento de tempo, recursos e orçamento?

A capacidade de usar a tecnologia para aumentar a felicidade é uma crença fundamental no Plasticity Labs. Procuramos sempre misturar tanto o mundo on-line como o analógico para aumentar o bem-estar. Agora podemos recorrer à tecnologia para lembrar que está na hora de nos levantarmos e andarmos. Sim, pode parecer ridículo que a tecnologia tenha de nos persuadir, porém isso não difere de um terapeuta nos guiando na tomada de decisões mais saudáveis em relação à nossa saúde mental, ou de um personal trainer nos forçando a fazer cinco abdominais a mais do que da última vez.

Sentei-me com Amy Blankson, cofundadora do GoodThink e autora de *The Future of Happiness*, antes de ela palestrar para uma plateia lotada em Las Vegas. Todos estavam ansiosos para ouvi-la discutir como a tecnologia e a felicidade se misturaram de uma forma que alimenta maiores níveis desse sentimento e de propósito em nossas vidas. Seu livro se concentra em como não apenas sobreviver, mas realmente prosperar na era digital.

Amy acredita que a tecnologia está sempre presente, e que por isso precisamos imaginar novas maneiras de usá-la como ferramenta para moldar uma vida mais feliz. Amy compartilhou comigo que "repensar quando, onde, por que e como usamos a tecnologia nos tornará capazes de influenciar nosso próprio bem-estar e de ajudar a moldar ativamente o futuro de nossas comunidades". Ela também disse: "Durante anos, compramos a ideia de que a tecnologia deve ajudar-nos a ser mais produtivos, para que possamos usar mais do nosso tempo livre para fazer as coisas que nos fazem felizes. As empresas estão descobrindo que só porque investem em novas tecnologias e as introduzem na sua força de trabalho, não significa que a tecnologia esteja integrada ou mesmo seja valorizada. Quando a inovação não se conjuga com a forma como as pessoas realmente trabalham no dia a dia, a tecnologia pode, na verdade, diminuir a produtividade e a felicidade."

Muitas vezes faço esse tipo de pergunta àqueles que pensam que a tecnologia é a antítese da felicidade. Se a tecnologia pode funcionar como o lembrete de uma reunião, por que não pode funcionar como um lembrete para se alongar, ou para acalmar nossas mentes por dois minutos, ou mesmo construir gratidão e empatia?

É aqui que eu sugiro como podemos usar a tecnologia para ajudar nossos funcionários a prosperarem, e não apenas sobreviverem no trabalho. A tecnologia pode muitas vezes fazer a ponte entre o mundo on-line e off-line. Por exemplo:

- Apoiar o uso de ferramentas de colaboração social no local de trabalho que melhorem a construção de relacionamentos e incentivem a realização de conversas off-line.
- Acessórios, como os rastreadores de atividades físicas, por exemplo, podem sugerir o aumento de caminhadas, a realização de reuniões em pé, ou mesmo simplesmente levantar-se e afastar-se das mesas após longos períodos sentados.
- Aplicativos de mindfulness e meditação o ajudarão a se desconectar e a ter dez minutos de silêncio.
- Encoraje um tempo saudável longe dos dispositivos — esta é uma ótima sugestão para seus funcionários. Talvez seja uma regra de não enviar e-mails na hora do almoço ou certificar-se de que a comunicação digital não aconteça após ou antes de certas horas do dia.
- Certifique-se de que a automação não está destruindo a criatividade. Encontre maneiras de os funcionários que dependem

muito da tecnologia explorarem pontos de venda criativos. Talvez fazer do tempo de pausa uma oportunidade para explorar e estimular a inspiração.
- Finalmente, tenha confiança. Já se foram (ou deveriam) os dias em que vigiamos os empregados como falcões, garantindo que estejam usando pouco a tecnologia. A felicidade é construída sobre a confiança e é necessário permitir que os seus funcionários tomem decisões em torno do uso apropriado da tecnologia para construir uma cultura de abertura. Microgerenciar a distração causada pela tecnologia é em si uma distração. Além disso, não vai cair bem com a próxima geração de contratações, os millennials, para os quais a vida digital é parte da vida real.

Os exemplos acima explicam algumas das desvantagens de uma cultura que utiliza em excesso a tecnologia e as oportunidades que temos para melhorar o nosso consumo digital. A tecnologia é uma ferramenta valiosa que fornece apoio útil em diversas áreas, por isso, faz sentido usá-la em nossas estratégias de felicidade.

As armadilhas do desenvolvimento profissional

Outro aspecto que interrompe a felicidade é a falta de aprendizagem e desenvolvimento pessoal/profissional em nossas organizações atualmente. Continuamos a nos esforçar para fornecer desenvolvimento à liderança e identificamos pessoas de alto desempenho que devem ser retidas a todo o custo. Embora não devamos ignorar o seu valor para o sucesso da organização, falta-nos uma grande variedade de pessoas que poderiam se beneficiar muito com aprendizagem adicional, educação e formação contínua.

Também nos concentramos demais no desenvolvimento das competências existentes dos nossos colaboradores. Entendemos como e por que é necessário manter um profissional diplomado, com muitas horas de formação contínua; e, fortalecer os recursos humanos, mantendo bons créditos profissionais ou boas avaliações através de treinamentos e certificações. Mas por que não investimos mais para aumentar a resiliência, a atenção, a empatia, a gratidão — a inteligência emocional em geral?

Num estudo recente, quando perguntados "Quais são os principais problemas que você enfrenta no trabalho?", líderes identificaram que 76 por cento são de aspecto pessoal/relacional, e apenas 24 por cento são de aspecto financeiro/técnico. Entre esses 135 entrevistados, 89 por cento identificam o quociente emocional como "altamente importante" ou "essencial" para enfrentar os principais desafios de suas organizações (Freedman, 2010).

Imagine um agente de atendimento ao cliente de uma concessionária de carros que precisa lidar com um recall por causa de uma peça. Não seria útil que ele tivesse passado as últimas seis semanas treinando sua empatia, para que pudesse criar um relacionamento mais rapidamente, resolver o problema e manter o cliente?

Como um profissional de vendas pode tentar manter a esperança depois de ouvir a palavra "não" mais vezes do que pode contar? O treino de resiliência não o ajudaria a pular mais depressa para outra chamada ou a conseguir dar a volta por cima nessas desafiantes conversas?

Que tal educadores? Imaginemos um professor que só consegue trabalhar com os alunos por um curto período de suas vidas. Não seria fantástico se ele fosse treinado em otimismo, para poder acreditar que seu trabalho é significativo mesmo que nunca enxergue como seus esforços valeram a pena?

Os executivos seniores de alto desempenho, extremamente valiosos, requerem gratidão para permanecerem engajados e leais. Portanto, mesmo que pensemos que não, isso se aplica ao nosso pessoal mais antigo. Se esquecermos o desejo que eles têm de se sentirem inspirados e de serem valorizados por suas contribuições, perderemos o nosso melhor talento.

Obviamente existem milhares destes exemplos, e apenas examinamos alguns muito específicos de como o treinamento de inteligência emocional está completamente ausente em nossas estratégias de desenvolvimento profissional. Mais uma vez, as estratégias de felicidade devem ser consideradas em cada área do seu negócio para que a felicidade prolifere.

Estamos perdendo o orçamento

Outra coisa que atrapalha a felicidade em nosso treinamento é a alocação do orçamento. Normalmente, orçamentos de desenvolvimento pessoal estão disponíveis para determinados grupos de funcionários, identificados por hierarquia na organização, e há regras sobre como eles podem ser alocados. Normalmente esses orçamentos são aprovados para conferências, eventos de liderança, webinários de educação e certificados.

Em 2013, de acordo com a American Society for Training and Development, as empresas gastaram em média 62 por cento do seu orçamento de aprendizagem e desenvolvimento em formação interna, 27 por cento em formação externa e 11 por cento em reembolsos (Bullen, 2014).

Uma pesquisa de Monika Hamori, professora de Recursos Humanos, Jie Cao, estudante de doutorado e Burak Koyuncu, professor assistente de negócios (Hamori *et al*, 2012), mostrou que, apesar de um gasto anual de 150 bilhões de dólares em treinamento e desenvolvimento, os talentos mais cobiçados de hoje (profissionais em início de carreira) estão em constante estado de networking, prontos para o próximo passo. Como eles realmente se sentem quanto à atual oferta de programas de desenvolvimento de funcionários? Resposta: eles não estão muito interessados.

O artigo analisava algumas das razões pelas quais os jovens profissionais não ficam parados. Os investigadores identificaram que:

jovens com alto rendimento — trinta anos de idade, em média, e com fortes antecedentes acadêmicos, diplomas de instituições de elite e experiência internacional de estágio — são inquietos. Três quartos enviam currículos, entram em contato com empresas de recrutamento e são entrevistados para vagas pelo menos uma vez por ano mesmo estando contratados. Cerca de 95 por cento se dedicam regularmente a atividades relacionadas, como atualização de currículos e busca de informações sobre possíveis empregadores. Eles saem de suas empresas, em média, após 28 meses.

A pesquisa identificou insatisfação com os esforços de desenvolvimento dos funcionários, o que muitas vezes levou a saídas antecipadas. Perguntou-se aos jovens líderes em início de carreira como os empregadores os ajudaram a atingir o seu potencial de crescimento e, embora a maioria afirmasse que o desenvolvimento no local de trabalho era geralmente satisfatório, eles não sentiam que tinham muito desenvolvimento formal, tal como formação, mentoria e coaching.

Como aprender é igual a ter lealdade

Embora possa ser caro, é necessário construir uma cultura de aprendizagem assim que alguém se juntar à sua empresa. Vale a pena, mas vejamos as coisas por este ângulo: se não treinamos nossos funcionários porque tememos que eles possam ir embora, criamos um círculo vicioso de perda do pessoal porque não oferecemos treinamento. A decisão é óbvia.

Algumas das empresas mais inovadoras do mundo são descritas como organizações de aprendizagem de alto impacto (HILOs), o que significa que são melhores no desenvolvimento de competências e de talentos do que outras organizações nesta área.

Um estudo de Bersin (2004) descobriu que estas organizações tendem a ter um desempenho significativamente melhor do que os seus pares em várias áreas:

- São 32 por cento mais propensas a serem pioneiras.
- Têm uma produtividade 37 por cento maior dos funcionários.
- Têm uma resposta 34 por cento melhor às necessidades dos clientes.
- Têm uma capacidade 26 por cento maior para fornecer produtos de qualidade.
- Têm 58 por cento mais probabilidades de satisfazer a procura futura.
- São 17 por cento mais propensas a serem líderes de mercado.

Um dos meus exemplos favoritos sobre como construir uma cultura de aprendizagem vem de Paul Schoemaker, diretor de pesquisa do Wharton's Mack Institute. Ele fala em fazer da aprendizagem um hábito diário. Schoemaker acredita que os nossos hábitos de construção de negócios são como andar de bicicleta — a prática leva à perfeição. Para ele, a aprendizagem é contagiosa, com isso "o comportamento do chefe torna-se essencial" (Schoemaker, 2012). Ele enfatiza que os líderes devem ser o "ponto focal, bem como os campeões em aprendizagem, porque eles são os que mais refletem tanto o sucesso quanto o fracasso". Este é um atributo-chave das empresas inovadoras, que constantemente valorizam as suas decisões. Os erros são apenas oportunidades ocultas de aprendizagem.

O que eu mais aprecio na filosofia de Schoemaker é esta abordagem da aprendizagem. A citação "liberdade de voar, liberdade de falhar" faz parte do meu vernáculo cotidiano. Preciso me basear nisso para assumir os riscos de criar de uma empresa de primeira categoria e para ajudar aqueles à minha volta a moverem-se em uma velocidade vertiginosa — outro pré-requisito para fazer parte de uma pequena equipe que pretende ser a primeira em nosso mercado. Se não tivéssemos feito um teste e não aprendêssemos a ter atitude em tudo o que fazemos, uma empresa mais ambiciosa e ávida teria nos engolido. E ela certamente poderia se orgulhar de ter uma melhor atitude em relação à aprendizagem.

Schoemaker oferece algumas dicas rápidas para criar um ambiente que recompensa a investigação e a aprendizagem:

1 Conduza relatórios de pré e pós-decisão para extrair insights.
2 Construa a disciplina necessária para olhar tanto para o fracasso como para o sucesso.
3 Internalize erros e lições aprendidas, e depois aplique-os amplamente.
4 Interrompa as iniciativas que não estão produzindo como esperado; saiba quando parar.
5 Realize auditorias anuais de aprendizagem nas quais os projetos premiados possam ser desafiados. (Schoemaker, 2012)

Há benefícios óbvios na construção de uma cultura de aprendizagem. Ela não só encoraja os funcionários e as organizações a desenvolverem conhecimento e competência, como também inspira um pensamento apaixonado e engajado, algo que desperta o entusiasmo e a vontade na maioria dos envolvidos em qualquer projeto.

O cérebro humano anseia por aprendizagem constante, visto que ela nos eleva e abre oportunidades para inovar e transformar rapidamente, bem como continuamente.

O que aprendemos com o acima exposto é que uma cultura de aprendizagem pode:

- aumentar a eficiência, a produtividade e o lucro;
- aumentar a satisfação dos empregados e diminuir a rotatividade;
- melhorar a mentalidade dos funcionários;
- desenvolver um senso de propriedade e responsabilidade;
- facilitar a gestão de sucessões/transições/alterações.

Mantendo-se calmo em meio ao caos

Outro fator de estresse oculto para os funcionários é a mudança no espaço do escritório. Alguns funcionários gostam de se deslocar de um espaço para outro e podem lidar com a mudança com facilidade. Outros, nem tanto.

Para aqueles satisfeitos com ambientes de trabalho previsíveis e rotineiros, a movimentação tem impactos psicológicos de segurança, cruciais para o engajamento e a felicidade.

Uma das novas tendências em escritórios chama-se *hot desking*, uma organização em que os funcionários não têm mesas, cubículos ou salas permanentes. Em vez disso, as pessoas mudam-se de uma mesa para a outra ao longo do dia e ainda tem a oportunidade de se sentarem num sofá, de irem para uma sala de reuniões ou de se sentarem à mesa da cozinha. Basicamente, os trabalhadores tornam-se nômades, vagando de um espaço de trabalho para outro. Alison Griswold, da *Slate*, chamou o *hot desking* de "uma espécie de dança das cadeiras sem fim".

Os críticos acham que esta é apenas mais uma forma de reduzir os gastos. Com o aluguel nos centros urbanos tornando-se muito caro e entrando em declínio, por que não simplesmente amontoar pessoas num edifício menor, reduzir a quantidade de espaço individual e dar a isso um nome legal, como *hot desking*, para que todos comprem a ideia?

De acordo com uma pesquisa realizada pela Industrial Society intitulada "The state of the office", a maioria de nós sente que não tem controle suficiente sobre o ambiente de trabalho. A pesquisa constatou que os funcionários entendem que ter sua própria mesa ou sala é duas vezes mais importante do que ter flexibilidade. A pesquisa identificou amor pela previsibilidade em 49 por cento das pessoas, que afirmaram que usam sempre a mesma caneca, e outros 49 por cento que disseram que têm até mesmo um cubículo preferido no banheiro, pelo qual esperariam até mesmo no caso de ter uma fila!

Esses resultados foram analisados em um artigo da *Computer Weekly*, e descobriu-se que a maior questão em relação a esse debate era a sensação de perda de controle por parte dos trabalhadores, simplesmente porque não lhes foi perguntado o que queriam. "Cinquenta por cento das pessoas sentem que se fossem forçadas a abandonar sua rotina, diminuiriam a produtividade e poderiam até sofrer de depressão. Um estudo americano descobriu que mais de 25 por cento das empresas que introduziram espaços de trabalho flexíveis reportaram uma diminuição de nível de entusiasmo."

Mas há outros que adoram esse conceito. Eles enxergam os benefícios de se movimentar pelo espaço de trabalho e de não estarem presos a um lugar durante o dia todo.

De acordo com uma pesquisa da Cisco, sessenta por cento dos "trabalhadores do conhecimento" em todo o mundo usam um laptop, tablet ou smartphone para trabalhar. Trabalhar com seu próprio dispositivo está se tornando algo mais popular, além de facilitar a mobilidade se a sua estação de trabalho for portátil (Cisco, 2012).

Para alguns, a questão está em se seu cargo necessita de privacidade e tranquilidade ou se ele gera muito barulho. Desde editores de som até equipes de vendas ativas, um trabalho pode exigir silêncio absoluto enquanto outro exige uma sala onde se possa tocar um gongo, se for preciso.

Para outros, faz parte da composição genética. Introvertidos, por exemplo. De acordo com Susan Cain, autora de *O poder dos quietos: Como os tímidos e introvertidos podem mudar um mundo que não para de falar* (2012), os introvertidos são pessoas que se "recarregam" passando um tempo sozinhas. Eles precisam de períodos de solidão para prosperarem, serem mais criativos e produtivos.

Embora uma mesa não seja a única forma de estabelecer espaço pessoal, é imperativo que os empregadores saibam que os introvertidos são facilmente estimulados, e por isso se cansam facilmente com longas interações. E de acordo com Glori Surban, no artigo "How to manage quiet, introverted employees" (2016), isso faz dos escritórios abertos um desafio. Embora o trabalho de equipe seja valioso, os introvertidos florescem quando trabalham de forma independente. Ao pedir aos introvertidos que se dirijam a outra mesa, corre-se o risco de criar um grupo em constante busca por espaços escondidos, onde não haja o risco de interrupção, distrações ou ruídos, padrões que podem agradar outros tipos de funcionários, atraídos por áreas abertas. Isso, certamente, será prejudicial para o processo criativo de todos.

A principal lição do *hot desking* é muito mais macro do que descobrir se essa estratégia seria boa ou ruim para a sua equipe. É aplicável a qualquer outra tendência que decidamos testar — a chave é perguntar primeiro. Para avaliar se algo vai funcionar, deve-se ter um embasamento de dados sólidos e evidências que descrevam como o caráter da sua organização reagirá a uma mudança tão radical. O disruptor da felicidade não é tão micro como pedir a alguém para começar a trabalhar, ele acontece quando deixamos de perguntar ou de nos preocupar com o que os nossos funcionários sentem sobre as mudanças que se avizinham. Se decidir fazer mudanças apesar do que aprendemos, esteja preparado para diferentes graus de infelicidade dentro de sua equipe.

Recapitulando: seja conduzindo suas equipes através da mudança, decidindo como desenvolver uma estratégia de TI que promova o bem-estar, criando uma cultura contagiosa de aprendizagem que prolifere em toda a sua organização, ou ainda fazendo mudanças no espaço de trabalho, garanta a inserção dos indivíduos no processo. A felicidade é um resultado de maior esperança, eficácia, resiliência e otimismo. Portanto, quando esses pontos estiverem intactos porque os empregados sentem que foram ouvidos, teremos mais chances de evitar esses riscos à felicidade.

Não há dúvida de que isso requer esforço. Uma enorme quantidade de trabalho e intenção é usada na resolução destes problemas. Mas, com a decisão de enfrentar os maiores desafios vem a oportunidade de criar um efeito cascata de felicidade traduzido em usar a inteligência emocional para resolver problemas em outras partes da organização. Só é necessário um empurrão, e as demais peças do dominó caem em seguida.

No próximo capítulo, vamos analisar como o trabalho e a felicidade no local de trabalho podem ser bastante diferentes para homens e mulheres, pais e não pais, e para millennials, geração X e baby boomers. Com este novo aprendizado, a ideia é que você construa diferentes programas de engajamento que sejam dimensionados para atender às necessidades únicas de cada indivíduo, em vez de criar estratégias gerais que falham. Espero encontrá-lo novamente no capítulo 7, depois de passar algum tempo trabalhando com as aplicações táticas a seguir.

Atividades

Perguntas e respostas

- Descreva a cultura de aprendizagem na sua organização.
  - Existe um orçamento destinado a alguns ou a todos os colaboradores no que diz respeito a iniciativas de aprendizagem?
  - Como você melhoraria seu investimento em aprendizagem se tivesse um aumento de cinco por cento no orçamento?
  - E de 25 por cento?
- Você investe tempo em seu próprio desenvolvimento profissional?
- Se pudesse se desenvolver pessoalmente com mais frequência, como investiria seu tempo?

Experimente

- Passe duas semanas sem uma mesa e crie um diário para descrever a sensação de viver sem um espaço delimitado. Inclua o máximo de detalhes possíveis e compartilhe com a sua equipe o feedback da experiência.

- Peça aos voluntários que façam o mesmo durante duas semanas e obtenha o feedback deles.
- Se estiver testando outra iniciativa, ajuste a experiência e seja a sua própria cobaia. Testando primeiro, você terá um filtro empático que ajudará a orientar a experiência dos outros.

Leitura recomendada

SELIGMAN, M. *Flourish: A Visionary Understanding of Happiness and Well-Being.* Nicholas Brealey Publishing, 2011.

SCHOEMAKER, P. *Brilliant Mistakes: Finding Success on the Far Side of Failure.* Wharton Digital Press, 2011

CAIN, S. *O poder dos quietos: Como os tímidos e introvertidos podem mudar um mundo que não para de falar.* Agir, 2012.

BERSIN, J. *The Blended Learning Book: Best Practices, Proven Methodologies, and Lessons Learned.* Pfeffer, 2004.

Envolvendo a pessoa por inteiro

7

Em média, uma pessoa passa noventa mil horas no trabalho ao longo de sua vida (iOpener Institute, 2016). Mas desde a concepção do trabalho temos feito um esforço exaustivo para separar as nossas vidas profissionais e domésticas. No passado, essa separação tinha uma fundamentação racional: há menos de um século, a agricultura rural ainda era uma ocupação importante e a classe trabalhadora era frequentemente dividida de acordo com o status socioeconômico, com os mais ricos formando apenas uma pequena porcentagem do total da força de trabalho. A maioria da classe trabalhadora lutava para ter uma vida decente nas fábricas, nos estaleiros e nas comunidades agrícolas. Homens, mulheres e crianças trabalhavam em fábricas, muitas vezes recebendo um salário desproporcional ao trabalho que realizavam.

No geral, para muitos, o trabalho era apenas mais uma parte difícil do dia que precisavam suportar.

Infelizmente, mesmo com o envolvimento global em cerca de treze por cento (Crabtree, 2013), ainda parece que, para muitos, o trabalho não é muito mais tolerável, apesar das melhorias nas práticas laborais e outras condições.

Este capítulo abordará a forma como o trabalho continua em constante evolução e mudança. Estudaremos exemplos de áreas onde temos visto mudanças positivas, e analisaremos as áreas que, surpreendentemente, permaneceram inalteradas. Vamos chegar à raiz de como e por que o trabalho é essencial para a nossa saúde, por que as mulheres ainda são subaproveitadas no mercado de trabalho e como podemos resolver esse problema.

Analisaremos principalmente o que significa trabalhar como uma "pessoa por inteiro" e como encorajar os outros a fazerem o mesmo. Vamos investir algum tempo desenvolvendo uma melhor compreensão do termo para que possamos tornar o local de trabalho um ambiente autenticamente saudável, feliz e de alto desempenho para todos, e não apenas para alguns.

Como o trabalho nos faz sentir vivos... e também nos mantém vivos

Uma série de estudos (que levam em conta oito décadas) sobre a relação do trabalho com a saúde ao longo do tempo (Pappas, 2011) continua a reforçar o argumento de que o elevado envolvimento no trabalho aumenta a saúde, o bem-estar e a longevidade (Hammerman-Rozenberg *et al*, 2005).

Um desses estudos se baseia nos resultados de outro, sem precedentes, feito com 1.528 crianças talentosas, acompanhadas desde o início da década de 1920 até a morte. O "The longevity project: Surprising discoveries for health and long life from the landmark eight-decade study" (março de 2011) afirma que "os trabalhadores que avançaram em suas carreiras e assumiram mais responsabilidades também tinham mais probabilidade de viver vidas longas e saudáveis". O coautor Howard S. Friedman, um psicólogo da Universidade da Califórnia, Riverside, observa: "Se você quer melhorar sua saúde, não deve apenas olhar por alto, mas se envolver em coisas significativas e produtivas." (Pappas, 2011)

Então, se o trabalho deveria ser tão bom para nós, por que continua a causar tanto estresse?

Apesar de filmes como *Como enlouquecer seu chefe*, programas de TV como *The Office*, quadrinhos como Dilbert e as mais de um bilhão de referências da cultura pop ao trabalho que o fazem parecer um centro comercial cheio de personagens sombrios, zangados e estúpidos, alguns argumentariam que o trabalho pode ser um lugar de que nós (*cof, cof*) realmente gostamos.

Talvez alguns gostem de verdade do que fazem, em parte por um desejo inato de sentirem-se valorizados por seu esforço diário. Os seres humanos, muitas vezes, extraem sentido das atividades relacionadas ao trabalho e se sentem realizados por causa delas. A palavra "realização" ou *accomplishment* é, na verdade, bastante vital para esta afirmação. Ela é representada pelo A em PERMA™, o modelo de felicidade de Martin Seligman, e continua a ser um fator chave para florescer e ter bem-estar ao longo da vida.

Embora possamos argumentar que a pesquisa aponta para uma mistura entre os nossos "eus" pessoais e profissionais — e que a hora de reimaginar a nossa experiência no local de trabalho como mais feliz e saudável é agora —, algo impediu que isso acontecesse. Em nossa jornada para identificar a tradução desse novo comportamento no léxico da teoria do local de trabalho e das práticas de recursos humanos (RH), iniciamos uma tendência que teria um impacto radical na forma como vivemos e trabalhamos até os dias de hoje.

A tendência a que me refiro e que descrevo em pormenores ao longo das próximas páginas é o "equilíbrio trabalho/vida". Você se surpreenderá com o impacto que essa ideia teve na forma como trabalhamos e vivemos de várias maneiras, algumas positivas, mas, também, em muitos aspectos, significativamente negativas. Discutiremos mais adiante como algo que deveria ter contribuído para o avanço da felicidade no trabalho agora a impede radicalmente. Os esforços para codificar o equilíbrio trabalho/vida no vernáculo de RH produziram uma lacuna de valores entre as gerações mais velhas e a geração millennial (que em breve corresponderá à maioria dos trabalhadores de toda a história da humanidade). Essa lacuna teve um impacto negativo no crescimento e na construção de diversas equipes nos níveis mais altos. E, mais do que nunca, foi responsável por separar as esferas do trabalho e da vida. Talvez o mais importante seja que tudo isso pode atrasar significativamente a nossa oportunidade, como líderes, de envolver a pessoa por completo no trabalho.

Discutirei com mais profundidade as razões pelas quais isso ocorreu, mas vamos começar com uma das maiores implicações de se separar o trabalho da vida. Durante anos, nós experimentamos as implicações do muro que separa o espaço entre o trabalho e a casa, e eu proponho retomar essa discussão.

Nas próximas páginas, e ao longo deste capítulo, discutirei o que significa ser uma pessoa por inteiro no trabalho, e as verdadeiras razões pelas quais ignoramos esta necessidade até agora. Você pode se surpreender com a minha posição sobre algumas das práticas mais celebradas para influenciar os setores de RH nas últimas décadas. Mas, ao analisar o conhecimento sobre este tema, estou convencida de que você concordará que precisa haver uma maneira melhor de fazer as coisas.

Vamos começar compreendendo melhor o que (ou mais precisamente quem) tem faltado no trabalho todos estes anos. Gostaria de lhe apresentar o seu mais novo empregado. Seja bem-vinda, pessoa por inteiro.

A pessoa por inteiro

Ao aplicar o conceito da "pessoa por inteiro" no trabalho, é imperativo entender como isso se difere do dilema individual versus coletivo.

Quando convidamos a pessoa por inteiro para trabalhar, significa que entendemos como a vida pessoal e o trabalho fluem entre si, versus a abordagem que deixa do lado de fora outros aspectos, como nos acostumamos.

A verdade é que o trabalho vai para casa conosco e a nossa casa vai para o trabalho conosco.

Por exemplo, é muito possível que um pai que passou a noite acordado cuidando de seu filho doente traga o estresse da falta de sono para o trabalho. A privação de sono é comum nos pais trabalhadores e pode resultar em uma série de ações que impactam seu trabalho. As reações à falta de sono podem incluir agitação, distratibilidade, falta de controle emocional e procrastinação. Financeiramente, como afirmado num documentário da *National Geographic*, isso custa anualmente às empresas americanas cem bilhões de dólares (Herman, 2015).

Pediremos às pessoas que deixem de ter filhos? Claro que não, isso seria ridículo.

Então por que as organizações não têm mais empatia? Em vez de sermos irrealistas quanto aos desafios que os pais enfrentam, talvez devêssemos construir sistemas que apoiem a realidade. E quanto aos empregados que cuidam de um dos pais? O número de filhos que cuidam dos pais vai aumentar exponencialmente nos próximos anos, à medida que a população de baby boomers continuar a envelhecer. Definida como a "geração sanduíche", quase metade (47 por cento) dos adultos nos seus 45 anos têm um pai com 65 anos ou mais e estão criando uma criança pequena ou apoiando financeiramente um filho adulto (Parker e Patten, 2013). Os cuidadores constituem especificamente 29 por cento da população adulta dos EUA (Caregiver, n.d.), um número maciço e crescente. Mais uma vez, este tipo de estresse pessoal pode levar a uma carga cognitiva elevada, falta de sono, aumento dos dias de licença médica e até a uma mortalidade mais elevada (Caregiver, n.d.).

É aqui que nós, enquanto empregadores e líderes, precisamos compreender que a vida (e todos os seus momentos estressantes) acontece, quer gostemos ou não. Portanto, em vez de ignorar essas verdades, precisamos abraçá-las.

Já passei por essas situações cheias de estresse durante a minha carreira, e por isso tenho profunda empatia por aqueles que também lidaram com o estresse pessoal enquanto faziam malabarismos com as expectativas profissionais. Vou compartilhar um desses momentos agora.

O eu por inteiro

Quando Jim estava lutando para se curar e se manter positivo no hospital, eu ainda tinha que arrastar meu corpo cansado e grávido para enfrentar o trabalho todos os dias. Eu acordava com um menino dorminhoco ao meu lado, em quem dava um beijo de despedida antes de deixá-lo nos braços da minha mãe. Era bem cedo, mas eu também gostava de dar um beijo em Jim antes de ir para o escritório e entregar-lhe um café quente da Starbucks. Eu, então, comprava um bolinho de mirtilo para mim (ironicamente, agora não suporto mais o cheiro ou o sabor de bolinho de mirtilo — algumas memórias nunca morrem).

De tudo isto, o que mais ficou gravado em minha memória é a percepção de que a vida não para só porque estamos em crise. Embora eu tivesse o incrível apoio da minha equipe e muitos estivessem me ajudando, ainda tinha a minha ética de trabalho e o desejo de realizar o que era esperado de mim. Trabalhar era na verdade uma distração saudável do medo e da preocupação que me ocupavam a cada minuto do dia.

Mas também foi muito estressante. Eu ia trabalhar como metade de quem eu era. Pensava constantemente em Jim e certamente não era uma pessoa totalmente engajada no trabalho. Mas a minha incrível chefe Carly e a chefe dela, Samantha, me apoiaram nesse processo. Elas tinham total empatia pelo que estava se passando comigo e nunca esquecerei disso.

Era também o trabalho que cobria o rápido aumento dos custos de saúde de Jim. Se não fossem os meus incríveis patrões, teríamos acumulado uma dívida hospitalar de 750 mil dólares.

Todas essas experiências contribuíram para que eu ficasse grata por ter uma chefe que abraçou a minha pessoa por inteiro no trabalho. Se eu não tivesse tido flexibilidade para estar com Jim quando ele precisou de mim, se meus benefícios tivessem sido cortados, ou se eu tivesse sido mandada embora por haver uma intolerância às minhas constantes distrações, Jim poderia não ter tido o tipo de apoio médico e emocional que precisava para sair daquele hospital seis semanas após ter entrado nele.

Sem esse apoio, você consegue imaginar como a nossa história teria terminado?

Sou grata por ter tido um empregador que acertou naquele momento e me viu como a pessoa por inteiro. Então, como extrapolamos isso para todas as organizações?

O que quero dizer ao escrever esta narrativa é que não desligamos as nossas emoções quando passamos pela porta. O nosso caráter é parte do que somos em todos os momentos. Podemos variar de persona, mas os nossos pensamentos íntimos não podem ser ligados e desligados como uma torneira. Portanto, quando dizemos que não há problema em trazer todo o seu eu para o trabalho, significa que aceitamos que o comportamento autêntico supere todo o resto.

Claro, o local de trabalho ainda tem limites. Não devemos usar o escritório como um pódio para ativismo, e ainda podemos pedir aos nudistas que coloquem algumas roupas antes de ir trabalhar. Mas, na maior parte do tempo, precisamos liderar como nós mesmos e pedir aos outros que venham trabalhar como eles mesmos. Precisamos apoiar dias bons e dias ruins — como um bom time —, apesar das lesões e problemas de saúde.

Então por que demoramos tanto tempo para considerar esta forma de pensar na pessoa por inteiro como uma opção estratégica de liderança? Você vai se surpreender quando descobrir o culpado.

A introdução do equilíbrio trabalho/vida

Equilíbrio trabalho/vida foi um termo cunhado no Reino Unido nos anos 1970 e é definido como "um confortável estado de equilíbrio entre as prioridades primárias da posição de emprego e do estilo de vida alcançado por um empregado" (Business Dictionary, 2016). O equilíbrio trabalho/vida não seria sequer reconhecido nos Estados Unidos até meados dos anos 1980, e ainda levaria mais duas décadas para se tornar vernáculo comum no local de trabalho e na mídia popular.

Já há algum tempo, essa mudança tem sido extremamente confusa e desafiadora para os empregadores. Tanto os empregados como os chefes estavam bastante satisfeitos com o fato de o trabalho ser um local em que se investe por quarenta anos para depois poderem se aposentar. Tinha-se lealdade de ambos os lados, e uma confiabilidade muito estável e constante ligada ao conceito de trabalho.

Mas os tempos mudaram.

Tornou-se evidente que precisávamos resolver o problema do desequilíbrio com a força de trabalho sobrecarregada e superestressada que queria ter tempo para a família, para relacionamentos e para o mundo fora do emprego. Então, a teoria do equilíbrio trabalho/vida cresceu em popularidade. Certamente soava bem. Era harmoniosa. Justa. Saudável.

Infelizmente, palavras não são ações. E, depois de décadas de pesquisa, temos testemunhado como esse ato de equilíbrio evoluiu lentamente para uma corda bamba em que é impossível se sustentar e que, infelizmente, não tem nenhuma rede de segurança à vista. De acordo com Anne Perschel, na edição de julho de 2010 do *Global Business and Organizational Excellence*,

> a noção de trabalho separado da vida é um paradigma relativamente novo que não é saudável nem produtivo... sendo o objetivo do equilíbrio trabalho/vida um desses exemplos. Ao procurar a fórmula perfeita para dividir nosso tempo e energia entre trabalho e vida, nós nos esforçamos para o quase impossível, e depois nos sentimos culpados. Nós questionamos o que estamos fazendo de errado, de tal forma que o "equilíbrio" continua a nos iludir.

Quando algo é bom na teoria, mas não na prática, e se não podemos confiar nas políticas que estamos construindo, então temos que reconhecer que este algo nunca será bem-sucedido. Então, talvez, em vez de continuar a tentar novas formas de implementar um modelo antigo, é hora de construir um novo. E se nos perguntássemos: o trabalho e a vida podem ser aliados e não inimigos? Em vez de se separarem, eles podem fluir juntos?

O poder de ter um propósito

No livro *Zonas Azuis* (2010), o autor Dan Beuttner juntou-se à *National Geographic* para encontrar as pessoas mais longevas do mundo e estudá-las. Ele sabia que elas tinham vivido tanto tempo graças ao estilo de vida e ao ambiente, porque pesquisas anteriores tinham sugerido que os genes determinam apenas vinte por cento da longevidade. O que resultou foram nove princípios que Buettner cunhou como Power 9®, e o número dois na lista de traços comuns à longevidade é altamente relevante para esta discussão.

De acordo com Buettner e sua equipe de demógrafos, o propósito é uma das chaves para uma vida longa e bem vivida. Conhecer o seu sentido de propósito equivale a até sete anos de expectativa extra de vida, de acordo com a pesquisa. Por meio de suas viagens, o autor aprendeu que os nascidos em Okinawa chamam o conceito de propósito de *Ikigai* e os nascidos em Nicoya o chamam de *plan de vida*, e ambos se traduzem em "por que eu acordo de manhã".

O que eu adoro nas descobertas do autor é que esse propósito faz parte da condição humana. Quer estejamos no Japão, na Costa Rica, no Reino Unido ou Canadá, estamos todos à procura de um trabalho orientado por objetivos. E para aqueles que o encontram mais prontamente do que outros, pode significar quase uma década a mais na nossa, já fugaz, vida.

Uma vez que acordamos todas as manhãs como todos os outros, e a maioria de nós vai para o trabalho todas as manhãs como todos os outros, não deveríamos achar que vale a pena acordar pelo nosso trabalho? Quando temos um fluxo de trabalho/vida, é aqui que o trabalho e a vida se tornam amigos, e não inimigos.

Muitas pessoas trabalham duro durante cinco dias da semana para finalmente chegarem ao seu objetivo, o fim de semana, uma "pausa" do trabalho. Infelizmente, o que acontece com enorme frequência é que o fim de semana passa muito depressa e não se sente que houve descanso, ou até mesmo uma pausa.

A verdade é que os fins de semana não passam mais rápido do que o resto da semana, e o tempo é transitório. Infelizmente, se acabarmos nos tornando guerreiros que lutam pelo fim de semana, vivendo apenas para os sábados e domingos, a vida vai passar tão rapidamente que vamos olhar para trás e uma década terá ido embora.

Mas se amamos o que fazemos e acordamos a maioria dos dias cheios de propósito e significado, não temos que viver para o futuro. Pelo contrário, podemos viver pelo dia de hoje.

Como líderes, precisamos não só viver e respirar este mantra nós mesmos, a fim de inspirá-lo nos outros, mas também dar aos nossos liderados um sentido que comece no trabalho, para que possa fluir entre o trabalho e a vida.

Além do significado, precisamos também oferecer confiança aos nossos funcionários, permitindo que eles sejam apaixonados e encontrem um propósito, mas também que o alimentem e o otimizem com confiança e autonomia. Do ponto de vista do fluxo trabalho/vida, isso pode significar horários de trabalho flexíveis para que ideias sejam criadas a qualquer momento em vez de ficarem confinadas a horários específicos.

Se isso não funcionar dentro da sua organização, considere focar mais em "produto versus processo", permitindo que os funcionários alcancem marcos em vez de pedir-lhes que esbocem cada passo ao longo do caminho.

Deixe-me ser clara, não estou defendendo que se gaste mais tempo no trabalho. Devemos alocar adequadamente o tempo que passamos no trabalho e em nossas vidas pessoais. O que estou enfatizando é uma melhor compreensão do que é trabalho e do que é diversão e de como podemos combinar os dois. Quero que refutemos a crença tradicional de que trabalho é trabalho e vida é vida.

Também quero sugerir (o que pode parecer inquietante para alguns) que certos membros da nossa equipe podem trabalhar fora das horas não tradicionais do dia, se fizer sentido para essas pessoas. Será que faria diferença se o nosso pessoal quisesse acrescentar algumas horas de trabalho durante o fim de semana porque teve uma semana estressante e precisou de uma ou duas horas adicionais para se reabastecer? Não é um equilíbrio muito mais saudável do que a forma insustentável como estamos lidando atualmente?

Há muitas maneiras de as empresas encorajarem o fluxo trabalho/vida em vez do equilíbrio trabalho/vida. Aqui estão alguns exemplos desta abordagem na prática, vindo de marcas globais altamente reconhecidas.

ESTUDO DE CASO Zappos

A Zappos, uma varejista de primeiro escalão, cresceu para um bilhão de dólares em receitas anuais nos seus primeiros dez anos. Fundada por Tony Hsieh, a empresa está no topo do ranking em centenas de listas de "melhores", e Tony sugere que isso se deve em parte à construção de uma cultura na qual as pessoas querem "conviver umas com as outras quando deixam o escritório". Ele baseia os aumentos salariais na melhoria das habilidades, e os funcionários são livres para escolher quais e quantas aprender. Isto lhes fornece autonomia e poder de escolha em relação aos seus salários e proporciona à empresa o benefício de ter uma equipe de funcionários treinados, que podem ser rapidamente destacados de outras funções para preencher a lacuna durante os horários de pico.

Hsieh também é conhecido por construir um ambiente inclusivo para todos os tipos de personalidades. Os seus empregados conseguem ser autênticos e são valorizados por isso.

Quando Jim e eu viajamos para Las Vegas para fazer a excursão Zappos (eles oferecem quatro excursões diárias ao seu escritório), vimos como a empresa é realmente fiel à sua cultura. Você vê, desde o início do passeio, gestos como gravatas sendo tiradas e penduradas, seguido por uma gargalhada que faz com que todos fiquem instantaneamente à vontade.

O escritório de Tony é aberto, um cubículo como o de qualquer outra pessoa da equipe — sem adereços e sem barreiras —, e embora alguns argumentem que isso pode criar uma distração enorme, funciona para Tony e sua equipe. Ele acredita que esse arranjo o liga ao seu pessoal e o torna mais acessível como líder. No pátio, os "Fungineers" (quatro contratados de período integral que se dedicam exclusivamente a tornar a Zappos divertida), vestidos como mascotes de um programa de TV popular, serviam sorvete aos funcionários. Não era um dia especial, mas tornou-se especial para todos os funcionários que chegavam para trabalhar. Foi então que percebi que existe realmente um "melhor emprego de todos".

Aconteceu também de estarmos lá num dia em que o nosso guia turístico precisava entregar um cheque de cinquenta dólares a uma colega que tinha feito um trabalho excepcional. Ela ganhou o dinheiro por tê-lo ajudado durante um período estressante no trabalho, durante o qual lhe ofereceu apoio, conselhos e cobertura nos dias em que ele mais precisava.

A empresa também está repleta de pessoas que realmente se preocupam com a sua comunidade. Depois que a cidade de Las Vegas foi dizimada pela recessão de 2008, Hsieh iniciou o Container Project para reconstruir o centro econômico e oferecer à cidade e aos turistas uma opção legal e urbana fora da avenida mais famosa, a Strip. Ele investiu milhões e agora a área é próspera. As startups se reuniram em Las Vegas para participar do movimento de Tony e o centro da cidade está florescendo.

Este tipo de busca autêntica e apaixonada de fazer o bem financeira e eticamente faz parte do estilo de liderança de Tony Hsieh. Também explica a empresa ter sido comprada pela Amazon, ganhando dois bilhões de dólares em receitas anuais. Com toneladas de competição no mesmo espaço, a Zappos continua indo bem. Mais uma vez, tudo volta à cultura e ao fluxo trabalho/vida.

ESTUDO DE CASO Virgin

Em um anúncio global, o CEO da Virgin, Richard Branson, compartilhou seu desejo de colocar as pessoas no centro de tudo o que elas fazem na empresa. Essa decisão é consequência do seu desejo de tornar sua equipe ainda mais feliz. Branson acredita que isso começa quando você dá aos funcionários a oportunidade de "serem eles mesmos e de trazerem a sua personalidade para o papel que desempenham".

No passado, a organização tinha sido reconhecida por suas condições de trabalho flexíveis; dessa forma, Branson revolucionou como, onde e quando os seus funcionários melhor desempenham as funções que exercem. Recentemente, Branson deu outro salto ao sugerir que o conceito de trabalhar das nove às cinco e uma política rígida de férias não se aplicavam à Virgin.

Numa abordagem radical e nova do fluxo trabalho/vida, a equipe executiva da Virgin tomou a decisão de oferecer ao seu pessoal o direito a férias com o benefício adicional de solicitar períodos ilimitados. A equipe de liderança até tornou obrigatório que isso fosse feito e declarou que acompanhará os empregados para garantir que estão recebendo o tão necessário descanso e relaxamento que o tempo fora do trabalho oferece.

Você nunca sabe quando ou onde uma boa ideia vai aparecer, mas na maioria das vezes é longe da sua mesa. Ao dar aos nossos funcionários mais oportunidades de passar um tempo valioso fora do escritório, temos esperança de que todos nos beneficiaremos com o aumento da criatividade e da produtividade e que assim daremos continuidade ao espírito da Virgin que perpassa os nossos funcionários.

Esta mentalidade está dando frutos. Em uma indústria ferozmente competitiva, a companhia aérea está comemorando seu trigésimo ano com um lucro bruto de 14,4 milhões de libras em 2014 e em vias de atingir 100 milhões de libras até 2018 (Topham, 2015).

ESTUDO DE CASO   REI

A Recreational Equipment, Inc. (REI) é uma cooperativa de varejo americana que vende produtos para camping, escalada, ciclismo, fitness, caminhadas, remo, esportes de neve e viagens. A empresa começou há 75 anos como uma comunidade de alpinistas, e agora conta com mais de cinco milhões de membros e clientes ativos. Ela é também considerada a meca do varejo para os fãs de atividades ao ar livre, sendo conhecida por sua incrível cultura e por ser repleta de funcionários que a consideram um lugar onde "o incrível acontece". A REI é uma cooperativa em que os lucros beneficiam os seus sócios-proprietários. Ela se concentra na construção de experiências divertidas tanto para os clientes como para os funcionários, ao mesmo tempo em que promove a gestão do meio ambiente.

Fiquei particularmente impressionada com a forma como a REI descreve a sua relação com os funcionários. Eles afirmam que o pessoal dá "vida ao seu propósito". O CEO permite que os funcionários externos mergulhem na cultura da REI através de vários programas de incentivo como os "*challenge grants*", em que apresentam uma proposta para uma aventura ao ar livre que seria desafiadora e depois, se selecionados, eles recebem o equipamento e o tempo para prosseguir suas aventuras.

Hoje, a REI é a maior cooperativa de consumo dos Estados Unidos, com mais de dez mil empregados. Eles creditam o sucesso e a reputação de confiança ao seu pessoal, que "faz a diferença em nossas comunidades, cultivando conexões, conectando as pessoas ao ar livre e inspirando outros a defenderem o meio ambiente".

As empresas mencionadas compõem apenas uma pequena lista de organizações globais que promovem abordagens mais flexíveis ao trabalho. Embora esta seja uma lista crescente, ainda há poucas organizações que investem nesse tipo de cultura, por ser algo que requer uma grande ênfase na definição de objetivos e muita confiança. Ainda existe muito estigma sobre os horários de trabalho flexíveis e os cenários freelance/home office. Mas os fatos permanecem os mesmos — a força de trabalho está mudando. E nós, como líderes, temos de enfrentar e abraçar essas mudanças.

Construindo uma cultura flexível

Graças a smartphones, laptops, wi-fi e uma série de outras tecnologias, podemos trabalhar em muitos lugares fora do escritório tradicional. Só no Reino Unido, cerca de 2,8 milhões de pessoas trabalham em casa, o que equivale a dez por cento do emprego total.

Esta é uma estatística esperada para aqueles no YouGov, que trabalharam com a Virgin para aprender mais sobre a narrativa de trabalho flexível. Dos que foram pesquisados, a maioria, 38 por cento, afirmou acreditar que deveria ser dada a opção de se trabalhar de casa, se assim o desejassem. Se você buscar previsões olhando para a geração millennial, vai notar que alguns dos melhores novos talentos estão ignorando a remuneração em empresas corporativas e trabalhando para startups.

Em Nova Deli, mais do que nunca, os graduados das melhores escolas de negócios da Índia estão se juntando a startups. As turmas de 2016 das principais escolas de negócios, incluindo IIM

Calcutá, IIM Shillong, IIM Calicute, Faculdade de Estudos de Gestão e XLRI, tiveram pelo menos cinquenta por cento a mais de graduados perseguindo o sonho empreendedor (Verma, 2016).

As estatísticas dos EUA e do Reino Unido demonstram mudanças semelhantes. Segundo o *Telegraph*, seiscentas mil novas empresas foram lançadas em 2015, considerado um ano recorde para a Grã-Bretanha. Uma campanha nacional apoiada pelo governo acreditava que isso estimularia uma recuperação "empresarial" após a recessão. Os recém-formados enxergam a oportunidade de se tornarem mais ricos e flexíveis com o aumento do financiamento disponível e as campanhas de conscientização pública que estão impulsionando o talento para o empreendedorismo (Anderson, 2015).

O programa de Mestrado em Administração de Empresas (MBA), que tem como objetivo o desenvolvimento de oportunidades relacionadas com o empreendedorismo, regista aumentos anuais de vinte a trinta por cento na Harvard Business School (Baron, 2015).

Uma pesquisa mostrou que a flexibilidade é a segunda coisa que as pessoas mais procuram num trabalho, por isso faz todo o sentido que a vida nas startups atraia talentos.

Para competir, as empresas estão se esforçando mais para proporcionar essa mesma liberdade. A Marriott International Inc., por exemplo, oferece mobilidade no local de trabalho — um benefício muito procurado pelos millennials. No programa "Inovações de Trabalho em Equipe", os colaboradores são encorajados a identificar e eliminar o trabalho redundante. Em um hotel Marriott, as equipes conseguiram reduzir em quarenta por cento o tempo necessário para completar um turno e, com essa economia de tempo, foram autorizadas a sair mais cedo (Society for Human Resource Management, 2009).

A questão para a maioria dos empregadores e funcionários é o estigma social ainda difundido quando se trata de equipes remotas. O estudo descobriu que dezenove por cento dos pesquisados acreditavam que aqueles que trabalham de casa se aproveitam de não ter um chefe por perto e relaxam.

De acordo com um relatório técnico da Microsoft, "Work without walls": "Os líderes empresariais que supõem que empregados que trabalham remotamente levam vantagem não estão corretos. Esse pensamento ocorre devido à perda de controle. Os empregadores perdem a supervisão direta e não podem testemunhar a produtividade em primeira mão" (Lesonsky, n.d.).

Essa é a maior questão e nós, como líderes, podemos resolvê-la facilmente.

Sinceramente, deve ser nosso dever estabelecer metas específicas e mensuráveis e depois rastrear essas metas até os resultados. Assim, nossos funcionários podem trabalhar em suas mesas, em casa ou em uma cafeteria — basicamente, eles podem trabalhar de qualquer lugar. Na minha opinião, o meu tempo é muito valioso para que eu o gaste vigiando o trabalho da minha equipe. E, ao obrigar que nossos funcionários estejam em um mesmo local dentro de horários determinados, estamos simplesmente exigindo presença, não produtividade.

Temos de ser responsáveis por estabelecer métodos de comunicação frequentes, variados e significativos, independentemente do local onde o nosso pessoal se encontra fisicamente.

Outro aspecto ao pensar em flexibilização e no incentivo de que a pessoa por inteiro, mais feliz e de melhor desempenho, venha trabalhar é o argumento da diversidade. O equilíbrio trabalho/vida não tem sido tão bom para as mulheres quanto seria de se esperar. Na verdade, um dos nossos pressupostos é que, na sua maioria, a experiência profissional das mulheres de hoje melhorou muito desde os anos 1960. Mas, segundo Victor Fuchs, professor de Economia e Pesquisa e Política de Saúde em Stanford, não é este o caso (Fuchs, 1989).

Mães trabalhadoras

Em "Mother's work", um artigo escrito por Nan Stone para a *Harvard Business Review* (Stone, 1989), aprendemos que quando você olha para o bem-estar econômico das mulheres (que inclui não só a renda, mas também o tempo de lazer disponível, medido por horas livres de trabalho remunerado e não remunerado), a maioria está mais ou menos onde estava nos anos 1960, e algumas até ficaram para trás. "A diferença salarial persiste, embora o rendimento em dinheiro das mulheres tenha aumentado. As mulheres têm menos tempo livre, enquanto os homens têm mais. As mulheres são mais dependentes dos seus próprios salários. A responsabilidade financeira das mulheres pelas crianças tem aumentado."

Stone entende que as mulheres aceitam empregos com horários previsíveis para que não tenham que se preocupar em ficar até tarde, ou sair do trabalho com muitas pendências para resolver. Mas há uma exceção a esse padrão geral: mulheres jovens, brancas, solteiras e educadas conseguiram grandes ganhos em relação aos seus pares masculinos, mas apenas as que não tinham filhos.

E há enormes implicações para esta mudança. No estudo "Women's quest for economic equality", de Victor R. Fuchs (Fuchs, 1989), em 1986 os filhos tinham, por semana, dez horas a menos de tempo com os pais do que as crianças em 1960. Elas eram mais propensas a cometer suicídio, a ter mau desempenho na escola e a mostrar sinais de angústia emocional, física e mental. Também tinham mais probabilidade de viver na pobreza.

A autora Arlie Hochschild, professora de sociologia na Universidade da Califórnia em Berkeley, estuda o "segundo turno" (Hochschild e Machung, 2003). Ela descreve uma carga de trabalho que se traduz aproximadamente em um mês extra de 24 horas por ano.

Para as mulheres que não podem ou não querem largar seus empregos, a tensão de carregar o segundo turno raramente diminui. Embora algumas organizações estejam construindo políticas progressistas, incluindo horários flexíveis, meio período e trabalho compartilhado, a maioria das mulheres ainda não se sente livre para trabalhar em tempo parcial — não porque o trabalho não o permita, mas porque os colegas não tolerariam.

Arlie observa: "A mensagem que receberam foi clara: os gestores mostraram empenho trabalhando longas horas. Precisar de tempo para as crianças não era desculpa."

Pais

Uma consequência direta de os pais passarem menos tempo com os filhos é se envolverem menos em sua educação. Um estudo do Instituto Nacional de Saúde Infantil e Desenvolvimento Humano, que rastreou 1.364 crianças desde o nascimento, concluiu que quanto mais tempo as crianças passavam na creche, mais provável era que seus professores do sexto ano relatassem comportamentos problemáticos (Nayab, 2011).

Levando em consideração que queremos aceitar a pessoa por inteiro no local de trabalho, o que podemos fazer para melhor apoiar tanto as mães como os pais trabalhadores?

Para começar, incentivos governamentais para políticas familiares, horários diferentes para pais de crianças pequenas, ajuda com refeições em casa, cuidados diurnos subsidiados e no local e, o mais valioso, a dissolução do estigma sobre horários de trabalho flexíveis e mecanismos de apoio. Se não fizermos algo a respeito, o pior cenário não é apenas alguns pais desligados; estamos falando de uma população futura menos segura e sustentável, de uma juventude mais ansiosa, e uma série de outras repercussões importantes que ainda serão definidas.

E se estamos mais uma vez olhando através dos filtros descritos acima, o que os millennials (aqueles nascidos entre 1980 e 2000) precisam para se sentirem presentes por inteiro no trabalho?

Millennials

Como são a maior geração da história, e dentro do próximo ano representarão metade da força de trabalho global (Meister e

Willyerd, 2010), os millennials estão prontos para transformar radical e permanentemente a nossa força de trabalho. Portanto, temos de considerar as suas necessidades de forma tão proeminente quanto as de qualquer outra pessoa.

De acordo com pesquisas da Goldman Sachs, as "experiências únicas dos millennials vão mudar a maneira como compramos e vendemos, forçando as empresas a examinarem como fazem negócios nas próximas décadas" (Goldman Sachs, 2016).

Esta mesma pesquisa descreve os millennials como sendo os primeiros nativos digitais, sociais e conectados, e como uma geração que têm menos dinheiro para gastar, está altamente endividada com empréstimos escolares e têm prioridades diferentes quando se trata de casamento e planejamento familiar — o que significa que estão esperando muito mais tempo para se casar e ter filhos em comparação a outras gerações. De acordo com o Current Population Survey — uma pesquisa anual da Pew Research Center, conforme determinado pelo US Census Bureau —, em 1968, 56 por cento dos jovens entre dezoito e 31 anos eram casados e viviam em uma casa própria, contra apenas 23 por cento hoje (Fry, 2015).

Eles também se preocupam menos com os sinais exteriores de sucesso que costumavam ser imperativos para as gerações anteriores — quando perguntados se um carro ou uma TV eram bens importantes, a maioria dos entrevistados disse que não tinha vontade de comprá-los e apenas uma fração pensava que eram muito importantes. Os millennials também ainda não estão ligados a uma família ou a um lar, e por isso sua capacidade de se deslocar e de assumir mais riscos em comparação com os mais velhos é significativa. Todos estes elementos que compõem a geração millennial se desenvolvem de forma muito importante quando pensamos em planos de compensação e estratégias de retenção.

Muitos analistas de compensação estão coçando a cabeça e se perguntando: "Bem, e agora?"

Já se foram os dias em que você podia simplesmente entregar um catálogo de presentes corporativos aos seus funcionários e pedir-lhes para escolherem o seu bônus de cinco, dez, ou quinze anos. Os presentes variavam entre luminárias, carteiras e relógios, ficando melhores à medida que os anos de lealdade aumentavam. Agora, além de ser improvável que um funcionário fique na sua organização por mais de cinco anos, estes tipos de incentivos também não o fazem querer ficar.

Os millennials exigem um sistema diferente, e isso está abalando a força de trabalho de uma forma provocadora, mas altamente influente e positiva.

Gerações, assim como pessoas, têm caráter. E os millennials estão certamente expressando o deles. Abaixo você encontrará uma lista de fatos interessantes sobre os millennials, avaliados em mais de duas décadas de pesquisas da Pew Research:

- Três quartos têm um perfil em um site de rede social.
- Quase quatro em cada dez têm uma tatuagem e dezoito por cento têm seis ou mais.
- Um em cada quatro não é filiado a nenhuma religião.
- Millennials estão em curso para se tornarem a geração mais educada.
- Eles relatam melhores relações com os pais, descrevem-se como mais tolerantes racialmente e aceitam mais arranjos familiares não tradicionais.
- Das quatro gerações, os millennials são os únicos que não citam a "ética do trabalho" como uma das suas principais distinções.

Como é que esta lista bastante inócua de traços de caráter ilustra a atitude de um millennial sobre o trabalho e como ele espera ser recebido no mercado de trabalho?

Nas entrelinhas, ela diz tudo.

A maioria dos funcionários dessa geração não tolera que lhe peçam para trabalhar como uma pessoa e ir para casa como outra. Comportar-se profissionalmente não faz parte da máscara millennial. A pessoa por inteiro vem trabalhar pela manhã, e essa mesma pessoa vai embora no final do dia. Espera-se que os empregadores respeitem e valorizem esta forma de se comportar no local de trabalho, mas muitas organizações e equipes de liderança ainda não fazem isso.

Se prestarmos mais atenção aos dados, é possível ter uma compreensão mais profunda da persona millennial no trabalho. Segundo Jay Gilbert, da Ivey Business School de Londres, os millennials estão significativamente preocupados com o altruísmo, "com quase setenta por cento dizendo que fazer caridade e ser socialmente consciente são as suas maiores prioridades" (Gilbert, 2011). Isso sugere que uma cultura corporativa que apoie programas de doação será extremamente valiosa para este grupo.

E 65 por cento desta geração cria perfis públicos que estão permanentemente on-line. Esta estatística descreve uma personalidade menos preocupada com a privacidade e que precisa mais de feedback. As tatuagens (e são muitas) demonstram criatividade e disposição para correr riscos, enquanto a falta de afiliação religiosa pode significar não conformidade. O respeito pelos mais velhos é um forte indicador de que eles podem ser liderados eficazmente, e a falta de ética de trabalho é certamente uma característica que a direção deve levar em conta.

Então, no caso da geração millennial, o que os empregadores podem fazer para convidar a pessoa por inteiro para trabalhar? As mesmas regras se aplicam em todos os casos.

Semelhante a como precisamos assegurar um pensamento mais diversificado nas organizações, os líderes devem melhorar as políticas para funcionários que têm filhos. Isso também vale para a construção de uma força de trabalho millennial engajada. Para melhor nos ligarmos aos millennials, precisamos compreender as suas necessidades. Precisamos recolher dados e depois seguir com intenção, comunicação, tempo e recursos. Contudo, para o próximo século, ser competitivo será necessário e o investimento inevitavelmente valerá a pena.

A lacuna de empatia entre baby boomers e millennials

Um dos maiores problemas que ocorrem entre as gerações é a falta de empatia e o elevado nível de preconceitos. Cada geração tem de lidar com sua bagagem, mas também desfruta de um certo nível de distanciamento das demais gerações.

A geração X, espremida entre os baby boomers e os millennials, já foi considerada uma geração de desleixados, mas agora é vista como a geração de "cabeça para baixo". Muitas vezes esses indivíduos são ignorados simplesmente por causa das estatísticas. Há menos deles (65 milhões) do que baby boomers (77 milhões) ou millennials (cerca de 83 milhões) (Gaines-Ross, 2014).

Os baby boomers são atualmente a maior geração de trabalhadores ativos (apesar de os millennials em breve assumirem esse título). Pesquisas têm mostrado que os boomers acreditam que seus pontos fortes são a memória organizacional, o otimismo e a vontade de trabalhar longas horas. Esta geração cresceu em organizações com grandes hierarquias corporativas em vez de estruturas de gestão plana com trabalho em equipe.

Os millennials têm uma visão drasticamente diferente sobre o que esperam da sua experiência profissional. Com o espírito sociável dos millennials vem o desejo de ser criativo, inovador e de ser ouvido. O funcionário millennial está interessado em receber feedback sobre o seu desempenho, porém, considera as revisões semestrais tradicionais pouco frequentes. Eles querem saber que fizeram um bom trabalho, e querem naquele momento. Não só o *timing* e a frequência são importantes, mas também a forma como o feedback é feito e entregue.

Em sua pesquisa na Ivey, Jay Gilbert utilizou tanto análises quantitativas extraídas dos dados da pesquisa de engajamento de 3,5 mil funcionários de seis empresas, quanto dez entrevistas qualitativas. Ele concluiu que, quando se trata do engajamento dos funcionários, existem diferenças geracionais entre os millennials e os baby boomers. Quanto a receber a pessoa por inteiro no trabalho, uma das maiores lições foi delineada nesta citação de uma das entrevistas de Gilbert: "Se as empresas quiserem motivar e engajar sua força de trabalho, uma abordagem de tamanho único não vai funcionar. A gerência intermediária deve ser incumbida e capacitada para gerenciar o engajamento dos funcionários em uma microescala, e a corporação deve gerir o engajamento em uma escala macro."

Parte do envolvimento da pessoa completa no trabalho vem de ajudar os funcionários de várias gerações a se darem bem, comunicarem-se bem e apoiarem uns aos outros. As lacunas na comunicação podem criar ilhas, e os funcionários se sentirão menos abertos a serem eles mesmos por medo da intolerância e da rejeição de suas ideias.

Como líderes, precisamos aumentar a disseminação de uma linguagem positiva associada aos benefícios de trabalhar lado a lado com um funcionário mais antigo ou mais recente que nós. Aqui estão algumas razões pelas quais as forças de trabalho multigeracionais oferecem mais benefícios do que desafios:

- Mentoria: O recente estudo "Benefits for tomorrow study" de The Hartford de 2013 descobriu que 89 por cento dos millennials acreditam que os "baby boomers são uma grande fonte de mentoria no trabalho" (The Hartford, 2015). A prática da mentoria oferece muitas vantagens. Numa força de trabalho em que as empresas valorizam conhecimento, experiência e competências acima de idade, tempo de casa ou gênero, os funcionários de qualquer idade têm a oportunidade de ensinar e aprender uns com os outros.

- Continuidade: Quando mais funcionários seniores podem treinar colegas mais jovens, os anos acumulados de experiência e conhecimento ajudam a manter os valores, a missão e a história da empresa.

- Felicidade: Ao desenvolver culturas de trabalho mais unificadas e compassivas, as organizações serão mais atraentes para pessoas de todas as gerações. Ao criarmos mais oportunidades para que as ideias novas e tradicionais colidam, engajamos empatia, abertura, tolerância e aceitação em nosso pessoal. Isto, por sua vez, leva a indivíduos mais felizes e a equipes mais bem-sucedidas.

Para finalizar

Embora tenha havido um desenvolvimento considerável e um progresso positivo, ainda é necessário encontrar melhores soluções. E a expectativa dos líderes para resolver este enorme problema está aumentando. Com o aumento do estresse e da ansiedade e a saúde mental se tornando uma nova, mas importante, consideração, há ainda mais peso sobre as equipes de liderança e organizações para descobrir como tornar o local de trabalho mais saudável, feliz e próspero.

Agora que sabemos o que significa acolher (e tornar-se) a pessoa completa no trabalho, podemos apoiar os nossos colaboradores para definir o que os faz sentir uma continuidade saudável entre as duas esferas. Precisamos aprender a ser uma ponte entre uma vida profissional saudável e uma vida doméstica saudável, de uma forma respeitosa e não intrusiva. E devemos explorar maneiras de projetar um local de trabalho que enfatize o fluxo trabalho/vida e nos desvie do mito do equilíbrio trabalho/vida.

Atividades

Pegue seu caderno e responda às seguintes perguntas:

1. Defina o fluxo trabalho/vida nas suas próprias palavras.
2. Agora leia a sua definição.
3. Esta definição é a sua realidade atual?
4. Caso contrário, você ficaria mais feliz se a sua definição estivesse mais próxima de sua realidade?

5 Se sim, passe os próximos cinco dias escrevendo novas formas de chegar ao perfeito estado de fluxo trabalho/vida e, em seguida, comece a abordar esses objetivos um a um.

6 Se você já tem o melhor fluxo trabalho/vida, escreva como pode manter este estado.

Reduzir a lacuna de comunicação

Existe uma gama bastante ampla de idades entre os seus empregados?

Se sim, eles interagem bem uns com os outros?

Se não, já se perguntou como líder o porquê?

Passe os próximos dias analisando como os seus funcionários interagem uns com os outros. Eles se envolvem apenas com pessoas da própria faixa etária ou se conectam com todas as idades e demografias da empresa?

Há sempre a capacidade de aumentar a comunidade no local de trabalho e fechar as lacunas da comunicação etária. Crie um projeto ou atividade que misture os grupos. Aqui estão algumas sugestões para começar:

- Um almoço com aprendizado de mentoria reversa é uma excelente forma de os funcionários mais novos e mais velhos mostrarem os seus conhecimentos. Estabeleça uma variedade de estações que os funcionários têm de frequentar para aprender o que os colegas de trabalho fazem diariamente.

- Faça com que os funcionários mudem de estação de trabalho por um dia. Dê a eles uma oportunidade de se envolverem com outras pessoas e de aprenderem sobre outras áreas-chave do negócio.

- Incentive o voluntariado em equipe. Junte vários grupos para um dia de caridade e veja como os laços se formam e a comunicação melhora rapidamente.

Leitura recomendada

HSEI, T. *Satisfação garantida: Aprenda a fazer da felicidade um bom negócio.* HarperCollins, 2010.

BUETTNER, D. *Zonas azuis: A solução para comer e viver como os povos mais saudáveis do planeta.* nVersos, 2018.

Uma abordagem mais feliz à mudança

8

Mudar é difícil

A mudança é uma das causas mais comuns de estresse dentro das organizações. Os líderes lutam para inspirar suas equipes em meio a uma constante mudança de prioridades, enquanto os funcionários sentem-se incertos sobre o futuro e não têm as percepções necessárias para acalmar seus medos.

Há muitas razões para ocorrer mudanças em uma organização, mas pode parecer que a quantidade de mudanças que experimentamos no trabalho está aumentando. Com a globalização e a constante inovação tecnológica, estamos diante de um ambiente de negócios em rápida evolução. Fenômenos como as mídias digitais e sociais e a adaptabilidade para dispositivos móveis revolucionaram os negócios. Como efeito, há uma necessidade cada vez maior de mudança e, consequentemente, de uma gestão de mudanças.

O desenvolvimento de novas tecnologias tem também o efeito secundário de aumentar a acessibilidade e, portanto, a responsabilidade pelo conhecimento. A mudança organizacional é, em grande parte, motivada pela concorrência. Isso requer adaptabilidade imediata ou há a chance de ficar para trás.

Com o ambiente empresarial sofrendo tantas mudanças, a capacidade de geri-las e adaptar-se a elas é hoje muito necessária no local de trabalho. No entanto, como todos sabemos, mudanças organizacionais importantes e rápidas são muito difíceis. Por quê? Porque a infraestrutura, a cultura e os padrões enraizados das organizações muitas vezes refletem uma marca persistente de períodos passados, que resistem a grandes mudanças (Marquês e Tilcsik, 2013).

Infelizmente, as pesquisas mostram que a maioria das organizações de hoje não lidam muito bem com mudanças. Um estudo do Economist Intelligence Unit (2011) constatou que 44 por cento das iniciativas de mudança falharam. A pesquisa, com seiscentos gestores, enfatizou que as pessoas são a razão para tal; 57 por cento das questões estavam relacionadas ao tipo certo de comunicação interna e 27 por cento, à cultura. A pesquisa também afirma que "os funcionários queriam participar da mudança, mas as ações adotadas pela gestão não conseguiram obter esse resultado".

Uma pesquisa recente da Universidade de Oxford relatou que 84 por cento dos projetos de TI não atingiram seus prazos e metas financeiras (Cheese, 2013). E um dos principais motores do crescimento e da mudança dos negócios, as fusões e aquisições, luta para absorver o choque da mudança quando duas culturas colidem. Setenta por cento dos negócios destroem o valor para uma organização em vez de criá-lo (Bradt, 2015), e a taxa de fracasso de uma aquisição lucrativa situa-se em torno de 83 por cento (Cheese, 2013).

De acordo com pesquisas de Korn Ferry e do Hay Group (2007), entre as fusões que fracassam, 91 por cento acreditam que o fracasso se deve ao choque cultural.

Peter Senge, cientista de sistemas americano e fundador da Sociedade para a Aprendizagem Organizacional, chega à raiz do problema na sua famosa citação: "As pessoas não resistem à mudança. Elas resistem a serem mudadas" (Senge, 1999).

Mas há um lado positivo. Podemos proporcionar ao nosso pessoal um treinamento psicológico que transforme a mudança em uma experiência empolgante, saudável e positiva, e não em uma experiência estressante. Alguns pensam que correr uma maratona é impossível, mas, com o treinamento físico adequado, o objetivo se torna muito mais tangível. O empoderamento para lidar com os desafios da vida também é alcançado com um treinamento: o da aptidão psicológica. A vida é uma maratona. Se queremos experimentar a "euforia de atleta", então é melhor começarmos a preparar os nossos estados mentais e a motivar nossos liderados a fazerem o mesmo.

Este capítulo discutirá como podemos construir uma atitude ambiciosa quanto à mudança para que nosso pessoal a enxergue em termos de progresso versus obsolescência. Imagine que é possível transformar a mudança na melhor parte de irmos para o trabalho. Imagine que poderíamos fazer com que os empregados deixassem de ter medo da inovação porque entenderiam que não abraçá-la os tornaria obsoletos. Imagine que poderíamos aumentar o sucesso de uma fusão simplesmente por nosso pessoal ser mais resistente e entusiasmado com a mudança.

Tudo isso é possível. Deixe-me explicar como.

Ignorar a mudança não vai fazer com que ela desapareça

A certa altura da nossa vida, paramos, olhamos à nossa volta e percebemos que a tecnologia havia mudado repentina e dramaticamente a forma como trabalhamos e vivemos. Meu despertar aconteceu quando estava morando em San José, na Califórnia, durante o boom das mídias sociais. Lembro-me do Facebook chegando à cidade, do LinkedIn se estabelecendo e do Twitter enviando o seu primeiro tweet. Na época, os diretores de marketing (CMOs) achavam que era uma moda, mas aquilo era apenas um aquecimento. Os CEOs não tinham qualquer interesse em estabelecer um orçamento para as redes sociais. Diziam que não havia a possibilidade de "tweetar" se tornar algo comum. Quando perguntei a um CEO de uma marca global sobre sua estratégia de mídia social, ele respondeu com desdém: "O Twitter é bobo demais para qualquer um, não importa o executivo. Tweetar só os fará parecer estúpidos."

Todos os que viam sinais de que as mídias sociais haviam chegado para ficar, incluindo eu, sabiam que essa retórica em torno da frivolidade dos canais era apenas um disfarce para puro medo. Esse nível de mudança na forma como nos comunicamos significaria uma curva de aprendizagem enorme para os líderes seniores, que não fariam ideia de por onde começar.

E, embora eu entenda que seja um esforço pesado, tenho a certeza de que vai valer a pena. Quando olho para trás na minha própria carreira, percebo que passei uma boa parte desses anos tentando convencer os executivos seniores de que algo crítico para o seu negócio estava prestes a acontecer, e que era melhor que eles começassem a prestar atenção.

Felizmente, a mudança e o progresso andam de mãos dadas. Há quinze anos eram câmeras digitais, depois as redes sociais. Hoje, é a felicidade. Eu estava certa sobre câmeras digitais e mídias sociais, e muitos desses líderes seniores que desdenhavam do assunto acabaram se esforçando para acompanhar o fluxo.

Como líderes, ficamos nervosos com a mudança porque começamos a pensar no tamanho e no peso dos esforços e recursos necessários. No entanto, se compreendêssemos melhor como navegar na mudança e, portanto, minimizássemos os impactos negativos dela, veríamos que não é tão demorado e não esgota tantos recursos como acreditávamos.

A felicidade é muito difícil?

Muitos líderes seniores ainda veem a felicidade como uma tendência que provavelmente será refutada como uma estratégia de engajamento e, portanto, eventualmente irá embora. Como mencionei, à semelhança das redes sociais no início dos anos 2000, os CEOs são pouco instruídos sobre o tema e ainda não sentem o impacto financeiro através do desgaste, da redução da aquisição de talentos e da falta de envolvimento nas empresas que lideram. Mas, confie em mim, o tsunami vai chegar. Assim como foi perguntado a esses CMOs por que não viam a mídia social e digital como um agente de mudança para suas estratégias de marketing, será perguntado aos CEOs por que eles não engajaram a felicidade em suas estratégias para lidar com pessoas.

Em conversas com líderes seniores sobre esse tema, descobrimos que existe um verdadeiro desejo de aumentar a inteligência emocional e a felicidade no local de trabalho, mas eles simplesmente não têm certeza de por onde começar.

É compreensível. O conceito de felicidade é vago e indefinível, além de extremamente pessoal, e o tema pode ser polêmico. Um líder que não tenha estudado psicologia positiva não gostaria de iniciar essa conversa com os seus pares, que dirá iniciá-la em toda a organização.

O que descobrimos é que, para uma ideia tão simples, as complexidades em torno da felicidade são vastas e difíceis de ensinar. Os líderes que tomam este tipo de iniciativa, apesar de suas perguntas e receios, são aqueles que demonstram abertura, autoconsciência, análise crítica, bravura e um profundo conhecimento do caráter da sua empresa.

Quem são esses líderes?

Historicamente, o trabalho é um meio de sobrevivência. Antes, trabalhávamos para poder comer, manter um teto sobre nossas cabeças e cuidar dos filhos. Mas o local de trabalho evoluiu. Em certo momento teríamos temido os tipos de mudanças que agora confiamos para fazer o nosso trabalho. Um desses exemplos é a mudança causada pelo desemprego devido à transformação tecnológica. A expressão "desemprego tecnológico" foi popularizada por Lord Keynes na década de 1930. No entanto, a questão das máquinas que roubam o trabalho humano tem sido discutida desde, pelo menos, a época de Aristóteles.

Esse tipo de mudança normalmente inclui a introdução de máquinas ou de processos mais eficientes no trabalho. Os exemplos ao longo do tempo incluem tecelões reduzidos à pobreza após a introdução de teares mecanizados, ou mesmo, mais recentemente, a substituição de caixas de mercado por autosserviço. O desemprego tecnológico é uma ameaça real na indústria automobilística de hoje. À medida que a fabricação de automóveis avança rapidamente em busca do foco na mobilidade e de uma abordagem menos míope da inovação, uma certa dose de nervosismo é despertada nos empregados deste setor.

Assim como a Ford substituiu o cavalo e a carroça, os veículos autônomos, os drones, a tecnologia *hyperloop* e até mesmo as viagens espaciais comerciais estão lutando para ser o "quinto meio" de transporte. E embora a maioria concorde que as mudanças tecnológicas podem causar perdas de emprego em curto prazo, a visão de que elas podem levar a aumentos duradouros no desemprego ainda não foi comprovada de forma conclusiva.

Como líder num ambiente em constante mudança, isto pode ser um desafio — especialmente se for necessário manter o otimismo e a liderança durante tempos econômicos difíceis. Tive a oportunidade de me encontrar com um desses líderes excepcionais, Steve Carlisle, presidente da GM Canadá. Discutimos a sua carreira de três décadas e o quanto ele aprendeu com os altos e baixos da indústria à qual, tão apaixonadamente, ligou-se. Ele compartilhou como conseguiu navegar na crise financeira, no resgate econômico e nos tempos atuais, liderando através do ressurgimento de uma indústria que está descobrindo novas e inovadoras maneiras de mudar as coisas.

Vou compartilhar uma das partes favoritas da minha conversa com Steve. Divido essa parte porque, para mim, ela resume o motivo pelo qual a inteligência emocional é tão importante para conduzir a mudança. Os seres humanos são extremamente variados e é necessária uma paciência e atenção exaustivas para entender como eles se sentem durante os momentos de estresse. A história acontece na Tailândia, onde Steve atuou como presidente da General Motors (GM) Southeast Asia Operations Limited de 2007 a 2010.

As pequenas coisas são na verdade as grandes coisas

Embora Steve fosse o presidente da GM na Tailândia, ele ainda ia à fábrica a cada poucos dias e comia no refeitório com seus funcionários diariamente. Como engenheiro, ele se sentia em casa com outros engenheiros e fabricantes. Ele disse que demorou um pouco até que alguns dos funcionários se sentissem confortáveis para se aproximar dele, mas finalmente uma alma corajosa sentou-se ao seu lado e iniciou uma conversa. Lentamente, ele formou um vínculo com seus mais de dois mil funcionários, alguns dos quais se tornaram tão afeiçoados ao chefe que posteriormente o apelidaram de Khun Steve (Senhor Steve).

Pouco tempo depois da sua chegada à Tailândia a crise financeira atingiu o seu mandato. Steve estava trabalhando de forma quase totalmente autônoma. Muitos de nós lembraremos que, nessa época, as montadoras tentavam manter o mercado funcionando, continuando com os negócios, enquanto, em segundo plano, preservavam sua força de trabalho apesar da ameaça de insolvência e das negociações com o governo sobre um plano de resgate. Como tudo isso estava acontecendo, Steve foi forçado a mandar embora metade de seus funcionários e ainda manter a equipe restante inspirada, ligada à esperança de que tudo seria resolvido.

Uma das estratégias que Steve aprendeu no início da carreira foi a comunicação diagonal eficaz. O conceito de círculo de qualidade começou no Japão nos anos 1950 e depois viajou para os Estados Unidos nos anos 1970. Ele envolve a construção de grupos internos, tipicamente variando em tamanho de cinco a quinze funcionários, que resolvem problemas organizacionais complexos. Embora alguns membros do grupo trabalhem no mesmo departamento, um círculo de qualidade agrega funcionários de departamentos e níveis hierárquicos variados, criando uma estrutura diagonal (Papa *et al.*, 1997).

Neste exemplo, Steve reuniu uma seção transversal de funcionários. Como parte do seu processo de transformação, ele iniciou as reuniões da fatia diagonal com um fórum permanente. O objetivo era encorajar a comunicação aberta e a resolução de problemas. Essas reuniões exigiam seções transversais de indivíduos que se conectariam regularmente, e por isso ofereciam uma janela única para os problemas que surgiam nas áreas a que Steve normalmente não tinha acesso. Havia um membro no grupo chamado Chang, comunicativo e influente tanto nas reuniões como, o que é mais importante, no escritório. Steve observa que isso não se deu "sempre de uma forma proveitosa".

Ainda assim, o processo seguiu e eles identificaram problemas e os resolveram. Steve compartilha a narrativa de um dia em que eles não pareciam ter muito o que discutir:

> Até Chang estava quieto, mas com um ar um pouco perturbado, por isso perguntei-lhe o porquê; foi quando ele se dirigiu ao centro social da fábrica, onde havia uma cafeteria. Ele me impressionou ao apontar que o centro social era uma casa longe de casa para aquela família de trabalho coletivo. Ele disse que duas árvores estavam bloqueando o fluxo para a porta da frente — o que é ruim para o feng shui. Perguntei-lhe o que deveria ser feito quanto a isso e indiquei que faria o que fosse preciso para resolver a situação.

Para os não familiarizados com a prática, o feng shui é um sistema filosófico chinês de harmonização de todos com o ambiente circundante. Desenvolvida há mais de três mil anos, essa prática discute a arquitetura em termos simbólicos. "Feng" significa vento e "shui" significa água, e na cultura chinesa o vento e a água estão associados à saúde; assim, o bom feng shui significa boa sorte, enquanto o mau feng shui significa má sorte, ou infelicidade (Tchi, 2016).

Em um ambiente com novos costumes e normas culturais, pode ser um desafio determinar quais prioridades devem ser estimuladas e quais devem ser removidas. Nesta circunstância, levando em conta uma indústria que passa por um dos desafios mais difíceis de sua história, este pedido poderia ter sido movido para o final da lista.

No entanto, a conversa sobre o feng shui havia perturbado Steve. Ele respeitava a sua equipe e sabia que seus funcionários tinham sido extremamente leais durante aqueles tempos caóticos, então faria o que fosse preciso para deixá-los felizes. Naquela sexta-feira à noite, Steve contratou uma equipe para remover pela raiz as duas árvores gigantes, e, em vez de cortá-las, ele as plantou em outro lugar da propriedade. Ele tinha recebido conselhos de especialistas em feng shui sobre o posicionamento ideal, não deixando nada ao acaso. A solução estava pronta na segunda-feira, quando os funcionários voltaram ao trabalho.

Embora Steve seja agora o atual presidente da GM Canadá, o ocorrido seja uma memória distante e ele já tenha enfrentado novos desafios e oportunidades, esta experiência marcou sua vida. São esses momentos que definem que tipo de líder você será ao seguir sua carreira. Muitas vezes os gestos mais simples podem iniciar um efeito constante de crescimento positivo e uma mentalidade saudável que se traduz em uma série de sucessos.

Para Steve, o seu estilo de liderança continua a fomentar essas discussões diagonais e a comunicação transparente. Como a GM trabalha para construir uma nova definição do que significa ser móvel, que pode ou não se parecer com qualquer meio de transporte que usamos hoje, a liderança inovadora será a chave para alcançar seus objetivos. Como Steve sabe muito bem, se você quer ser um disruptor, um líder que pode trazer à tona as equipes mais felizes e de melhor desempenho e, mais importante, uma força competitiva em uma indústria difícil, é melhor remover qualquer coisa que possa bloquear a sua visão.

Steve acredita firmemente que precisamos estar confortáveis para tomar decisões pelos outros, porque sabemos o que é melhor para eles e para o futuro da empresa. Quando pensamos em disruptura, temos de ser capazes de recuar e imaginar um salto no nosso estado atual, não apenas iterá-lo. Nenhuma transformação de grande escala ocorre sem inovação, trabalho árduo e mudanças significativas — ou sem a perturbação das normas —, e a mudança pela qual passamos agora não será exceção. Henry Ford disse uma vez que se tivesse perguntado às pessoas o que elas realmente queriam, elas teriam dito "cavalos mais rápidos".

Também sabemos que levar indivíduos de sobreviventes a prósperos requer um meio de inspiração e um guia que esteja ligado a motivadores intrínsecos versus extrínsecos. Se esta forma de pensar não estiver em seu manual, a estratégia simplesmente não vai funcionar. Precisamos pegar pequenas peças do quebra-cabeças cultural e tentar inserir inteligência emocional no centro da formação e da avaliação. Assim veremos o que funciona e o que não funciona, à medida que aprendemos e ajustamos o caráter da nossa organização para identificar o que se encaixa melhor.

Como todos sabemos, cada indivíduo é único. Mas o que muitas vezes não percebemos é que o coletivo é composto por todos esses indivíduos únicos, que, por sua vez, geram um caráter organizacional altamente particular que varia de pessoa para pessoa, equipe para equipe, departamento para departamento e região para região. Mesmo sob o mesmo guarda-chuva corporativo, abraçar as diferenças culturais quando se trata de felicidade é crucial.

Por que a autenticidade é importante?

Como fazemos a ponte entre o coletivo e o indivíduo mantendo-nos autenticamente ligados?

O que é mais animador ao investir em treinamento psicológico para nossas equipes é que, assim que as ferramentas e estratégias estão enraizadas, o esforço é controlado a nível individual. Algo que entendemos como certo por muito tempo como líderes — e Senge concordaria — é que nossa equipe fica mais motivada quando faz escolhas por conta própria. Sinto que deveria caber a nós oferecer a capacitação e o treinamento pessoal e profissional, mas tudo se resume a deixar a escolha para cada pessoa; essa não pode ser uma decisão forçada.

Gostaria de dar destaque à próxima afirmação, porque é muito importante. Se eu estivesse falando pessoalmente com você, gritaria para causar impacto:

Você nunca pediria a uma pessoa para ser feliz se ela não quisesse ser.

O que isso significa?

Quero que cada pessoa compreenda primeiro o que a felicidade realmente significa para si mesma, e depois faça uma escolha ponderada sobre como chegar lá. É aqui que eu (e outros líderes) entro: para oferecer a educação e depois as ferramentas e o apoio necessários de uma forma autêntica.

Lembre-se, se o esforço for mal orientado e os resultados limitados, então sua estratégia de felicidade *não* vai funcionar. O desejo de realmente aumentar a felicidade em nossa equipe, e em nós, será a chave para entregar resultados melhores para todos os envolvidos.

Como aprendemos com Raj Sisodia no capítulo 5 ou Robert Emmons no capítulo 3, e com os muitos exemplos de pesquisa e estudos de caso ao longo do livro, uma estratégia de felicidade autêntica é a única estratégia de felicidade que funciona.

Embora as métricas puras, como aumento das vendas, pontuações mais altas no atendimento ao cliente ou produtividade elevada, sejam excelentes maneiras de demonstrar os benefícios de funcionários mais felizes e mais engajados, elas não podem ser a única maneira de determinarmos sucesso.

Eu criei um esquema simples chamado Modelo Prioritário H3 para ajudar a orientar a tomada de decisões à medida que as estratégias são desenvolvidas na organização. Estes guias podem determinar as práticas ou programas a serem implementados, os investimentos e parcerias a serem realizados e como desenvolvemos nossa marca, e podem funcionar como um filtro para o planejamento do orçamento. O H3 ajuda a assimilar uma estratégia de felicidade em todas as áreas do negócio, e não apenas em ilhas entre alguns departamentos ou regiões. Aqui estão as três considerações do modelo H3 em ordem de prioridade:

1 HERO: Nós fornecemos as ferramentas e o treinamento para indivíduos e equipes a fim de construir sua inteligência emocional. Promovemos uma cultura que é grata e orientada para o propósito, e integramos as habilidades HERO (*hope, efficacy, resilience* e *optimism* — em português: esperança, eficácia, resiliência e otimismo). Com isso, medimos, aprendemos e treinamos.

2 Felicidade (*happiness*): À medida que melhoramos estes traços, a nossa equipe se torna mais feliz. Os resultados da felicidade começam a aparecer na produtividade e no compromisso, nos valores partilhados e nas relações mais saudáveis no local de trabalho.

3 Avanço (*headway*): À medida que a felicidade aumenta, avançamos para os nossos objetivos — por exemplo, maiores vendas, melhor serviço ao cliente, aumento da produtividade etc. Só fazemos progressos reais quando priorizamos o HERO e a felicidade.

Figura 8.1

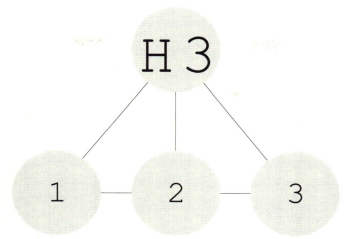

O estudo de caso da Coreworx no capítulo 4 discutiu a abordagem única da empresa ao lidar com as perdas no local de trabalho. A abordagem saudável da morte de um funcionário amado pelos colegas teve um impacto positivo na cultura da marca. Quero voltar à Coreworx, um ano depois, para compartilhar como eles percorreram o caminho do HERO para avançar e os consequentes resultados desse investimento estratégico.

Ray Simonson é o CEO e Laura Kacur é a vice-presidente de Recursos Humanos da Coreworx, uma empresa de software de gerenciamento de projetos com uma carteira de clientes avaliada em mais de 950 bilhões de dólares e presente em mais de quarenta países. Os dois líderes seniores preocupam-se profundamente com os funcionários e querem melhorar a experiência deles no trabalho. Para isso, queriam criar uma estratégia autêntica que se concentrasse na formação de um ambiente de trabalho mais feliz e com melhor desempenho como prioridade.

Como eles estavam notando mudanças de humor e os dados estavam apoiando seus palpites, duas preocupações-chave foram descobertas. Eles aprenderam que os funcionários estavam extremamente nervosos com a crise econômica na região, ela passava por uma perda significativa de empregos devido à queda do preço do petróleo. Todos os dias, clientes, amigos e até mesmo familiares dos funcionários eram demitidos. Não é raro que recessões econômicas criem incerteza e volatilidade, mas, neste caso, a Coreworx deveria concluir, a partir dos dados, que os seus empregados foram significativa e negativamente afetados por aquela.

Além disso, uma nova contratação para uma função de gestão não havia tido uma aclimatação bem-sucedida. Mesmo com o apoio da liderança sênior, essa pessoa não conseguira a credibilidade e o respeito da equipe. Mais uma vez, depois de aprender com sua equipe, a empresa tomou uma decisão difícil e retirou o gerente de sua função.

O que veio a seguir é crucial para enfatizar a importância de fazer perguntas à equipe mais de uma vez por ano, e o resultado disso para a saúde e felicidade do negócio.

A Coreworx afirmou claramente que esta forma de perguntar e agir se provou bem-sucedida. De um ponto de vista de resultados puros:

1 Aumentou a produtividade das equipes remotas — elas passaram menos tempo se preocupando e especulando sobre a segurança de seus empregos e puderam se concentrar novamente no trabalho.

2 Diminuiu/eliminou o risco de perder membros-chave da equipe por insatisfação com o gerente.

3 Os membros da equipe são altamente técnicos e demoram um mínimo de três a seis meses para se tornarem proficientes no software. Se utilizar um salário anual de 75 mil dólares apenas baseando-se no custo do treinamento, a estimativa é de uma economia de 18 mil a 37,5 mil dólares por funcionário. Obviamente, isso não inclui o tempo e o custo do processo real de recrutamento.

4 Observou-se um aumento nas pontuações das vendas, e a equipe se declarou satisfeita com o resultado, com a forma como os eventos foram tratados e com o impacto globalmente positivo.

A Coreworx é um exemplo excepcional de como a mudança pode ser continuamente medida e gerenciada. Outros podem não achar tão fácil, mas há razões para isso. A maioria delas diz respeito à nossa abertura para a mudança quando sentimos que estamos no controle. Tal como Senge observa, não queremos que seja algo forçado. O que a Coreworx fez tão bem foi recolher dados e feedback para implementar as mudanças em toda a organização, não apenas considerando um indivíduo ou mesmo um departamento ou região.

Dados são extremamente úteis para lidar com transformações porque, dessa forma, a lógica da mudança pode ser traduzida com fatos científicos. Ter instinto é importante para uma liderança forte, mas quando se trata de tomar uma decisão, como mandar alguém embora ou algo com o mesmo nível de seriedade, ter dados para respaldar essa escolha é muito útil.

Além disso, eles nos ajudam a envolver os nossos cérebros nas escolhas que os outros fazem por nós. Sentir segurança psicológica e ter confiança nos líderes que estão decretando as mudanças pode ser um fator decisivo sobre o quão bem, ou mal, a transformação será percebida.

Por que reagimos negativamente à mudança?

Como já mencionei, a transformação é constante, e, embora possamos pensar que gostamos da mudança e que o progresso é bom para a nossa aprendizagem e desenvolvimento geral, os nossos cérebros nem sempre se entusiasmam com essa perspectiva até que ela seja implementada.

A primeira resposta do cérebro à mudança é gerar um estado de dissonância cognitiva — o que significa que o cérebro registra um desconforto entre o que ele espera e o que precisa fazer (Hills, 2016). A sequência típica de eventos no nosso cérebro assemelha-se às seguintes fases:

1. Ativação da rede límbica à medida que o impacto da mudança é realizado.
2. Ativação do córtex pré-frontal para criar uma explicação racional para a mudança.
3. Exaustão dos recursos do córtex pré-frontal devido à gestão da reação emocional, o que muitas vezes leva a um estado mental inadequado e à perda de produtividade e foco.
4. Atividade cognitiva renovada à medida que novas habilidades comportamentais são dominadas e as vias neurológicas são religadas.
5. Novos comportamentos tornam-se habituais e residem nos gânglios basais.

Gestão do cérebro *versus* gestão da mudança

Agora que temos essa informação importante, podemos lidar com a gestão da mudança colocando a ciência do cérebro no centro das nossas estratégias e táticas. Uma dessas táticas, fundamental para passar com sucesso pelas fases citadas, é dividida em:

1. Estabelecer objetivos (para se sobrepor às reações habituais e emocionais).
2. Dar recompensas para ativar a liberação de dopamina e manter a motivação durante a fase de "recabeamento".

3   Reconhecer as reações emocionais.

4   Ajudar as pessoas a obter uma visão do que a mudança realmente significa para os indivíduos.

5   Ajudar as pessoas a criar uma imagem clara do seu papel durante a mudança.

6   Encorajar as pessoas a estabelecer objetivos claros para o futuro.

7   Reforçar e recompensar comportamentos dirigidos para estes objetivos.

8   Prestar atenção à forma como nós, como líderes, podemos diminuir uma resposta de ameaça e focar a criação de um ambiente gratificante.

Como a felicidade pode ajudar a lidar com a mudança?

De acordo com Emma Seppala, diretora de ciência do Centro de Pesquisa e Educação em Compaixão e Altruísmo da Universidade de Stanford e autora de *The Happiness Track* (Seppala, 2016), nosso estado de espírito é a chave para lidar com a mudança de uma forma saudável.

Em nossa entrevista, Emma Seppala ofereceu este conselho:

> Não podemos controlar as circunstâncias externas, e tudo muda constantemente, seja no trabalho ou em nossas vidas pessoais. A única coisa que podemos dizer é sobre o estado da nossa mente. É por isso que é tão importante cultivar a resiliência — a capacidade de gerar mais paz interior, de permanecer calmo diante do caos, de permanecer emocionalmente inteligente enquanto nos comunicamos com os outros apesar dos conflitos ou sentimentos feridos, de tomar boas decisões mesmo quando nos sentimos perturbados.

Após anos de consultoria com líderes e funcionários da Fortune 500 nas áreas de psicologia organizacional positiva, psicologia da saúde, psicologia cultural, bem-estar e resiliência, Emma Seppala aprendeu formas proativas de mitigar os efeitos negativos da mudança:

> Construa resiliência interna, seja através de meditação ou exercícios respiratórios, qualquer coisa que ajude a treinar seu sistema nervoso para ser mais firme e mais calmo, e seus pensamentos e emoções para serem menos avassaladores. Porque se nossa mente está bem, então tudo está bem, e nós podemos navegar pelos altos e baixos da vida.

Agora que investigamos o impacto da mudança em nossos ambientes de trabalho, por que estamos bem ou mal e a ciência de como nossos cérebros reagem à mudança, vamos discutir alguns exemplos de transformação típicos que acontecem dentro da maioria das organizações. No próximo capítulo, analisaremos uma pequena parte destas questões. Vamos iniciar o capítulo 9 vendo um dos maiores fatores de estresse no local de trabalho — a tecnologia. Sim, a tecnologia nos ajuda a fazer nosso trabalho de forma mais eficaz e eficiente, mas está nos esgotando, causando enorme ansiedade e, talvez até mesmo, nos viciando.

No capítulo 9, também analisaremos como aumentar a felicidade através da construção de uma cidadania global. E discutiremos como alguns líderes estão trabalhando para atingir objetivos bastante elevados, como dar a um bilhão de pessoas as ferramentas para viverem uma vida mais feliz. Analisaremos organizações comprometidas com práticas globais sustentáveis e como isso está vinculado a uma missão mais ampla de felicidade mundial; por exemplo, o que é praticado em empresas como a Google, que está numa missão de domínio global usando a simpatia como meio. Também irei apresentar Laurent Potdevin, CEO da Lululemon, ex-CEO da Burton and Tom's Shoes, que escalona as empresas em marcas globais fazendo o bem.

No entanto, antes de analisarmos todos os prós e contras para os nossos locais de trabalho em evolução, vamos dar um passo atrás e trabalhar na construção dos nossos hábitos. Abaixo estão recomendações de leitura e algumas atividades para começar.

Atividades

Abrace uma nova rotina

Aprenda a amar uma nova maneira de se comportar:

- Você usa um relógio todos os dias? Troque-o de pulso durante uma semana e veja como se sente.
- A sua rotina matinal é fixa? Mude isso. Coma primeiro e vista-se depois, ou vice-versa. Depois de uma semana, faça de forma diferente.
- Você tem um ritual no trabalho? Em vez de comer na sua mesa durante o almoço ou tomar café exatamente às 9h15 todos os dias, vá passear ou tomar um chá.

Seja qual for a mudança, não se esqueça de percebê-la. Escreva como se sentiu ao esquecer que seu relógio está no outro pulso ou o quanto você queria lavar o cabelo antes de comer torradas. Antes de ir para a cama à noite, escreva uma nota sobre esses pequenos inconvenientes. Então vá um passo além e imagine-se no lugar de um funcionário que acabou de ser transferido para outro escritório, ou de alguém que acabou de ser promovido. Todos supomos que mudanças como promoções ou novas oportunidades são fantásticas. No entanto, a mudança ainda é um desafio. Portanto, gaste algum tempo trabalhando na construção da empatia no que diz respeito a apoiar a sua equipe através da transformação — particularmente se você está prestes a contar a eles a nova estratégia de felicidade que será implementada. Você vai querer ter certeza de que estão prontos para esse nível de mudança, talvez incentivando-os a colocar o relógio de volta onde ele sempre esteve.

Como eu quero mudar para que outros também o façam?

De volta às perguntas e respostas. Isso vai ajudar a sua mente a contemplar como você quer transmitir a mudança e inspirá-la nos outros.

Escreva uma grande mudança que pode ou deve ocorrer na sua vida:

- Como pensar sobre esta mudança?
- Quais são as coisas boas que podem advir desta mudança?
- O que você teme sobre esta mudança?
- Como esta mudança afetará os outros em sua vida?
- Quem o apoiaria nesta mudança e como?
- Quais são os recursos disponíveis para você?
- Qual você acha que seria um momento apropriado para esta mudança?

Leitura recomendada

SENGE, P. *A quinta disciplina: Arte e prática da organização que aprende.* Best-seller, 2013.

SENGE, P. *The Dance of Change: The Challenges of Sustaining Momentum in Learning Organizations.* Nicholas Brealey Publishing, 1999.

SEPPALA, E. *The Happiness Track.* HarperOne, 2016.

9 Quer ter uma empresa global? Seja um cidadão global

Há vários anos, decidimos no Plasticity Labs que faríamos da nossa missão algo audaciosamente grande — dar a um bilhão de pessoas as ferramentas para viver uma vida mais feliz e saudável. Você provavelmente concordará que, embora não seja impossível, o objetivo é sublime e, se quisermos alcançá-lo, teremos que seguir um caminho para nos tornarmos uma empresa global.

Para chegar a esse ponto, é necessário mais do que apenas construir um grande produto — na realidade, isso deve ser nosso status quo. A diferença entre tocar um bilhão de vidas e qualquer coisa abaixo desse número será a forma como nos comportamos em nossa jornada. Esse esforço vive em todos os detalhes que formam uma empresa que queremos comprar ou para a qual queremos trabalhar.

Este objetivo significa que demos um passo a mais que os outros. Além de se tornarem marcas admiradas, as empresas que agem globalmente por serem cidadãs globais serão as administradoras de uma sociedade capitalista consciente e enquadrarão a economia de forma diferente das outras. Elas fazem escolhas muito ponderadas sobre como contratam, por que e para onde crescem, com quem se associam, que clientes querem atrair e como comunicam tudo isso — a sua marca — ao mundo.

Neste capítulo, continuaremos a discutir como a cidadania global formou os estilos de liderança de algumas das empresas mais reconhecidas do mundo. Através de estudos de caso e entrevistas, este capítulo nos ensinará como devemos nos comportar como cidadãos globais para construir as marcas mais admiradas.

Dimensões das marcas globais

Em 2002, Douglas Holt, antigo professor de Harvard e da Universidade de Oxford, e John A. Quelch, professor da Harvard Business School e da Harvard School of Public Health, juntamente com Earl L. Taylor, diretor marketing do Marketing Science Institute, realizaram um projeto de investigação em duas fases para compreender melhor como os consumidores de vários países valorizam as marcas globais (Holt et al., 2004a). O estudo foi baseado na pesquisa qualitativa que a Research International/EUA realizou dois anos antes, por meio de sessões de grupos de discussão com 1,5 mil consumidores urbanos entre 20 e 35 anos em 41 países, além de ativistas sociais em alguns países. A pesquisa ajudou a identificar quatro dimensões que os consumidores podem associar às marcas globais: sinal de qualidade, identidade global, responsabilidade social e "valores americanos".

Em fevereiro e março de 2003, A Research International/EUA realizou uma pesquisa quantitativa para calcular até que ponto as quatro dimensões influenciam as preferências de compra dos consumidores (Holt et al., 2004b). Para isso, ela desenvolveu múltiplas medidas para cada uma das dimensões e administrou a pesquisa em doze locais: Brasil, China, Egito, França, Índia, Indonésia, Japão, Polônia, África do Sul, Turquia, Reino Unido e Estados Unidos. Esses países foram selecionados porque variavam em termos de desenvolvimento econômico, geografia, patrimônio religioso e história política. Em cada país, os participantes eram consumidores entre 18 e 75 anos de idade, escolhidos ao acaso.

Para testar a influência das dimensões globais no comportamento de compra, foi pedido aos entrevistados que escolhessem entre três marcas globais concorrentes em seis categorias de produtos. Eles acabaram com a seguinte lista de marcas: Nokia, Motorola e Samsung em telefones celulares; Mercedes-Benz, Ford e Toyota em automóveis; BP, Shell e Exxon Mobil em gasolina; Dannon, Nestlé e Kraft na categoria de alimentos industrializados; e Nike, Reebok e Adidas em roupas esportivas.

Os entrevistados também deviam revelar suas preferências, dividindo onze pontos entre as três marcas de cada categoria. Os pesos foram determinados para cada uma das dimensões globais, adaptando-se a medida em que cada fator explicava as preferências da marca.

O estudo revelou que as empresas globais exercem uma influência extraordinária, tanto positiva como negativa, sobre o bem-estar da sociedade. As pessoas esperam que as marcas abordem problemas sociais ligados ao que vendem e à forma como conduzem os seus negócios. A equipe de pesquisa descobriu que os consumidores "votam com os seus talões de cheques". Cinquenta e cinco por cento dos entrevistados estavam menos inclinados a comprar de organizações globais que não atuam como agentes de proteção da saúde pública, dos direitos dos trabalhadores e do meio ambiente.

A pesquisa também descobriu que quando as empresas são autoras de ideias não muito convincentes, suas marcas podem ser dramaticamente prejudicadas.

Um forte exemplo dessas fontes enganosas é a campanha "Beyond Petroleum" da BP, que posicionou a empresa como amiga do meio ambiente. Para muitos, a campanha foi, na melhor das hipóteses, falsa e fraudulenta. A maior parte do retrocesso resultou do investimento da BP em operações petrolíferas extrativas, que, comparado com o seu investimento em energias renováveis, foi nominal. Só naquele ano, a BP gastou 45 milhões de dólares para comprar uma empresa de energia solar e 26,5 bilhões de dólares na ARCO para expandir sua carteira de perfuração de petróleo (Landman, 2010). Depois, com o enorme derramamento de petróleo no Golfo do México, a empresa foi acusada de "lavagem verde" e rapidamente reformulou a campanha.

Também vemos este alinhamento de marcas refletido em um caso reverso. Veja o exemplo da TOMS Shoes.

ESTUDO DE CASO TOMS Shoes

Blake Mycoskie fundou a TOMS depois de perceber as dificuldades durante as suas viagens pela Argentina. Querendo ajudar, ele prometeu construir uma empresa com o capitalismo consciente em mente. Nasceu o modelo de negócio One for One® e um movimento global.

Combinando a compra de um par de sapatos por um consumidor à doação de um par de sapatos para uma criança necessitada, a TOMS Shoes já forneceu mais de cinquenta milhões de pares. E, devido ao sucesso do modelo One for One na linha de sapatos, outros produtos seguiram esse formato. A TOMS Eyewear devolveu a visão para mais de 360 mil pessoas em todo o mundo; a TOMS Roasting Company ajudou a fornecer mais de 250 mil semanas de água limpa desde o seu lançamento em 2014; e, em 2015, a TOMS Bag Collection foi fundada com a missão de ajudar a fornecer treinamento para parteiras e distribuir kits de parto, contendo itens que ajudam uma mulher a dar à luz com segurança.

Mas também há riscos. Quando uma empresa é vista como doadora, ela se abre à crítica pública. Alguns blogueiros e veículos de mídia questionaram se a TOMS estava ajudando ou atrapalhando as pessoas que recebiam seus sapatos gratuitos. De acordo com os críticos, a abordagem da TOMS pode ser prejudicial para as comunidades a que serve, ao reduzir os preços dos lojistas locais de calçado e inundar o mercado com produtos gratuitos. Contudo, um estudo recente sobre a

TOMS sugere que o seu impacto negativo real nos mercados locais é pequeno a curto prazo.

Os pesquisadores Bruce Wydick, Beth Katz da Universidade de São Francisco e Felipe Gutierrez da Faculdade de Medicina da Universidade do Arizona, juntamente com vários alunos de mestrado e coordenadores de trabalho de campo, partiram para El Salvador para realizar um teste controlado envolvendo 1.578 crianças de 979 lares em dezoito comunidades rurais (Wydick, 2015). Eles usaram dados como ponto de partida, depois deram às crianças de seis a doze anos um par de sapatos TOMS em metade das comunidades. Esperaram alguns meses e fizeram uma nova pesquisa. Eles faziam duas perguntas principais:

1 A oferta de sapatos TOMS teve um impacto negativo nos mercados locais ao roubar os clientes locais?
2 Quais são os impactos das doações de sapatos para as crianças que as recebem?

A primeira pergunta não forneceu dados estatísticos significativos para dizer que havia um impacto negativo.

A segunda pergunta era obviamente mais importante. Os pesquisadores coletaram dados sobre uma ampla gama de resultados: frequência escolar, saúde geral, saúde dos pés, impactos psicológicos e alocação de tempo entre uma série de atividades das crianças, incluindo escolaridade, deveres de casa, tempo de lazer, tarefas domésticas, assistir à TV, comer e dormir. A equipe de cientistas também perguntou às crianças se elas usavam os sapatos e se gostavam deles. Noventa e cinco por cento das crianças de El Salvador tinham uma impressão favorável dos sapatos e os usavam muito: 77 por cento os usavam pelo menos três vezes por semana, e a resposta mais comum era que os usavam todos os dias. Então o mito de que as crianças simplesmente jogavam fora as doações depois de recebê-las foi provado falso pela pesquisa.

No entanto, os pesquisadores também aprenderam que as crianças que recebiam os sapatos estavam significativamente mais propensas a concordar com a afirmação que "os outros devem suprir as necessidades da minha família" e menos propensas a dizer que "a minha família deve suprir as próprias necessidades".

O mais significativo no estudo foi a resposta da TOMS aos resultados. A empresa, que contratou os pesquisadores para entender melhor onde estavam acertando e onde estavam errando em seus programas de doação, foi completamente transparente sobre os resultados. Talvez seja por isso que a TOMS continue sendo uma marca global amada — ela mostrou humildade.

Wydick diz:

> *A TOMS é talvez a organização mais sagaz com que qualquer um de nós já trabalhou, uma organização que se preocupa verdadeiramente com o que está fazendo, procura resultados baseados em provas e está empenhada em reorientar a natureza da sua intervenção de modo a maximizá-los ... Em resposta à questão da dependência, a TOMS quer continuar a dar sapatos às crianças como recompensa pela frequência e o desempenho escolar.*

Os pesquisadores também comentaram o quanto a empresa estava comprometida com a transparência. "Pelo nosso acordo, eles poderiam ter escolhido permanecer anônimos no estudo, mas não o fizeram", diz Wydick.

Sempre haverá críticos, mas o que aprendemos com este exemplo é que, para criar uma empresa global crível, seus esforços de responsabilidade social devem ser autênticos e orientados para o propósito, e não apenas uma manobra de relações públicas. Você também deve demonstrar um verdadeiro compromisso de permanecer fluido e aberto à mudança. Deve se preocupar autenticamente que os seus esforços filantrópicos estejam fazendo o bem do jeito correto. Para construir uma programação socialmente consciente e sustentável e envolver-se com ela em todo o mundo, sua organização deve ir além da "regra de ouro" e seguir a uma regra maior, ou seja, não tratar os outros como você deseja ser tratado, mas tratá-los como desejam ser tratados.

E, acima de tudo, para efetuar mudanças, é preciso correr riscos. Se quiser mudar o mundo, você será aplaudido e escrutinado ao mesmo tempo. Por isso, prepare-se. Mudar o mundo é difícil. Mas eu acredito que vale a pena.

A busca do propósito versus a busca do lucro

De acordo com milhões de respostas que recebemos no Plasticity Labs sobre o que inspira as pessoas no trabalho, aprendemos que o propósito é fundamental para mobilizar o engajamento. As empresas mais bem-sucedidas sabem como inserir o propósito em tudo o que fazem e proliferar esse significado em todas as suas organizações.

Sherry Hakimi, fundadora e CEO da Sparktures, disse: "O propósito é um ingrediente-chave para uma cultura organizacional forte, sustentável e escalável. É um elemento nem sempre observado, mas sempre presente, que impulsiona uma empresa. Pode ser um ponto de partida estratégico, um produto diferenciador, e algo que atrai organicamente usuários e clientes." (Hakimi, 2015)

Hakimi destacou a Seventh Generation, uma empresa de bens domésticos bastante relevante e com a reputação de ser uma das principais empregadoras de millennials. A empresa traduz o seu desenvolvimento de produtos verdes e sustentáveis num movimento que vai além do papel higiênico e das soluções de limpeza.

Hakimi também mencionou a Acumen, um fundo de investimento sem fins lucrativos cujo processo de recrutamento se baseia na identificação de pessoas que compartilham o propósito da organização. A Acumen pede aos candidatos que respondam a uma série de perguntas relacionadas ao cargo, mas concentram-se no "porquê" em vez do "como".

Com sede em Nova York, a Etsy é outro exemplo de empresa com fins lucrativos que promove uma cultura de propósito. Ela tem um certificado B-Corp, que é descrito como "O B-Corp é para as empresas o que a certificação Fair Trade é para o café ou a Certificação Orgânica USDA é para o leite". Basicamente, o certificado B-Corp é dado a empresas com fins lucrativos certificadas pelo B Lab, que não tem fins lucrativos, por atender a rigorosos padrões de desempenho social e ambiental, responsabilidade e transparência.

No compromisso com este padrão, a Etsy oferece cursos gratuitos de empreendedorismo para usuários subempregados e desempregados e auxilia na criação de uma loja na plataforma Etsy. Obviamente há um ganho para todos nesta parceria. A empresa acrescenta mais vendedores enquanto apoia as economias locais, oferecendo às pessoas subempregadas uma chance de criar renda suplementar. A Etsy é um excelente exemplo de uma empresa de inovação social com fins lucrativos que também está considerando as implicações sociais de seus esforços comerciais. E a B-Corp é a infraestrutura que está tentando unir o crescente número dessas empresas e seus esforços para que outras possam seguir o exemplo mais facilmente e com maiores níveis de apoio e processo.

Finalidade ou regalias?

Embora muito tenha sido escrito sobre a cultura da Google, que é orientada para as vantagens, o ingrediente mais significativo do sucesso da empresa é a sua clara missão: organizar a informação do mundo e torná-la universalmente acessível e útil. Cada produto desenvolvido pela Google tem como objetivo aproximá-la um pouco mais do cumprimento dessa meta.

Mas por que a Google é tão bem-sucedida em permanecer com sua missão, atrair, reter e cativar os melhores talentos?

Uma palavra: simpatia.

É verdade que os funcionários trabalham em alguns dos projetos mais legais do mundo. E essas regalias incríveis são reais. Os empregados gostam da massagem terapêutica no local, das lavanderias que recolhem a roupa suja e a entregam limpa, das bicicletas emprestadas e dos almoços feitos pelos melhores chefs da cidade. Mas, no final, a questão que fica é esta: por que os empregados permanecem na Google e continuam apaixonados pelo que fazem todos os dias? A resposta é que as regalias ajudam, mas não são tudo.

A Google queria entender a própria receita secreta. Por que os seus funcionários eram mais felizes?

Para isso, a empresa construiu uma equipe para descobrir a resposta. O Projeto Aristóteles levou vários anos e incluiu entrevistas com centenas de funcionários e dados que analisaram pessoas em mais de cem equipes ativas na empresa (Mohdin, 2016).

O resultado?

Segurança psicológica, um modelo de trabalho em equipe no qual os membros acreditam que é seguro correr riscos e compartilhar uma série de ideias sem ter medo de serem humilhados.

Já discutimos a segurança psicológica, ou a falta dela, em outros capítulos. Por exemplo, analisamos como os espaços de trabalho de design aberto podem, por vezes, dificultar a segurança psicológica e como as fofocas positivas e negativas podem alterar os seus níveis.

Esse termo foi cunhado pela professora Amy Edmondson, da Harvard Business School, que, como estudante de pós-graduação, ficou surpresa ao saber que equipes com melhor desempenho pareciam cometer mais erros. Ela percebeu que as melhores equipes admitiam os erros e os discutiam com mais frequência. Basicamente, o que distinguiu as equipes com melhor desempenho foi um clima de abertura (Lebowitz, 2015).

De acordo com Aamna Mohdin, repórter da *Quartz*, a atitude orientada pelos dados da Google apontou algo que "os líderes do mundo dos negócios já sabem há algum tempo: as melhores equipes respeitam as emoções uns dos outros e estão conscientes de que todos os membros devem contribuir para a conversa de forma igual. Tem menos a ver com quem faz parte da equipe e mais com a forma como os membros da equipe interagem entre si" (Mohdin, 2016).

Na minha entrevista com Steve Woods, presidente da Google Canadá, ele compartilhou uma perspectiva única sobre a sua bem-reconhecida e altamente considerada cultura:

> A Google é um ótimo lugar para se trabalhar por muitas razões. Nós trabalhamos em grandes coisas, mas, acima de tudo, é graças às pessoas. As pessoas na Google são incríveis e é fácil perceber isso, mas realmente somos um grupo unido e pensamos de maneiras interessantes. O trabalho não é um lugar para onde temos de ir todos os dias, é um lugar para onde queremos ir.

E assim a Google descreveu a segurança psicológica como o fator mais importante para a construção de uma equipe de sucesso.

Acho que as pessoas simpáticas se dão melhor.

Na economia de hoje, impulsionada pela tecnologia e em rápida evolução, as empresas de sucesso são construídas não a partir do zero, mas a partir do objetivo.

E há um número crescente de executivos que fazem essa escolha todos os dias pelas razões certas com um pagamento saudável. Eles não só estão assumindo uma maior responsabilidade social, como também estão expandindo algumas das marcas mais relevantes da história moderna.

Aqui está uma dessas pessoas.

Laurent e a Lululemon

Laurent Potdevin é o CEO da Lululemon, uma empresa com um histórico de liderança global e a capacidade de expandir e escalonar seus produtos. Eu mal podia esperar para conhecer a pessoa que estava liderando a mudança de paradigma de felicidade dentro da organização. A sua defesa da felicidade em todas as áreas da empresa é abrangente, desde a relação com o seu pessoal e as relações entre os funcionários, até a forma como envolve a alma e a paixão dos clientes (a quem chama de "convidados"). A felicidade é um elemento-chave para a autêntica marca Lululemon.

Entrevistei Laurent em seu escritório em Vancouver. Havia uma prancha de snowboard encostada na parede atrás dele, ao lado de uma cadeira coberta de amostras de tecidos e desenhos de materiais. A justaposição das suas duas paixões, descansando lado a lado, me fez sorrir. Ele não é o tipo de pessoa que deixa de lutar por seus objetivos. Naquele momento, Laurent tinha alcançado um desses objetivos dez anos antes do previsto: surfar no tubo de uma onda. Ah, além disso ele fez um bilhão de pessoas mais felizes.

Soa familiar? Quando ouvi que a nossa missão de dar a um bilhão de pessoas as ferramentas para viver uma vida mais feliz e de melhor desempenho estava tão alinhada com a missão Lululemon — fazer de um bilhão de pessoas as mais felizes do planeta —, não acreditei. Para mim, isto prova que quando você está seguindo autenticamente seu caminho estratégico, cria as conexões mais incríveis. Quer a sua empresa seja uma marca global ou uma startup em crescimento, estar claramente ligado à sua missão garante o envolvimento das pessoas certas para o seu trabalho, seus projetos e, inevitavelmente, seu sucesso. Naquele momento, o termo sincronicidade ganhou muito sentido para mim. Quando você se compromete a dar aos outros uma vida mais feliz, encontra as mais fascinantes pessoas trabalhando nisso; pessoas apaixonadas, focadas e altamente alinhadas aos seus objetivos.

Esta mesma sincronicidade ocorreu em minhas discussões com Laurent, que estava liderando a Lululemon para impulsionar tanto a grandeza quanto a felicidade das pessoas em todo o mundo.

Anteriormente com a Burton e com a TOMS, e naquele momento na Lululemon, Laurent move as empresas que lidera em direção a um novo tipo de globalização. Ele não está apenas escalonando produtos físicos, mas também reputação, ethos e cidadania global, características únicas de algumas poucas marcas de grande sucesso.

Ele começou sua carreira em 1991 na LVMH Moët Hennessy Louis Vuitton, trabalhando em operações para Michael Burke. Ele foi então recrutado em 1995 pela Burton, uma empresa de snowboarding sediada em Vermont. Laurent ocupou vários cargos ao longo dos seus quinze anos na empresa, incluindo o de diretor de operações, além de CEO e presidente de 2005 a 2010. Ele supervisionou uma expansão significativa da marca, que viu a imagem do snowboarder se transformar de "adolescente rebelde usuário de drogas" para "atleta olímpico". Depois de deixar a Burton, Laurent assumiu o papel de presidente na TOMS. Antes de conhecer a filantropia na TOMS, ele achava que isso era apenas "ir a um jantar usando terno e gravata e participar de leilões de caridade", mas num período muito curto ele percebeu que o seu papel tinha um propósito maior. De repente, ele não era apenas um CEO, mas também alguém que podia influenciar e decretar mudanças reais e significativas no mundo.

"Não se tratava de resolver todos os problemas do mundo na TOMS, mas realizamos muito bem o que fizemos" (Sherman, 2016).

Trabalhar na TOMS seria um verdadeiro despertar para Laurent e transcenderia ainda mais o seu estilo de liderança ao assumir a marca Lululemon. Sob sua direção, as ações da empresa aumentaram, a relação com a mídia continuou sendo muito positiva, e, desde fevereiro de 2016 o crescimento médio das vendas de cinco anos passou a girar em torno de 31 por cento. A empresa é uma das designers e varejistas de vestuário técnico esportivo com crescimento mais rápido em todo o mundo.

Eu queria entender como isso aconteceu.

Construção da equipe olímpica

Laurent não assumiu um cargo sem desafios. Como em qualquer organização global, uma troca na liderança cria expectativas imediatas, e muitas vezes irreais, de que o novo líder será ou diferente ou igual àquele que está substituindo. Eu queria entender como Laurent continuou a perseguir objetivos aparentemente elevados enquanto sob enorme pressão dos acionistas, e como, inevitavelmente, alcançou suas expectativas com compaixão e consciência.

Em uma das reuniões estratégicas, Laurent se viu em uma reunião do conselho de administração debatendo com um conhecido executivo de Wall Street o valor de uma organização orientada por propósitos e missão. O executivo argumentou que a alma leva à falência. Porém, Laurent discordou enfaticamente. "Quanto mais propósito tiver, mais lucrativo será. E é essa a magia."

Ao definir como a construção de equipes influencia a favor do crescimento, ele teve uma abordagem única e pragmática para construir uma superequipe. Apreciei tanto a sua resposta que adotei o conceito na minha abordagem de construção no Plasticity Labs. Laurent descreve o conceito de construir uma "equipe olímpica". Talvez, tendo se inspirado no seu tempo na Burton, onde estava envolvido em fazer do snowboarding um esporte olímpico oficial, Laurent explicou que a diferenciação entre atletas e familiares é essencial para a construção das equipes de maior desempenho. "É fácil referir-se à sua equipe como família, mas não somos uma família e não me importo com isso. Antes de qualquer coisa, estamos nos escolhendo, e não é amor incondicional, há uma expectativa de desempenho. Então é uma equipe olímpica que se dá muito, muito bem".

Isto fez sentido para mim porque eu concordo inteiramente com ele. No trabalho, escolhemos as pessoas, e isso traz condições. Como acredita Laurent: "Se você deseja tocar a vida de um bilhão de pessoas, há uma expectativa real de desempenho."

Quando Laurent partilhou como constrói as suas equipes olímpicas, lembrei-me como a nossa pesquisa sobre felicidade e alta performance se cruza claramente com as suas práticas intuitivas de liderança. Começando sempre por cultura, química e inteligência emocional (IE), Laurent está convencido de que vai encontrar o melhor ajuste ao priorizar os traços da IE.

No Plasticity Labs, nós concordamos.

Por que precisamos contratar um HERO?

Como já mencionei nos capítulos anteriores, quando analisamos os benefícios da alta inteligência emocional, especificamente com os traços HERO (esperança, eficácia, resiliência, otimismo), conseguimos correlacionar essas características com o desempenho em um amplo conjunto de métricas. Por exemplo, os funcionários com HERO alto experimentarão maior envolvimento e produtividade, procrastinarão menos, oferecerão um serviço ao cliente de melhor qualidade e serão mais motivados para a comunidade no local de trabalho.

Para Laurent, com a mentalidade comunitária e a cidadania global como medida de sucesso, sua estratégia de contratação está bem definida.

Para uma rápida recapitulação dos benefícios do HERO, é assim que acontece:

- Esperança (*hope*): Os funcionários com muita esperança tendem a ser melhores na resolução de problemas e em brainstormings criativos, e veem suas soluções como opções viáveis a serem consideradas. A cultura de inovação é um tema em voga nos dias de hoje; portanto, construir esperança é fundamental para aumentar a inovação e resolver problemas grandes e pequenos.

- Eficácia (*efficacy*): Ter funcionários eficazes geralmente significa que o seu pessoal é eficiente e sente-se capacitado para fazer um trabalho de alta qualidade. Também concede às pessoas uma mentalidade de crescimento, o que significa que elas estão abertas e acreditam na mudança e na aprendizagem.

- Resiliência (*resilience*): A resiliência é importante para os funcionários de vendas e atendimento ao cliente, pois lhes permite ouvir o "não" e continuar até a entrega da venda ou até proporcionar satisfação ao cliente. Ter empregados resilientes é incrivelmente importante quando o trabalho é mais difícil, porque eles perseveram e não ficam estagnados. A resiliência é também um atributo-chave para aqueles que conseguem lidar bem com mudanças. Se você tem uma organização em rápido crescimento ou uma empresa que está em constante mudança, a resiliência é uma característica importante em uma nova contratação.

- Otimismo (*optimism*): O otimismo é importante para a felicidade e o desempenho, pois representa uma perspectiva geralmente positiva para o futuro. O que procuramos aqui não é o otimismo cego, mas um foco positivo, quando alguém acredita que, se continuar tentando, será bem-sucedido. Empregados otimistas supõe que as coisas estão indo em uma boa direção e têm menos probabilidade de pensar o pior sobre seus colegas de trabalho, a organização ou um cliente. Este comportamento é muito fácil de detectar e representa o tipo de pessoa com quem a maioria deseja trabalhar.

Equipes com inteligência emocional, fortes nos traços HERO, possuem a mentalidade de crescimento que guia a visão e o estabelecimento de metas, um atributo fundamental da cultura Lululemon.

Ao longo das minhas muitas interações com os empregados da Lululemon, testemunhei em primeira mão os traços HERO em ação. Desde a primeira vez que cheguei à sede para me encontrar com a equipe, reparei no desempenho verdadeiramente elevado de todos, desde a pessoa que me recebeu à porta ao meu primeiro encontro com Joanna Reardon, uma estrategista que trabalha no futuro da Lululemon. Joanna também está altamente envolvida na condução da discussão sobre a felicidade na empresa, e se esforça para entender como isso se encaixa no mundo, como essa motivação intrínseca pode ser comunicada externamente e, finalmente, como tudo isso se liga à experiência do cliente. Por causa de seu papel, ligando esses tópicos aos vários departamentos e pessoas, ela pode traduzir a interseção da felicidade para o propósito Lululemon.

Depois de trabalhar com Joanna, decidi que cada funcionário de cada empresa deveria ter alguns dias afastados de sua socialização organizacional para determinar como a felicidade poderia se cruzar com seus cargos, suas equipes, suas organizações e, mais além, suas vidas. Enquanto Joanna me mostra a sede em Vancouver, ficava evidente que ela compreendia como cada parte daquele lugar poderia contribuir não só para a felicidade geral da empresa, mas também para o seu dia a dia no trabalho; e que a Lululemon apoiava um lugar de segurança psicológica onde ideias inovadoras e arriscadas podem ser partilhadas em meio a uma comunidade que quer ser a sua melhor versão.

Para além do local de trabalho — construindo uma comunidade global

Como propósito e produto andam de mãos dadas para Laurent, ele guia constantemente a forma como constrói a sua equipe. Ele também é direto sobre como a Lululemon se tornará mais bem-sucedida. De seus dias na construção de comunidades de snowboarders na Burton, passando pela construção de comunidades de doações na TOMS e chegando a esse momento, construindo uma comunidade de atletas apaixonados na Lululemon, Laurent defende que reunir tribos de indivíduos com mentes semelhantes e socialmente conscientes serve a um propósito:

> É impossível resolver todos os problemas do mundo, então seja apaixonado por algo, certifique-se de que você pode ser realmente bom no que ama e não espere até que tudo esteja perfeito para começar, apenas comece a agir. Fazer o bem é um trabalho duro,

nunca será perfeito e as pessoas vão adorar criticá-lo, mas você vai melhorar com o tempo, desde que esteja realmente concentrado em seu objetivo.

Esse pensamento de comunidade foi um fio condutor de muitas das minhas conversas com líderes fortes e motivados por objetivos. Era revelador o entusiasmo de Laurent por projetos pelos quais era apaixonado, como o seu trabalho no Haiti, o lugar que ele mais visitou no mundo ao longo de décadas de viagem a trabalho. Podia-se sentir a frustração em sua voz enquanto ele descrevia o que é tentar promulgar uma mudança real numa parte do mundo que há muito tem sido ignorada. Ele começou a ir ao Haiti quando estava na TOMS para fornecer sapatos para crianças, mas em sua primeira viagem percebeu o nível de pobreza do país, tão perto de Miami e ainda assim negligenciado. Ele sabia que podia construir um negócio enquanto criava empregos para os pais das crianças, o que, ele acreditava, ajudaria dramaticamente as famílias mais pobres e em maior vulnerabilidade.

> Esta é a beleza do modelo, o bem que você faz o leva a realizá-lo da melhor maneira possível: quanto mais propósito, mais lucro. E posso visualizar como alcançaremos o nosso objetivo de fazer um bilhão de pessoas mais felizes. Na Lululemon, o propósito é evoluir o mundo da mediocridade à grandeza. Essa grandeza vem quando nos agarramos a nós mesmos e uns aos outros em nosso maior potencial.

Hoje, Laurent e a sua equipe na Lululemon estão colocando em prática o princípio "fazer bem fazendo o bem" com o Here To Be, um programa de impacto social construído sobre uma ideia simples: a de que todos têm o direito de ser feliz. "Nós acreditamos, e a ciência nos apoia, que a yoga, a meditação e o suor são ferramentas poderosas para construir resiliência, dando acesso à calma dentro de cada um de nós", explica Laurent.

> Acredito que a Lululemon é a melhor do mundo em ajudar as pessoas a alcançar seu potencial máximo, e a Here To Be é sobre compartilhar essa capacidade de forma generosa e inclusiva em

comunidades carentes e vulneráveis, onde o estresse crônico pode ter efeitos devastadores. Não podemos combater as causas do estresse, mas podemos ajudar as pessoas a construir a resiliência de que necessitam para enfrentar os percalços da vida.

As organizações parceiras representam comunidades marginalizadas em todo o mundo — veteranos feridos, adolescentes em risco, homens e mulheres encarcerados e pessoas empobrecidas —, compartilhando um compromisso de mudança transformadora através da yoga, da meditação e do suor. E uma vez que a Lululemon sempre esteve neste campo, há um compromisso e foco renovado sob a sua liderança que energiza a organização e cria um efeito cascata de felicidade.

Nos últimos minutos da minha entrevista com Laurent, quando começamos a falar sobre o que o faz verdadeiramente feliz, ele disse:

> Este é o trabalho dos sonhos — a Lululemon lidera o mercado com inovação. É tudo impulsionado pelo atletismo e pelos atletas, e depois por todos os impactos sociais. Acho que o meu legado aqui é ver a empresa evoluir ao ponto de termos criado algo tão poderoso que não se trata mais de mim. É maior do que eu. Tocar a vida de um bilhão de pessoas é um objetivo grande e complicado, mas isso me faz muito feliz.

No próximo e último capítulo, vamos discutir o futuro da felicidade e explorar as possibilidades da inteligência emocional, da ciência cerebral e da inteligência artificial. Indo até 2020 e além, veremos como as inovações de hoje se desenrolarão amanhã.

Este será o último capítulo com atividades. Por isso, se ainda não tentou nenhuma das anteriores, comece agora. Fique à vontade para voltar a qualquer momento e começar do início. Ou, se você já concluiu as atividades uma vez, vá em frente e faça-as uma segunda, terceira, quarta vez. Não será demais, e elas precisam mesmo ser repetidas para que você possa continuar a expandir seus limites de desenvolvimento pessoal e profissional.

Atividades

Deixe ir embora

Mudar o mundo é difícil. Se queremos ter grandes objetivos, precisamos estar abertos às críticas e sentir-nos confortáveis com a iteração de nossas estratégias. Na liderança, o ego pode ser altamente destrutivo. Nas histórias anteriores, os maiores exemplos de liderança forte foram resultado de humildade, crítica e abertura à aprendizagem. As próximas duas atividades são treinamentos sobre como abandonar as estratégias que não estão funcionando e aprender por que não funcionaram, para assim evitar repeti-las.

Embora seja útil focar nas estratégias que são eficazes para nos ajudar a ultrapassar tempos difíceis, analisar aquelas que não foram eficazes ou benéficas pode ser igualmente importante. Às vezes, abandonar uma estratégia é a melhor maneira de avançar, pois quanto mais eficazes forem as suas estratégias de resolução de problemas, mais você conseguirá superar os obstáculos.

1. Liste e descreva duas estratégias que você tentou no passado que não foram úteis ou até mesmo tenham sido prejudiciais.
2. Agora, reflita sobre esses dois eventos e analise quais mecanismos de enfrentamento acabaram sendo mais bem-sucedidos.
3. Escreva o que fez essas estratégias serem mais eficazes que aquelas que não funcionaram muito bem.

Reenquadrar

Todos nós experimentamos desafios. Mudar a forma como pensamos sobre situações desafiadoras pode nos proteger das emoções negativas e do estresse associado a esses sentimentos.

Também pode nos tornar menos propensos à decepção e mais capazes de nos recuperarmos rapidamente quando voltamos a nos deparar com tempos desafiadores. Pode ser difícil ver os pontos positivos quando estamos enterrados em estresse, mas com a prática e a construção da nossa aptidão psicológica, nos tornamos mais cientes do que é positivo à nossa volta.

1. Para começar, descreva uma situação ruim que você experimentou no passado.

2. Agora, imagine que você tenha que olhar para este evento com gratidão. Isso pode parecer desafiador, para alguns até impossível, mas comece de forma simples. Imagine um ponto positivo em sua vida atual que não seria possível sem esse evento negativo.

3. À medida que a sua lista de benefícios cresce, você pode começar a reenquadrar esse desafio como uma oportunidade.

Esta atividade pode ser associada a qualquer evento desafiante ou estressante. Com o tempo, você pode reenquadrar a maioria das suas memórias negativas. Embora isso não signifique que seu estresse não era real ou que não deveria ser reconhecido, o que muda é que ele não mais terá um impacto negativo sobre seu eu presente e futuro.

Leitura recomendada

MYCOSKIE, B. *Start Something That Matters*. Spiel & Grau, 2012.
GOLEMAN, D.; KABAT-ZINN, J; TAN, C. *Search Inside Yourself: The Unexpected Path to Achieving Success, Happiness (and World Peace)*. HarperOne, 2012.

Veja!

EDMONDSON, A. "How do you build psychological safety?" TED, 2014 Disponível em: <http://tedxtalks.ted.com/video/Building-a-psychologically-safe->.

O futuro da felicidade 10

Nós conseguimos. Muito obrigada por ter me acompanhado neste passeio. Espero que tenha sido tão divertido para você como foi para mim.

Analisamos a felicidade no trabalho a partir de uma gama de perspectivas e agora estamos perto do fim dessa discussão. Antes de concluirmos, quero estudar o futuro da felicidade neste capítulo. Nas próximas páginas, analisaremos o que nos aguarda nas áreas de pesquisa, política, mudanças no local de trabalho e compreensão científica.

Nas minhas conversas, passo um tempo considerável descrevendo o que está reservado para a felicidade no local de trabalho e para além dele. A quantidade de pesquisas inovadoras e verdadeiramente excitantes pode ainda não ser de conhecimento geral, mas como continuamos a desenvolver nossa curiosidade e a investir em aprendizagem, é apenas uma questão de tempo até que vejamos a educação acerca da felicidade se enraizar nas organizações e, inevitavelmente, em nossas vidas.

Minha esperança é a de que este último capítulo seja uma forma provocadora e esclarecedora de terminar um tema já divertido. Vamos começar.

Humanizando o supercomputador

Cientistas japoneses já construíram um supercomputador que imita a rede de células cerebrais. Para isso, simularam uma rede constituída por 1,73 bilhões de células nervosas ligadas por 10,4 trilhões de sinapses. Foram necessários quarenta minutos para completar a simulação de um segundo de atividade da rede neuronal em tempo real e biológico (Van Rijmenam, 2016).

No futuro, poderemos obter respostas a perguntas que nunca pensamos em fazer. O grupo de consultoria Kjaer Global, sediado em Londres, prevê tendências potenciais para ajudar as empresas a navegar no futuro. A "Global Key Trends 2020" identificou alguns conceitos fascinantes para a nossa força de trabalho em desenvolvimento (Kjaer, 2013).

De acordo com a pesquisa, neste nível de conectividade a aprendizagem será inspirada por:

> redes neurais artificiais e evolução na realidade aumentada. Isto permite enormes oportunidades em todas as áreas da vida: política, educação, mídia, saúde, comércio e lazer. A internet logo estará conectada a tudo, incluindo nossos cérebros — permitindo a decodificação rápida e precisa de informações multicamadas.

A Gartner, Inc. entende que, desde 2016, 6,4 bilhões de coisas estão conectadas no mundo. Neste caso, "coisas" refere-se ao termo Internet das Coisas, que é, segundo o "glossário de TI" (Gartner.com, 2016): "A rede de objetos físicos que contêm tecnologia incorporada para comunicar e sentir ou interagir com os seus estados internos ou com o ambiente externo."

À medida que essa conectividade neuronal aumenta, a comunicação entre nós, nossos funcionários e nossos clientes exigirá uma conexão ainda mais emocional e cheia de nuances.

Por quê?

Porque teremos aperfeiçoado a capacidade de detectar mentiras.

Quer saber por que continuo dizendo que a autenticidade importa? Bem, imagine que, dentro de dez anos, todos saberão se você fala a verdade ou não.

Parece assustador? Ou empolgante? Talvez um pouco de ambos?

Kjaer prevê que o consumo consciente guiará os modelos de negócio do século XXI. Como consumidores, procuraremos contar histórias conectadas e relevantes que tragam significado cultural, autenticidade e diferenciação. Buscaremos produtores e mão de obra locais. Conseguiremos superar a localização por causa de avanços tecnológicos como a impressão 3D.

E se você está se perguntando se o capitalismo consciente é algo muito distante, de acordo com a "Global Key Trends 2020", as empresas e os indivíduos unirão forças para praticar o "melhor", que é definido como "a abertura radical e responsabilidade social, que tem um impacto positivo para o bem maior de todos" (Kjaer, 2013).

O relatório também afirma que estamos caminhando para o "bastantismo". Adoro este conceito porque descreve de forma sucinta uma ideologia que sustenta o argumento de uma vida orientada por objetivos; uma vida em que todos podemos fazer bem e fazer o bem ao mesmo tempo. Desafia a crença de que "viver bem depende do consumo". E, o mais importante, nos impulsiona de volta à construção de uma vida de felicidade para nós mesmos, para as pessoas que lideramos e para a força de trabalho em geral.

Isso já está acontecendo, como evidenciado por muitos estudos de casos e pesquisas científicas, mas até o fim de 2020 seremos encaminhados a buscar em outros lugares novos ideais para definir uma vida realizada. As empresas percebem agora que podem alcançar o sucesso encorajando os empregados a adotar uma abordagem "atenta" ao trabalho e à vida em geral. Shawn Achor, meu amigo e membro do conselho do Plasticity Labs, deu início a uma disciplina na Harvard Business School há dez anos, e agora o curso de Psicologia Positiva como Catalisador de Mudanças é muito procurado — mostrando como será uma nova geração de líderes empresariais. Parece inevitável que os futuros modelos econômicos considerem dados que medem os níveis de felicidade (Kjaer, 2013).

No entanto, o movimento em direção ao "bastantismo" e ao "melhor que puder" causará um debate sobre como ou mesmo o que pode nos ajudar a conseguir isso.

E, à medida que nos tornamos mais conectados uns com os outros e com a "internet das coisas", parece que estamos nos transformando em nossa tecnologia. Mas também parece que a tecnologia está se abrandando e se transformando em nós. Com o rápido desenvolvimento dos robôs e a crescente humanização de sua aparência, bem como de suas capacidades e comportamentos, estamos prestes a ter um nível de conexão com a tecnologia que até agora só se via na ficção científica.

Quando os robôs aprendem a inteligência emocional

À medida que os robôs se tornam mais avançados, as suas decisões morais e éticas se tornam mais refinadas e complexas. Este debate provocativo e crescente está levando os especialistas em ética a trabalharem arduamente na busca de uma solução para as questões: é realmente possível programar ética em robôs? Nós somos a espécie certa para fazê-lo? Se sim, podemos então confiar "neles" para tomar decisões morais de forma contínua?

Olivia Goldhill escreve para a *Quartz* e vê duas abordagens principais para a criação de um robô ético. "A primeira é escolher uma lei ética específica (maximizar a felicidade, por exemplo), escrever um código para tal lei e criar um robô que siga esse código estritamente. A dificuldade aqui é decidir qual é a regra ética apropriada. Toda lei moral — mesmo essa que acabamos de citar, aparentemente simples —, tem uma miríade de exceções e contraexemplos. Por exemplo, deve um robô maximizar a felicidade retirando os órgãos de um homem para salvar cinco pessoas?"

Este mesmo enigma é levantado na ética dos veículos autônomos. Um carro forçado a virar à esquerda baterá num menino de oito anos e se virar à direita atropelará numa mulher idosa, que direção o veículo deve escolher?

Saber se os humanos têm o enquadramento moral adequado é uma questão que foi vagamente descodificada ao longo dos séculos em que a ponderamos. Porém, aqui estamos, tentando descobrir como incuti-la em robôs, depois de termos apenas resvalado a superfície de suas implicações. Se ainda não sabemos as respostas, então como podemos fazer essa programação em não humanos?

Outra forma de ensinar a ética aos robôs poderia ser através de *machine learning*, em que as máquinas podem responder em tempo real a questões éticas. Para nos ausentarmos da função de professores, Ronald Arkin, professor e diretor do Laboratório de Robôs Móveis do Georgia Institute of Technology, está trabalhando em fazer com que as máquinas cumpram as leis humanitárias internacionais. "Neste caso, há um enorme conjunto de leis e instruções que as máquinas devem seguir, que foram desenvolvidas por humanos e acordadas pelos governos internacionais" (Goldhill, 2016).

Wendall Wallach, coautor do livro *Moral machines: teaching robots right from wrong* (Wallach e Allen, 2010), argumenta, "A ética robótica pode ser vista como um problema de ética humana. Pensar em como os robôs devem se comportar é um exercício para responder como os humanos devem se comportar".

Se precisamos dos robôs para nos ligarmos a um nível ético ou moral, é uma discussão em evolução. Temos que nos perguntar: por que os robôs têm que expressar emoções humanas para melhorar o nosso mundo? Será que eles realmente precisam de inteligência emocional? Quem vai decidir se sim? Somos responsáveis por ensiná-los sobre a felicidade? E quanto à tristeza?

Há obviamente muitos indivíduos que se preocupam com a integração de robôs na força de trabalho e com o que isso pode significar para o futuro da nossa felicidade. Um empregado pode dizer: "Caramba! Sobrou tempo para as minhas outras tarefas. O novo aspirador robô está limpando o chão do hotel enquanto eu faço as camas", enquanto outro poderia ter a reação inversa: "Estou aterrorizado. Isso significa que estou desempregado. Eu costumava aspirar o chão e agora um robô está fazendo isso por mim".

Como líderes, essas são as questões éticas e morais que estão aparecendo na nossa linha de visão. No entanto, há muita incerteza pairando entre nós e as respostas.

Vivian Giang escreveu um artigo para a Fast Company intitulado "Robots might take your job, but here's why you shouldn't worry" (2015). Nele, ela afirma que a proliferação de robôs não significa que todos estejam prestes a ficar desempregados. Embora ela concorde que é fácil perceber por que nos preocupamos.

O Hotel Henn-na, no Japão, é o primeiro hotel do mundo a ser equipado com noventa por cento de robôs humanoides e dá origem ao porquê de haver tanto medo da obsolescência. Os robôs, chamados "actroides", fabricados pela Kokoro, serão responsáveis por cumprimentar e verificar os convidados, ao mesmo tempo em que estabelecem contato visual e respondem à linguagem corporal. Os robôs futuristas foram projetados para parecer que estão respirando, eles podem piscar e fazer contato visual. O Hotel Henn-na — que significa "hotel estranho" — usará os actroides juntamente com outras máquinas, incluindo o robô humanoide NAO, da Aldebaran Robotics, e o robô humanoide Pepper, da SoftBank, para compor sua equipe de três robôs recepcionistas, quatro robôs de serviço e um porteiro, um robô industrial responsável pelos casacos e as bolsas dos hóspedes e vários robôs de limpeza. De acordo com o site da organização, os robôs humanoides são multilíngues, capazes de conversar com os hóspedes em japonês, inglês, coreano e chinês. Eles entregarão o serviço de quarto, que pode ser pedido por meio de um tablet. Embora alguns funcionários humanos estejam disponíveis para garantir que o serviço não seja comprometido, os robôs farão toda a manutenção do local. Eles também vão carregar a bagagem e cumprimentar os convidados na recepção. As portas estão equipadas com tecnologia de reconhecimento facial para que os hóspedes possam ter acesso aos quartos sem a necessidade de cartão-chave, e a temperatura ambiente é controlada por um sistema que detecta o calor corporal dos hóspedes e se ajusta de acordo.

Giang descreve como outras cadeias de hotéis estão adotando a ideia de usar robôs. Por exemplo, a gigantesca cadeia de hotéis Starwood apresentou a equipe robótica Botlrs, responsável pela entrega de guloseimas aos hóspedes. Eles circulam pelos hotéis e usam elevadores sem a ajuda de seres humanos.

Os hospitais estão usando os robôs para entregar as refeições, os medicamentos, as roupas limpas e recolher o lixo. A cadeia de artigos domésticos Lowe's tem um robô em todas as lojas, responsável por mostrar aos clientes onde estão os artigos que eles procuram. E todos nós conhecemos o amor da Amazon por robôs. A empresa está construindo o seu programa de envio por drones. Enquanto ele não fica pronto, a organização utiliza quinze mil robôs nos seus armazéns para acompanhar as encomendas dos clientes. Giang compartilha que até o exército americano está considerando a substituição de dezenas de milhares de soldados.

Como isso altera a força de trabalho?

Carl Benedikt Frey e Michael Osborne (2013) examinam o impacto da tecnologia no emprego no artigo "The future of employment: How susceptible are jobs to computerisation?". Eles analisaram, detalhadamente, 702 profissões e, com base em suas pesquisas, estimaram que cerca de 47 por cento do total de empregos nos EUA está em risco. Esse trabalho foi motivado pela previsão de John Maynard Keynes sobre o desemprego tecnológico generalizado, como mencionado anteriormente.

O documento faz referência a Brynjolfsson e McAfee (2012), que acreditam que "o ritmo da inovação tecnológica ainda está aumentando, mas com tecnologias de software mais sofisticadas que perturbam os mercados de trabalho, despedindo mão de obra". Os autores observam que as tarefas rotineiras de fabricação não são os únicos exemplos de informatização do trabalho. O carro autônomo sem condutor, desenvolvido pela Google, fornece um exemplo de como as tarefas manuais no transporte e logística podem ser automatizadas em breve. Entretanto, se examinarmos o ritmo da inovação, não é surpresa que estejamos constantemente criando empregos. E não apenas novos empregos nas indústrias existentes. A um ritmo inigualável, estamos assistindo à formação de novos empregos em campos que nunca existiram antes. Quem imaginaria que dar aos robôs a aparência humana fosse uma indústria?

Em *A dozen surprises about the future of work* (2011), Andy Hines argumenta que no futuro do trabalho "o fardo de tomar decisões será transferido das pessoas para o software". Eu me pergunto o que isso significaria para nossa felicidade. Apesar de soar preocupante, não me parece ser tão assustador como pensamos. Talvez seja a minha personalidade otimista e ainda assim crítica, mas, atualmente, não dependemos de software e dados para tomar decisões estratégicas? E, muitas vezes, esses dados são apenas para "desencargo de consciência"; para justificar a nossas intuições.

Adicionar "esperteza" às organizações nos forçará a tomar decisões como líderes sobre o quão integrados queremos que nossos funcionários sejam. Já presenciamos organizações imbuírem sensores em itens usados por seus funcionários para gerar conectividade com o resto de seus dispositivos. Isto permite que os projetos se movam de sala em sala, sendo capazes de funcionar em quadros inteligentes em qualquer sala de reunião. Não apenas de sala em sala dentro de um edifício específico, mas entre vários países em que fazem negócios. Alguns veem isso como um exagero de rastreamento, mas eu vejo como construção de eficiência e uso de tecnologia para tornar nossas vidas mais simples e eficazes. Não seria fantástico levar a minha apresentação em um dispositivo enquanto viajo pelo mundo dando palestras? Esse tipo de simplicidade é exatamente o que anseio. No entanto, ainda estamos longe de ter uma visão única que faria todos se sentirem felizes com a nossa interligação entre trabalho, tecnologia e uns com os outros.

Outra área de transformação será moldada pelo rápido aumento da população e pela demografia em constante mudança. Haverá uma força de trabalho mais jovem do que nunca, e veremos uma modificação na forma como a população mais velha se sente em relação ao trabalho e como os empregadores responderão a essas necessidades.

O futuro do envelhecimento feliz

De acordo com as Nações Unidas, a população mundial atingiu 7,3 bilhões desde meados de 2015. Em 1950, a expectativa média de vida a nível mundial era de apenas 45 anos. Hoje, no entanto, é de 65 anos, e a projeção para 2050 é de que chegue a 76. Como resultado, o número de pessoas com sessenta anos ou mais deverá aumentar de uma em cada dez para duas a cada nove em 2050 (Departamento de Assuntos Econômicos e Sociais das Nações Unidas, 2015).

As pessoas não só vivem mais tempo, como também gozam de um maior nível de autossuficiência e qualidade de vida. A Unum, fornecedora de seguros no Reino Unido, desenvolveu uma abrangente pesquisa on-line que analisou mil trabalhadores nos setores de mídia/publicidade, contabilidade, TI, direito e varejo, e entrevistou uma série de especialistas da rede acadêmica e industrial (Unum, 2014). Uma das principais tendências centrou-se no aumento da mão de obra "sem idade", uma tendência que permite o "regresso" em vez da aposentadoria. As transformações no local de trabalho em 2030 contemplarão também o aumento da longevidade dos trabalhadores, permitindo-lhes abraçar os conhecimentos e as competências ao longo da vida e garantindo que tenham energia mental e física para trabalhar durante o tempo que quiserem. Isto significa trazer saúde, bem-estar e fitness para o cotidiano do trabalho.

Se olharmos para a nossa discussão sobre as Zonas Azuis de Dan Buettner e o PERMA de Martin Seligman, vemos como estas afirmações são mais do que apenas tendências potenciais, mas dados reais. O significado no dia a dia de trabalho acrescenta propósito às nossas vidas, o que, por sua vez, promove a longevidade.

A ascensão do mindfulness

Neste momento, em apenas um minuto, usuários enviam 204 milhões de e-mail, baixam 48 mil aplicativos pelo disposto Apple, compartilham 2,46 milhões de conteúdos no Facebook e cerca de 277 mil tweets estão sendo postados. É de se imaginar que este nível de conectividade gere uma quantidade considerável de estresse a um cérebro já sobrecarregado de trabalho.

David Cox, diretor médico da Headspace, acredita que até 2030 os empregadores trabalharão para construir um ambiente de trabalho mais diligente, que promova dias livres de tecnologia e espaços redesenhados para permitir tanto áreas colaborativas em plano aberto como estações de trabalho isoladas que apoiem a procrastinação.

Estar presente no momento não será algo apenas interno. As marcas estarão atentas umas às outras por causa de uma tendência crescente para a "coopetição". A coopetição é definida como a cooperação entre empresas concorrentes. Diz-se que as empresas que se dedicam tanto à concorrência como à cooperação estão em coopetição. Um dos exemplos disso, no contexto da alta tecnologia, é a *joint-venture* colaborativa da Samsung Electronics com a Sony, formada em 2004 para o desenvolvimento e a fabricação de TVs LCD de tela plana. A BlackBerry demonstrou outro grande exemplo de coopetição quando lançou seu mais novo telefone no sistema operacional Android. Na próxima década, provavelmente veremos um aumento nessa tática de negócios, pois acredita-se que a coopetição é uma boa estratégia que leva à expansão do mercado e à formação de novas relações comerciais.

Essa presença também será explorada através de novas tecnologias e técnicas exploratórias na ciência do cérebro. Com novos experimentos sendo iniciados no campo das neurociências, entenderemos verdadeiramente o que significa o mindfulness. Essa nova ciência deve nos dizer o quanto de silêncio e calma são necessários para nos tornarmos mais felizes e saudáveis em um mundo cada vez mais estressado.

Kieran Fox e sua equipe exploraram se a meditação está associada à alteração da estrutura cerebral (Fox *et al.*, 2014). Sua análise de vinte estudos ao longo de três décadas teve como objetivo determinar se a meditação realmente muda a estrutura do cérebro. Em primeiro lugar, observaram que as práticas de mindfulness têm sido cada vez mais incorporadas aos programas psicoterapêuticos, para tirar proveito dos seus benefícios. Um grande número de pesquisas estabeleceu a eficácia de intervenções baseadas na atenção para a redução dos sintomas de uma série de distúrbios, incluindo ansiedade (Roemer *et al.*, 2008), depressão (Teasdale *et al.*, 2000), abuso de substâncias (Bowen *et al.*, 2006), distúrbios alimentares (Tapper *et al.*, 2009) e dor crônica (Grossman *et al.*, 2007), bem como a melhoria do bem-estar e da qualidade de vida (Carmody e Baer, 2008).

Um estudo de 2015 demonstrou aumentos significativos na densidade da matéria cinzenta decorridos da meditação (Congleton *et al.*, 2015). Desde esse estudo inicial, os neurocientistas têm aprofundado os impactos da meditação sobre a estrutura do cérebro. A análise de 2014 feita por Fox e sua equipe identificou pelo menos oito regiões diferentes que podem ser alteradas pela meditação.

Uma área do cérebro encontrada na altura da testa, atrás do lobo frontal, está associada à autorregulação, à atenção dirigida e ao comportamento. Ela é responsável pela capacidade de "edição", para que não façamos comentários descabidos, e ajuda-nos a gerenciar a impulsividade e a agressão descontrolada.

Em "Mindfulness can literally change your brain" (2015), as autoras Christina Congleton, Britta Hölzel e Sara Lazar descrevem como aqueles com conexões prejudicadas entre o lobo frontal e outras regiões do cérebro se comportam mal nos testes de flexibilidade mental: eles se agarram a estratégias ineficazes de solução de problemas em vez de adaptar seu comportamento. Os indivíduos que meditam, por outro lado, demonstram desempenho superior em testes de autorregulação, resistindo a distrações e dando respostas corretas com mais frequência do que os que não meditam. Esta área do cérebro também está associada à aprendizagem de experiências passadas para apoiar a tomada de decisões.

Outra área do cérebro que a meditação pode alterar positivamente é a região do hipocampo. Esta é

> uma área em forma de cavalo marinho encontrada no cérebro, na direção das têmporas. Ela é parte do sistema límbico e de um conjunto de estruturas internas associadas à emoção e à memória. O hipocampo está coberto de receptores para o hormônio do estresse, o cortisol, e ele pode ser danificado pelo estresse crônico, contribuindo para uma espiral prejudicial no organismo. Na verdade, pessoas com distúrbios relacionados ao estresse, como depressão e TEPT, tendem a ter um hipocampo menor (Congleton *et al*.).

Quando meditamos, aumentamos a dopamina e outros hormônios saudáveis que podem atuar como medida profilática aos danos que advêm do hormônio do estresse, o cortisol. Os neurocientistas também demonstraram que a prática do mindfulness afeta as áreas cerebrais relacionadas à percepção, à consciência corporal, à tolerância à dor, à regulação emocional, à introspecção, ao pensamento complexo e ao senso de si (Hölzel *et al*, 2015).

Nos nossos locais de trabalho do futuro, o mindfulness não será apenas uma recomendação; será uma necessidade para liderar. Para assegurar níveis mais elevados de autorregulação e a capacidade eficaz de tomada de decisões, e para nos protegermos do estresse tóxico, precisaremos ser modelos de saúde dentro de nossas organizações. Na verdade, isso já está se tornando uma prática comum de bem-estar para algumas empresas. Tomemos a Lululemon, por exemplo — eles oferecem aulas de meditação de vinte minutos ao longo do dia de trabalho para que os funcionários tenham tempo para se reagrupar, centrar os seus pensamentos e voltar renovados para o resto do dia, prontos para inovar e criar.

Aqui estão algumas outras marcas reconhecidas que já incorporaram o cuidado e a meditação em suas práticas de bem-estar: Apple, Google, Nike, McKinsey & Co., Yahoo!, Deutsche Bank, Procter & Gamble e HBO, entre outras.

Talvez este seja um bom momento para pensar em que espaços do escritório é possível incluir a meditação como parte da experiência de bem-estar dos funcionários. A partir de 2020, a pesquisa sobre meditação e seus benefícios se tornará ainda mais difícil de debater.

Para além da mente e da meditação, com as quais temos a capacidade de mudar o nosso cérebro através do exercício da atenção e dos pensamentos, agora iremos considerar o conceito de ter o nosso cérebro mudado por nós.

Um Frankenstein ou uma ciência incrível?

Talvez seja um chip de retina que lhe permita ver no escuro ou um implante coclear que lhe permita ouvir qualquer conversa num restaurante com muito barulho; ou, então, um chip de memória, ligado diretamente ao hipocampo do seu cérebro, que lhe oferece uma recordação perfeita de tudo o que lê; quem sabe, ainda, uma interface implantada com a internet que traduza automaticamente um pensamento articulado em uma busca on-line, que abriria a página correta da Wikipédia e projetaria um resumo diretamente no seu cérebro.

Gary Marcus e Christof Koch investigaram estas questões sobre implantes cerebrais e outras incríveis possibilidades da ciência que estão prestes a surgir. Certamente veremos essas inovações se tornando realidade na próxima década, mas por enquanto ainda soa um pouco como ficção científica.

Marcus e Koch escreveram no artigo "The future of brain implants", para o *Wall Street Journal* (2014), que: "Os implantes cerebrais hoje em dia são o que a cirurgia oftalmológica a laser era há várias décadas. Eles não são isentos de riscos e fazem sentido apenas para um conjunto de pacientes estritamente definido, mas são um sinal dos tempos." Assim como marca-passos, coroas dentárias ou bombas de insulina implantáveis pareciam ser a onda do futuro há não muito tempo, a neuroprótese será a forma de "restaurar ou complementar as capacidades da mente com a tecnologia inserida diretamente no sistema nervoso, [e isso] mudará a forma como percebemos o mundo e nos movemos por ele. Para o bem e para o mal, estes dispositivos tornam-se parte de quem somos".

Um implante comum já é usado por milhares de pacientes com Parkinson em todo o mundo. Este dispositivo neuroprostético envia impulsos elétricos para o cérebro e ativa algumas das vias envolvidas no controle motor. Embora não cure a doença, ajuda a reduzir (e até eliminar, em alguns casos) os tremores e a rigidez sintomática da doença de Parkinson.

E quanto ao nosso desejo de aumentar a eficácia e a velocidade? Em um estudo, a estimulação elétrica do cérebro durante uma sessão de videogame aumentou a velocidade e a precisão dos jogadores.

Eventualmente, os implantes neurais deixarão de ser aplicados apenas em situações de vida ou morte e começarão a ser usados para "melhorar o desempenho de pessoas saudáveis ou 'normais'", afirmam Marcus e Koch. Eles serão usados para melhorar a memória, o foco mental (Ritalina, sem os efeitos colaterais), a percepção e o humor (adeus, Prozac).

Num esforço para combater o TEPT, o exército dos EUA está sempre avançando com as suas inovações a fim de encontrar formas de melhorar a experiência dos colaboradores. Da mesma forma que investiram no treinamento de inteligência emocional após aprenderem sobre os impactos da guerra, eles estão, novamente, tentando reparar memórias traumáticas, agora por meio de implantes. No entanto, não se trata apenas de reparar o cérebro, mas de melhorá-lo com esses mesmos implantes. Com eles, os soldados poderiam desfrutar de um foco hipernormal, ter uma memória perfeita para mapas e não precisariam dormir por dias. No entanto, será que isto apenas acrescenta mais um dilema moral para os líderes políticos e militares resolverem? Especificamente, os cérebros dos nossos soldados se tornarão mais vulneráveis se ficarem expostos a hackers? E, de forma mais ampla, que parte do nosso corpo pertence ao empregador, e que parte nos pertence? Os implantes neuronais são um caso de "traga o seu próprio aparelho para o trabalho"? No final deste século, alguns futuristas acreditam que estaremos ligados diretamente à nuvem de dados.

À medida que avançamos para este território desconhecido, teremos de continuar a nos perguntar: "Estamos tomando as decisões certas?"

Desde robôs que tornam a vida um pouco mais suave, passando pela tecnologia que assume a carga do nosso trabalho, até o transplante de pensamentos mais felizes para o nosso cérebro, o futuro será inegavelmente complexo, emocionante e surpreendente. Mas será que essa extrema conectividade nos tornará mais felizes, mais ligados às nossas comunidades e à raça humana em geral? Será que nos tornará mais produtivos e fará com que tenhamos uma vida com mais sentido? Ou será que nos separará? Será que alguns de nós terão superpoderes e o resto permanecerá "sem melhorias"? O progresso significará salvação ou destruição?

Esse é o aspecto excitante e, ao mesmo tempo, assustador do futuro. Podemos imaginar, mas não podemos prever.

O que eu tenho certeza, porém, é que o futuro está mais próximo do que pensamos. E nunca ficaremos sem tópicos para debater sobre qual é a nova "moda" que está ajudando ou atrapalhando nossa felicidade. Desde o tempo de Sócrates até hoje, ainda questionamos quais previsões ignorar, quais negar veementemente e quais abraçar de todo o coração. Se aprendemos alguma coisa com a história é que algumas das inovações e filosofias que mais questionamos, que mais tememos, que nos pareciam mais impossíveis, de alguma forma, fazem parte do nosso mundo atual.

Então, antes de nos despedirmos, a minha pergunta é: o que você prevê? Será a felicidade uma filosofia que negaremos veementemente ou um movimento que abraçaremos de todo o coração? Porque, lembre-se, as escolhas que fazemos como indivíduos tornam-se a escolha do coletivo.

Afinal, não queremos que esta "moda" de felicidade, apesar das falhas discutíveis e de sua intangibilidade e imprevisibilidade, faça parte do nosso mundo?

Bem, se dependesse de mim...

CONCLUSÃO

Eu amo a sabedoria de grandes mentes e gostaria de lembrar melhor as suas palavras. Minha memória é ruim e também sou muito ruim contando piadas. Pergunte ao meu marido e ele vai rir e concordar. As minhas piadas fazem os outros se sentirem envergonhados, apiedados e confusos. Eu sou boa em escrever histórias, mas tiradas e provérbios não são a minha.

Mas tem um cara. Talvez você o conheça. Você pode chamá-lo de Leo. Não é o Leo DiCaprio (embora ele também seja muito talentoso); o cara de quem estou falando é Tolstoi. Ele não é considerado um ícone de felicidade, mas é por isso que sou obcecada por ele. De *Guerra e Paz* a *Anna Karenina*, Leon Tolstoi gostava de falar sobre como a felicidade e a infelicidade, assim como o amor e a moralidade, são uma escolha. Isto resume a felicidade para mim. Também enfatiza que tudo é uma escolha. Desde os nossos hábitos de passar fio dental e nossos votos matrimoniais, até nossas promessas de liderança.

Vou citar algo que ele disse; prometo que não vou estragar. Encomendei, de um artista, um quadro de como eu imaginava minha terceira filha, Lyla, antes mesmo de conhecê-la, antes que ela entrasse neste estranho e maravilhoso planeta. Quando trouxe o quadro para casa, chorei: a pequena figura de Lyla olhava para mim pelo quadro na parede. Apesar de ela ainda ser imaginária, envolta pelo casulo da minha barriga, eu sentia como se já a conhecesse intimamente. Sonhava com ela há anos, mas quando Jim adoeceu ela começou a se ausentar dos meus sonhos. Porém, naquele momento, lá estava ela: sentada num lindo campo verde, debaixo de um céu azul cheio de nuvens brancas e fofas. Eu sabia que esta frase ficaria para sempre ligada aos meus sentimentos por aquela criança loira imaginária de olhos azuis. Leo afirmou o seguinte, e agora ofereço essa sabedoria a você:

"Se você quer ser feliz, seja."

Acho necessário voltar aos aspectos da minha vida que definiram a líder que sou hoje. Como Raj Sisodia afirmou, os líderes têm "momentos de iluminação" que os levam para um caminho focado em melhorar o mundo. Estes momentos também me alteraram permanentemente. Porém, muitas vezes penso que isso aconteceu bem antes de Jim ficar doente. Para mim, começou quando me tornei esposa, depois mãe, e tive que cuidar de outras pessoas. Essas pessoas me deram motivo para ser melhor, mais forte e para sonhar com mais vigor.

Quando voltei a trabalhar, depois de ter meu primeiro filho, Wyatt, percebi que estava desistindo de muita coisa para estar lá. O meu primeiro instinto foi fazer valer a pena. Um rapazinho incrível estava à minha espera em casa. Eu lhe ensinaria as suas primeiras palavras, o sufocaria com beijos e lhe daria confiança para ser um homem. Não desejava que meus dias fossem mais animados ou que um projeto envolvente caísse no meu colo. Também não reclamava que não estava fazendo o suficiente com o meu trabalho. Comecei a fazer as escolhas sobre as minhas experiências. Eu poderia fazer meu trabalho valer a pena ou poderia torná-lo um desperdício de tempo. Se não fosse me sentir entusiasmada com o trabalho ou encontrar os pontos positivos e saudáveis nele, então para que trabalhar?

Olivia nasceu num momento de caos e turbulência. Jim estava se reabilitando, e eu me sentia muito só. Liv veio para preencher esse espaço e para me ajudar a acreditar que eu poderia seguir em frente. Ela me oferecia a paz para tomar grandes decisões, como voltar para o Canadá e começar um novo capítulo. Cada um dos meus filhos ofereceu-me uma nova visão, uma janela para entender quem eu sou como pessoa e como quero liderar.

Tive discussões semelhantes a esta com outros pais e eles ecoaram esses sentimentos. O trabalho e as suas escolhas profissionais importavam mais depois de terem filhos. Foi, certamente, um momento de mudança para minhas apaixonadas perseguições, e o ponto de partida que continua me impulsionando na vida e no trabalho até os dias de hoje.

Este momento catalisador é muito diferente de um indivíduo para outro. Para mim foi criar e fazer parte de uma família, mas para outros pode ser algo totalmente diferente: uma realização espiritual, um momento de clareza sobre a própria mortalidade, o entendimento de que temos coisas em excesso, o desejo de quebrar as barreiras ou, simplesmente, um desejo intrínseco de levar uma vida orientada para um propósito, tanto em casa como no trabalho. Para mim, foi, e ainda é, o amor incondicional.

Este livro se compromete com o tema de desbloquear a felicidade no trabalho, e sou enfática em dizer que isso não é apenas bom para as nossas almas, mas também para os negócios. Precisamos focar nossas estratégias na construção de indivíduos mais felizes no local de trabalho, não só porque faz sentido nos negócios, mas porque é a coisa certa a se fazer. No entanto, a esta altura, depois de toda a ciência e de estudos de casos, pesquisas e dados, chegamos a uma conjuntura. É aqui que tudo se resume a um único ponto de decisão: você.

O que estou tentando mostrar é que há um momento em que escolhemos a felicidade. Se você quer verdadeiramente fazer a diferença na vida dos outros, faça. Se realmente quer liderar com compaixão, então lidere com compaixão.

A experiência que tenho ao longo de minha carreira é muito rica e oferece-me uma espécie de empatia que talvez não existisse se eu não tivesse vivido um período tão emocionalmente intenso. Nem todos temos que passar por este tipo de caos para aprender. Podemos nos identificar, adotar e traduzir essa aprendizagem através das ações e da liderança.

Estou muito grata pelo tempo que você passou comigo ao longo das páginas deste livro. Espero ter ajudado, de alguma forma, a desencadear o seu próprio diálogo interno sobre o tema e iniciado algumas conversas externas também.

Enquanto continua a explorar o que isso significa para você e qual é seu papel como líder, tente sempre ter em mente que a vida é sobre as escolhas que fazemos.

Em outras palavras, se você quer ser feliz, seja.

AGRADECIMENTOS

"A gratidão silenciosa não é muito útil a ninguém." Gertrude Stein

Quando a gratidão é um tema-chave para o seu livro, não é de admirar que os agradecimentos sejam as palavras mais importantes e até mesmo as mais difíceis de escrever. O desafio não foi a falta de pessoas para agradecer ou a incapacidade de encontrar a linguagem certa de agradecimento; o desafio foi garantir que todos aqueles que me ajudaram nesta jornada entendessem plenamente como estou grata pela ajuda que recebi.

Também tenho medo de deixar alguém de fora. Acho que não estou sozinha nisso. Esse é um medo universal entre todos os autores. Espero que os agradecimentos sejam corretos e dignos e expressem o profundo nível de gratidão que tenho por todos vocês. Falo sério quando digo "obrigada".

Gratidão 1

Obrigada, Jim. Você podia ter mantido sua maravilhosa gratidão em segredo, mas, em vez disso, compartilhou-a comigo. Eu aprendi com você. Lutei muito. Às vezes lutamos contra o desconhecido. Acabei deixando rolar e aqui estamos nós. Quero que você saiba que sua missão de dar a tantas vidas uma nova perspectiva mudou minha forma de ver de uma maneira profunda e positiva. Sou eternamente grata por você e pela sua capacidade de perseverar, pelo seu sacrifício e pelo seu amor.

Gratidão 2

Obrigada, Wyatt, Liv e Lyla. Obrigada pelos momentos de dança e amor pela arte e por serem crianças e expressarem paixão. Obrigada por me ensinarem resiliência, fortaleza, bobagens e como ser engraçada e verdadeira comigo mesma. Obrigada pela admiração de vocês — ela me ajudou de muitas maneiras —, particularmente nos momentos em que estava ocupada demais e não tinha tempo extra. Vocês olhavam para mim como se eu fosse um presente e, de repente, eu estava cheia de confiança. Precisava muito de vocês neste processo. Posso dizer com autoridade que se não estivessem tão cheios de confiança inabalável em mim, eu não teria terminado este livro. Obrigada. Eu amo vocês, sou apaixonada por vocês. Vocês são todos mágicos.

Gratidão 3

Obrigada, família. Mãe e pai, obrigada por tomarem conta de todos nós. Não só de nossos filhos, mas de todos nós. Dizemos muitas vezes que é preciso uma aldeia para criar um Moss, e se eu não sabia disso antes, com certeza sei agora. Obrigada por estarem lá nos pequenos, mas grandes momentos, como levar as meninas para dançar enquanto eu me sentava em um café para escrever. Obrigada por prepararem refeições quentes para que todos pudéssemos desfrutar do tempo juntos sem correrias. Obrigada por me dizerem todos os dias da minha vida que acreditavam que eu mudaria o mundo. Embora eu possa nunca mudar o mundo, agradeço por terem feito disso parte da minha narrativa pessoal. Há muitas crianças que crescem acreditando que não vão dar em nada. E mesmo assim vocês acreditavam (e ainda acreditam) que eu posso conseguir qualquer coisa. Esse é o presente mais incrível que se pode dar a uma criança, uma mulher, um adulto. Obrigada.

Obrigada, Janice, minha irmã e amiga muito querida. Obrigada por se mudar e cuidar de nossa família simplesmente estando lá, física, emocional e altruisticamente. Obrigada por me deixar rastejar até os pés da sua cama quando eu tinha cinco anos. Por ter acalmado os meus medos naqueles momentos. Você continua os acalmando. Obrigada por ter me dado os seus filhos para amar.

Obrigada, Michael e Nikki. Mudar-me para a casa de vocês abriu mais oportunidades para crescer e desenvolver a minha relação com ambos; estou grata por estarmos juntos novamente. Obrigada, Michael, por ser um professor, o meu parceiro de conversas intelectuais e o meu piadista. Você é um homem amável e amoroso e mal posso esperar para ver o que te aguarda no futuro. Obrigada, Nikki, por ser minha menina e por confiar em mim, por compartilhar o seu coração comigo e por me encher de orgulho. Você aceitou todos os desafios da vida e transformou-os em oportunidades. A sua consideração é superada apenas por sua feroz lealdade e devoção àqueles que ama. Obrigada por seu auxílio com o livro e pela sua abordagem incondicional para ajudar porque "é isso que uma família faz". Obrigada, Kyle, por amar a Nicole e por nos amar.

Obrigada, Allen, meu irmão e eternamente aliado, que ainda trava as minhas batalhas na linha de frente e nos bastidores. Obrigada por me ensinar a ser analítica e por me dar acesso à mesa dos adultos, influenciando um debate profundo e provocador numa idade tão precoce. E obrigada por escolher a Melissa, que nunca, nunca para de torcer por mim. Obrigada, Melissa, por seus abraços mais fortes, seu riso contagiante, seu otimismo, sua lealdade e seu amor. Obrigada, Madison, por me lembrar de quanta dor podemos tolerar e ainda assim voltar mais fortes, mais corajosos, com beleza, gentileza e empatia. As crianças muitas vezes nos ensinam grandes verdades, mas você é especial, minha garotinha, você me ensinou o que é a bravura. Obrigada.

Obrigada, Patti, por ser a minha caixa de ressonância, o meu amor bruto e a minha validação. Precisei de você e lá estava com Steve e os rapazes, Ian, Cam e Eoin, para nos recordar o valor da determinação, resiliência e perseverança. Obrigada aos meus outros pais, aquelas pessoas fantásticas com quem criei laços.

Obrigada, Connie e Ron, por me permitirem chegar à sua porta e me aconchegar confortavelmente num lugar de carinho e tranquilidade, onde posso dormir, me recuperar e ser eu mesma. Aprecio os nossos dias abençoados de verão e tenho esperado por eles todos os anos durante dezesseis anos. Obrigada por me darem este novo lugar feliz que também posso chamar de lar.

E obrigada, Jackson. Seu focinho macio de pelo grisalho me encarou durante a maior parte da escrita deste livro. Sua morte acabou por provar a minha teoria de que a felicidade *não* é a ausência de emoções negativas. Tenho muitas saudades suas e ultimamente tenho tido dificuldade em concentrar-me. Mas, através deste processo, tenho procurado inspiração em você, uma razão para me motivar. Você está me ajudando. Sempre que me sinto para baixo penso em como, nos últimos quinze anos, me esperava à porta para dizer olá. E mesmo nos últimos dias, no mais inegavelmente doloroso dos dias, você reunia a energia para descruzar suas pernas doentes e abanar a cauda para que eu não me preocupasse, ou sentisse mágoa, e era, mais uma vez, responsável pela minha felicidade. Tenho saudades, mas obrigada por me dar o presente da sua companhia.

Gratidão 4

Obrigada, amigos. Obrigada, Lydia. Não há outra como você. Eu vejo dentro da sua mente e você vê dentro da minha. Adoro o fato de não conseguirmos organizar nossos pensamentos em palavras depressa o suficiente e que nossas conversas ficam tão altas e confusas que os outros param e ficam nos olhando. Acho que é a linguagem das almas gêmeas. Envelheceremos juntas, ficaremos loucas, e então nos tornaremos amigas novamente. Obrigada, Lindsay e Sarah. Obrigada a ambas por 35 anos de amizade e por me oferecerem o tipo de segurança psicológica que me permite ser mais autêntica e mais ligada ao meu eu criativo e corajoso.

Obrigada, Família BDA, por terem se tornado o time do Wyatt e o meu também. Obrigada, Margo; estou grata pelo seu entusiasmo radiante e pelo seu apoio. Obrigada, Jared, por ser um amigo nível duplo diamante. Obrigada, Alyssa, Nikki e Melanie por terem atiçado o potencial do meu filho. Obrigada, Carol, Kristen, Georgi, Tony, Liz, Penny, Stan, Marissa, Lolita, Cheryl, Brian, Gisselle, Kevin, Karen, Rolf, Lindsay, Kori e Matthew. Este processo tem sido difícil, mas minha família BDA está lá, como uma incrível equipe de líderes de torcida. Obrigada. Becky e Drew, por me devolverem algumas noites com a minha família, em que pude desfrutar do jantar e me acalmar. Eu precisava disso mais do que nunca este ano. E obrigada, Sandy. Estou grata pela nossa amizade. Ao longo dos anos, você me fez rir, particularmente naqueles dias de "nó na garganta" em que eu estava entre o riso e o choro. Muitas vezes, você me balançava em direção ao menos pesado dos dois, e não se importando em me deixar abrir a torneira emocional. Obrigada.

Obrigada, vizinhos. Obrigada, Jen Schneider, por amar os meus filhos e responder pacientemente ao "Posso fazer uma pergunta?" sem um único revirar de olhos, além de perguntar pelo meu livro cada vez que aparecia à minha porta. Obrigada, Jeff, Joanna, Paul, Michelle, Steve, Lindsay, Ed, Jen e Tim — todos vocês, por serem vizinhos fantásticos —, a bondade e a felicidade de vocês são contagiosas. Os nossos filhos têm sorte. Obrigada.

Gratidão 5

Obrigada, equipe. Obrigada, Plasticianos, por serem a razão pela qual me levanto todos os dias, sempre animada para começar a trabalhar, e porque me sinto tão em casa quando estou com vocês. Lance, obrigada por construir nosso sonho e por se tornar um melhor amigo/irmão/adversário da equipe. Nunca trabalhei com ninguém que respeite mais do que você. Gosto muito dessa vida de startup, tanto com você quanto com Jim. Os dias difíceis ainda são difíceis, mas muito mais fáceis do que a alternativa. Obrigada, Kevin e Marcel, por encontrarem sua paixão em nossos objetivos e aparecerem todos os dias com gentileza, ética de trabalho e por crerem na missão. Dave, obrigada por suas perguntas da semana, sua animação e seus "bate aqui", seu otimismo contagioso e sua curiosidade eterna. Obrigada pela orientação e pela crença duradoura na nossa capacidade, Cam. Você faz todas as perguntas certas e isso importa, por isso, obrigada. Obrigada, Anne, por nos aconselhar e às vezes nos salvar, e sempre nos ensinar. Obrigada, Vanessa, por ter ido para além de colega de trabalho e se tornado uma amiga verdadeira. Adoro os nossos chats noturnos insanamente engraçados que me fazem dormir sorrindo. Aprecio também o nosso desejo comum de resolver grandes problemas com ciência e pesquisa rigorosa e cada grama de suor que pudermos reunir.

Gratidão 6

Obrigada, influenciadora de infância. Obrigada, Miss Gregory (talvez já não se chame mais assim). Não vai se lembrar disso, mas no terceiro ano você me ensinou inglês, e deixou Sarah e eu usarmos palavras maduras em nossas histórias para que pudéssemos abordar temas maduros. Provavelmente não percebeu que isso refletiria em nossos limites criativos, assumindo riscos em nossos temas e estilos de escrita. Obrigada por nos ensinar mentalidade de crescimento antes mesmo de ser moda. Meu caso amoroso com o vocabulário começou naquela sala de aula da terceira série, e tenho sido apaixonada desde então. Vinte e nove anos se passariam antes que eu atraísse o fogo, mas estou tão grata por você ter acendido esta relação duradoura com as palavras — elas me dão uma liberdade no espaço e no tempo, um lugar para onde posso escapar, um sentido de domínio em momentos de monotonia e insegurança e a oportunidade de explorar partes de mim que confio que a minha caneta nunca irá revelar.

Gratidão 7

Obrigada, especialistas e influenciadores. Obrigada por terem tirado tempo de suas agendas inegavelmente ocupadas para compartilhar sabedoria comigo. Obrigada dr. Seppala, dr. Emmons, dr. Whiteside, dr. Buote Loo, Shawn Achor, Raj Sisodia, Nilofer Merchant, Steve Woods, Steve Carlisle, Laura Kacur, Ray Simonson, Kris Tierney, Jessie White e A. J. Leon. Vocês me deixaram mais esperta. Não tão esperta quanto vocês, mas definitivamente mais esperta do que eu era antes. Obrigada a todos por isso. Obrigada, Laurent Potdevin. As nossas discussões mudaram fundamentalmente — e, por consequência, melhoraram — o meu processo de liderança. Por sua causa, tenho um novo filtro pelo qual vejo a dinâmica do desempenho de uma equipe. Obrigada por compartilharem todo esse conselho e sabedoria comigo.

Gratidão 8

Obrigada, editores. Obrigada, Géraldine Collard, por ter me descoberto e por ver o potencial na minha escrita. Obrigada pela sua amável abordagem à edição. Mesmo quando eu estava completamente equivocada, você encontrou uma maneira de ver o lado positivo dos meus esforços. Nos dias em que eu receberia um prêmio de participação em vez de uma medalha, estava grata por você ainda ter fé em mim. Confiar em você e nas suas capacidades me fez sentir um pouco melhor ao adicionar quinze mil palavras ao meu "depósito" (palavras que nunca verão a luz do dia neste livro!), por isso, obrigada por esses suaves empurrões. Obrigada, Anna Moss, por ter adotado o meu trabalho, empurrando-me para a linha de chegada com o seu brilhante feedback e honestidade. Você teve calma para explicar e persuadir e permaneceu aberta a todos os meus pedidos. Sou uma escritora melhor agora por sua causa e grata por cada interação.

Gratidão 9

Obrigada aos colaboradores. Obrigada, Shawn Achor, por ser um artífice deste processo. Obrigada por fazer parte dos nossos primeiros dias. Você é um verdadeiro construtor nesta indústria. Impulsiona as discussões através de uma mentalidade cooperativa e colaborativa pela paixão de fazer a diferença. E, claro, você é muito simpático! Obrigada, Amy Blankson e Michelle Geilan, por também defenderem conversas tão importantes e levarem para casa a mensagem que estamos todos juntos nisso. Obrigada, Joanna Reardon, pelo seu brilhantismo e espírito motivador. Você torna o trabalho inegavelmente divertido. Sou grata a você e a Kate Chartrand por terem uma crença inabalável neste livro, e em mim. Obrigada, Luis Gallardo, por construir o que será o mais incrível encontro dos mais brilhantes influenciadores para moldar a política social em torno da felicidade. As nossas colaborações no World Happiness Summit despertaram uma amizade que certamente durará por toda a vida.

Gratidão 10

Obrigada, livro. Obrigada por ser duro comigo. Obrigada por me pedir para mergulhar mais fundo e me humilhar com a sua motivação atormentadora e agonizante. Obrigada por compartilhar Hemingway e as suas noites comigo. Obrigada por me lembrar do Tolstoi. Obrigada por fundir ciência, literatura, arte, arquitetura, alegria e aprendizado, e obrigada por validar que eu posso, e consegui, cumprir este marco.

REFERÊNCIAS

ADLER, I. "How our digital devices are affecting our personal relationships". *Wbur News*, 2013. Disponível em: <www.wbur.org/2013/01/17/digital-lives-i>.

ALLEN, C.; WALLACH, W. "Moral Machines: Teaching robots right from wrong". *Oxford University Press*, 2010.

AMABILE, T.; KRAMER, S. "How leaders kill meaning at work". *McKinsey Quarterly*, 2012. Disponível em: <www.mckinsey.com/global-themes/leadership/how-leaders-kill-meaning-at-work>.

ANDERS, C. "From 'irritable heart' to 'shellshock': How post-traumatic stress became a disease". *Gizmodo*, 2012. Disponível em: <http://io9.gizmodo.com/5898560/fromirritable-heart-to-shellshock-how-post-traumatic-stress-became-a-disease>.

ANDERSON, E. "Britain hits record number of startups as more aspiring entrepreneurs take the plunge". *Telegraph*, 2015. Disponível em: <www.telegraph.co.uk/finance/businessclub/11692123/Britain-hits-record-number-ofstartups-as-more-aspiring-entrepreneurs-take-the-plunge.html>.

ATLASSIAN (n.d.). "You waste a lot of time at work". *Atlassian*. Disponível em: <www.atlassian.com/time-wasting-at-work-infographic>.

AVANADE. "Global survey: Dispelling six myths of consumerization of IT". Avanade Research and Insights, 2012. Disponível em: <www.avanade.com/~/media/documents/resources/consumerization-of-it-executive-summary.pdf>.

BARKWAY, P. *Psychology for Health Professionals*. Elsevier Health Sciences, 2013, pp. 319-20.

BARON, E. "At Harvard, Wharton, Columbia, MBA startup fever takes hold". *Fortune*, 2015. Disponível em: <http://fortune.com/2015/01/03/business-school-startupsentrepreneurs/>.

BERSIN, J. *The Blended Learning Book: Best Practices, Proven Methodologies, and Lessons Learned*. Pfeffer, 2004.

BIN RASHID AL MAKTOUM, M. "A future of tolerance and youth". Project Syndicate, 2016. Disponível: <www.project-syndicate.org/commentary/united-arab-emirateshappiness-ministry-by-mohammed-bin-rashid-al-maktoum-2016-02>.

BODY SHOP. "Our company". The Body Shop, 2012. Disponível em: <www.thebodyshop.com/content/services/aboutus_company.aspx>.

BOWEN, S. *et al.* "Mindfulness meditation and substance use in an incarcerated population". *Psychology of Addictive Behaviours*, 2006, pp. 343-47.

BRADT, G. "83% of mergers fail a 100 day action plan for success Instead". *Forbes*, 2015. Disponível em: <www.forbes.com/sites/georgebradt/2015/01/27/83-mergers-fail-leverage-a-100-day-value-acceleration-plan-forsuccess-instead/#10ef5b22b349>.

BRIGHAM YOUNG UNIVERSITY. "Relations improve your odds of survival by 50 percent, research finds". *Science Daily*, 2010. Disponível em: <www.sciencedaily.com/releases/2010/07/100727174909.htm>.

BRYNJOLFSSON, E.; McAfee, A. "Race against the machine". MIT Center for Digital Business, 2012. Disponível em: <http://ebusiness.mit.edu/research/Briefs/Brynjolfsson_McAfee_Race_Against_the_Machine.pdf>.

BUETTNER, D. "The Blue Zones: Lessons for living longer from the people who've lived the longest". National Geographic, 2010.

BULLEN, D. "How top companies make the ROI case for employee training". *Skilled Up*, 2014. Disponível em: <www.skilledup.com/insights/howtop-companies-make-the-roi-case-for-employee-training>.

BURAK, J. "Outlook: Gloomy". *Aeon*, 2016. Disponível em: <https://aeon.co/essays/humans-are-wired-for-negativity-for-good-or-ill>.

BUSINESS Dictionary. "Work-life balance". *Business Dictionary*, 2016. Disponível em: <www.businessdictionary.com/definition/work-life-balance.html>.

CAHAN, S. "Cone releases the 2013 Cone Communications/Echo Global CSR study". Cone Communications, 2013. Disponível em: <www.conecomm.com/2013-global-csr-study-release>.

CAIN, S. *Quiet: The power of introverts in a world that can't stop talking*. Broadway Books, 2013.

CAREGIVER (n.d.). "Selected caregiver statistics". Caregiver. Disponível em: <www.caregiver.org/selected-caregiver-statistics>.

CARMODY, J.; BAER, R. "Relationships between mindfulness practice and levels of mindfulness, medical and psychological symptoms and well-being in a mindfulness-based stress reduction program". *Journal of Behavioral Medicine*, 2008, 31, pp. 23-33.

CHEESE, P. "What's so hard about corporate change?" *Fortune*, 2013. Disponível em: <http://fortune.com/2013/05/20/whats-so-hard-about-corporate-change/>.

CHERNISS, C. "Emotional intelligence: What it is and why it matters".

Consortium for Research on Emotional Intelligence in Organizations, 2000. Disponível em: <www.eiconsortium.org/reports/what_is_emotional_intelligence.html>.

CISCO. "BYOD: A global perspective". Cisco IBSG, 2013. Disponível em: <www.cisco.com/c/dam/en_us/about/ac79/docs/re/BYOD_Horizons-Global.pdf>.

CLEAR, J. "Transform your habits: The Science of how to stick to good habits and break bad ones", 2016. Disponível em: <http://james-clear.com/wp-content/uploads/2013/09/habits-v2.pdf>.

CLEAR, J. (n.d.) "The 3 R's of habit change: How to start new habits that actually stick". Disponível em: <http://jamesclear.com/three-steps-habit-change>.

CONGLETON, C.; HÖLZEL, B.; LAZAR, S. "Mindfulness can literally change your brain". *Harvard Business Review*, 2015. Disponível em: <https://hbr.org/2015/01/mindfulness-can-literally-change-your-brain>.

CRABTREE, S. "Worldwide, 13% of employees are engaged at work". Gallup, 2013. Disponível em: <www.gallup.com/poll/165269/worldwide-employeesengaged-work.aspx>.

DHABI, A. "UAE announces 300-billion plan on knowledge economy". *Khaleej Times*, 2015. Disponível em: <www.khaleejtimes.com/uae-announces-300-billion-plan-on-knowledge-economy>.

DUCKWORTH, AL. "The key to success? Grit" (Ted Talk), 2013. Disponível em: <www.ted.com/talks/angela_lee_duckworth_the_key_to_success_grit/transcript?language=en#t-181462>.

DWECK, C. "What is mindset?" Mindset On-line, 2010. Disponível em: <http://mindsetonline.com/whatisit/about/>.

ECONOMIST Intelligence Unit. "Leaders of change: Companies prepare for a stronger future". *Economist Insights*, 2011. Disponível em: <www.economistinsights.com/sites/default/files/downloads/Celerant_LeadersOfChange_final%20final.pdf>.

EKRAM, D. "William James: The pursuit of happiness". Pursuit of Happiness, 2016. Disponível em: <www.pursuit-of-happiness.org/history-of-happiness/william-james/>.

EMMONS, R.; MCCULLOUGH, M. "Counting blessings versus burdens: An experimental investigation of gratitude and subjective well-being in daily life". *Journal of Personality and Social Psychology*, 2003, 84, 2, p. 377-89.

EVANS, G.; JOHNSON, D. "Stress and open-office noise". *Journal of Applied Psychology*, 2000, 85 (5), p. 779-83.

FISHER, C. "Boredom at work: A neglected concept". *Human Relations*, 1993, 46 (3), p. 395-417.

FOX, K et al. "Is meditation associated with altered brain structure? A systematic review and meta-analysis of morphometric neuroimaging in meditation practitioners". *Neuroscience and Biobehavioral Reviews*, 2014, 43, p. 48-73.

FREEDMAN, J. "The business case for emotional intelligence". *Six Seconds*. Academia Edu, 2010. Disponível em: <www.academia.edu/1293046/The_Business_Case_for_Emotional_Intelligence>.

FREY, C.; OSBORNE, M. "The future of employment: How susceptible are jobs to computerisation?" Oxford Martin, 2013. Disponível em: <www.oxfordmartin.ox.ac.uk/downloads/academic/The_Future_of_Employment.pdf>.

FRY, R. "Millenials surpass Gen Xers as the largest generation in U.S. labor force". Pew Research Center, 2015. Disponível em: <www.pewresearch.org/fact-tank/2015/05/11/millennials-surpass-gen-xers-as-the-largestgeneration-in-u-s-labor-force/>.

FUCHS, V. "Women's quest for economic equality". *The Journal of Economic Perspectives*, 1989, 3 (1), p. 25-41. Disponível em: <www.jstor.org/stable/1942963?seq=1#page_scan_tab_contents>.

GAINES-ROSS, L. "Gen Xers' reputation as slouchers not true". ReputationXChange, 2014. Disponível em: <www.reputationxchange.com/gen-xers-reputation-as-slouchers-not-true/>.

GALLUP. "Item 10: I have a best friend at work". *Gallup Business Journal*, 1999. Disponível em: <www.gallup.com/businessjournal/511/item-10-best-friend-work.aspx>.

GARTNER.com. "IT glossary". Gartner, 2016. Disponível em: <www.gartner.com/itglossary/internet-of-things/>.

GIANG, V. "Robots might take your job, but here's why you shouldn't worry". Fast Company, 2015. Disponível em: <www.fastcompany.com/3049079/the-future-ofwork/robots-might-take-your-job-but-heres-why-you-shouldnt-worry>.

GILBERT, J. "The Millennials: A new generation of employees, a new set of engagement policies". *Ivey Business Journal*, 2011. Disponível em: <http://iveybusinessjournal.com/publication/the-millennials-a-new-generationof-employees-a-new-set-of-engagement-policies/>.

GOLDHILL, O. "Can we trust robots to make moral decisions?" *QZ*, 2016. Disponível em: <http://qz.com/653575/can-we-trust-robots-to-make-moral-decisions/>.

GOLDMAN Sachs. "Millennials coming of age". Goldman Sachs, 2016. Disponível em: <www.goldmansachs.com/our-thinking/pages/millennials/?t=t>.

GOLEMAN, D. (n.d.) "Emotional intelligence". Disponível em: <www.danielgoleman.info/topics/emotional-intelligence/>.

GREENE, J.; GRANT, A. *Solution-Focused Coaching: Managing People in a Complex World*. Pearson International, 2003.

GRIEHSEL, M. Interview transcript with Muhammad Yunas, 2006 Nobel Peace Prize Laureate. Nobel Prize, 2006. Disponível em: <www.nobelprize.org/nobel_prizes/peace/laureates/2006/yunus-interview-transcript.html>.

GROSSMAN, P.; TIEFENTHALER-GILMER, U.; RAYSZ, A.; KESPER, U. "Mindfulness training as an intervention for fibromyalgia: Evidence of postintervention and 3-year follow-up benefits in well-being". *Psychotherapy and Psychosomatics*, 2007, 76, pp. 226-33.

HAKIMI, S. "Why purpose-driven companies are often more successful". Fast Company, 2015. Disponível em: <www.fastcompany.com/3048197/hit-the-ground-running/why-purpose-driven-companies-are-often-more-successful>.

HAMMERMAN-ROZENBERG, R.; MAARAVI, Y.; COHEN, A.; STESSMAN, J. "Working late: The impact of work after 70 on longevity, health and function". *Aging Clinical and Experimental Research*, 2005, 17 (6), pp. 508-13.

HAMORI, M.; CAO, J.; KOYUNCU, B. "Why top young managers are in a nonstop job hunt". *Harvard Business Review*, 2012. Disponível em: <https://hbr.org/2012/07/why-top-young-managers-are-in-a-nonstop-job-hunt/ar/1>.

HANSON, R. *Hardwiring Happiness: The New Brain Science of Contentment, Calm and Confidence*. Harmony, 2013.

HANSON, R. "How to wire your brain for happiness". *Huffington Post*, 2013. Disponível em: <www.huffingtonpost.com/2013/10/17/howtiny-joyful-moments-c_n_4108363.html>.

HERMAN, N. "Why parental sleep deprivation needs to be taken Seriously". *The Washington Post*, 2015. Disponível em: <www.washingtonpost.com/news/parenting/wp/2015/02/16/why-parental-sleep-deprivationneeds-to-be-taken-seriously/>.

HILLS, J. "Brain box: Change management doesn't work if you want change use the brain". Head Heart and Brain, 2016. Disponível em: <www.headheartbrain.com/brain-box-change-management-doesnt-work-if-you-want-change-use-the-brain/>.

HINES, A. "A dozen surprises about the future of work". *Wiley Periodicals*, 2011. Disponível em: <www.andyhinesight.com/wp-content/uploads/2014/07/A-dozen-surprises-about-the-future-of-work-eOffprint.pdf>.

HOCHSCHILD, A.; MACHUNG, A. *The Second Shift*. Penguin Books, 2003.

HOLT-LUNSTAD, J.; SMITH, T.; BAND LAYTON, J. "Social relationships and mortality risk: A meta-analytic review". *PLoS Medicine*, 2010, 7 (7):e1000316 DOI: 10.1371/journal.pmed.1000316.

HOLT, D.; QUELCH, J.; TAYLOR, E. "How consumers value global brands". *Working Knowledge*, 2004. Disponível em: <http://hbswk.hbs.edu/item/how-consumers-value-global-brands>.

HOLT, D.; QUELCH, J.; TAYLOR, E. "How global brands compete". *Harvard Business Review*, 2004. Disponível em: <https://hbr.org/2004/09/how-globalbrands-compete>.

HÖLZEL, B.; TANG, Y.; POSNER, M. "The neuroscience of mindfulness meditation". *Nature Reviews Neuroscience*, 2015, 16, pp. 213-25.

IGNATIUS, A. "Howard Scultz on Starbucks' turnaround". *Harvard Business Review*, 2016. Disponível em: <https://hbr.org/2010/06/howard-schultzon-starbucks-tu>.

IOPENER Institute. "Jessica Pryce-Jones". iOpener Institute, 2016. Disponível em: <https://iopenerinstitute.com/about-us/Jessica-pryce-jones/>.

JUSUFI, V.; SAITOVĆ, K. "How to motivate assembly line workers". *Jönköpong International Business School*, 2007. Disponível em: <http://hj.diva-portal.org/smash/get/diva2:4698/FULLTEXT01>.

KAHNEMAN, D.; TVERSKY, A. "Judgement under uncertainty: Heuristics and biases". *Science*, 1974, 185 (4157), pp. 1124-31. Disponível em: <http://psiexp.ss.uci.edu/research/teaching/Tversky_Kahneman_1974.pdf>.

KAUFMAN, A.; CONFINO, J. "What ever happened to The Body Shop?" *Huffington Post*, 2015. Disponível em: <www.huffingtonpost.com/entry/body-shop-comeback_us_565deb36e4b079b2818bf4d3>.

KEITH, E. "Meetings: A love and hate affair". *Lucid Meetings*, 2015. Disponível em: <http://blog.lucidmeetings.com/blog/meetings-a-love-and-hateaffair-meeting-infographic>.

KJAER, A. "Global key trends 2020". Global Influences, 2013. Disponível em: <http://global-influences.com/social/communication-nation/technology-trends-2020/>.

KORN Ferry and the Hay Group. "91% of mergers fail due to culture shock". Hary Group, 2007. Disponível em: <www.haygroup.com/nl/press/details.aspx?id=10307>.

LALLY, P.; VAN JAARSVELD, C.; POTTS, H.; WARDLE, J. "How are habits formed: Modelling habit formation in the real world". *European Journal of Social Psychology*, 2010, 40 (6), pp. 998-1009.

LANDMAN, A. "BP's 'Beyond Petroleum' campaign losing its sheen". PR Watch, 2010. Disponível em: <www.prwatch.org/news/2010/05/9038/bps-beyondpetroleum-campaign-losing-its-sheen>.

LEBOWITZ, S. "Google considers this to be the most critical trait of successful teams". *Business Insider*, 2015. Disponível em: <www.businessinsider.com/amyedmondson-on-psychological-safety-2015-11>.

LESONSKY, R. (n.d.) "Work without walls: Best business practices to enable remote working". Visa Savings Edge. Disponível em: <www.visasavingsedge.com/common/images/x-185217.pdf>.

LEWIS, B. (n.d.) "Helen Keller, Real History". Jamboree. Disponível em: <www.jamboree.freedom-in-education.co.uk/real_history/helen_keller.htm>.

LOWREY, A. "A 9/11 survivor returns to work at the World Trade Center". *New York Mag*, 2015. Disponível em: <http://nymag.com/daily/intelligencer/2015/06/911-survivor-returns-to-work-at-the-wtc.html>.

MCCLURE, S. *et al.* "Neural correlates of behavioural preference of culturally familiar drinks". *Science*, 2004, 306, 503.

MCGONIGAL, K. *The Willpower Instinct: How Self-Control Works, Why It Matters, and What you Can Do to Get More of It*. Avery, 2013.

MCKINLAY, J. "A case of refocusing upstream: The political economy of illness, proceedings of American Heart Association conferences on applying behavioral sciences to cardiovascular risk". Seattle: American Health Association, 1974.

MARCUS, G.; KOCK, C. "The future of brain implants". *Wall Street Journal*, 2014. Disponível em: <www.wsj.com/articles/SB10001424052702304914904579435592981780528>.

MARQUIS, C.; TILCSIK, A. "Imprinting: Toward a multilevel Theory". *Academy of Management Annals*, 2013, 7, pp. 193-243. Disponível em: <http://papers.ssrn.com/sol3/papers.cfm?abstract_id=2198954>.

MAYER, J.; Salovey, P. *What Is Emotional Intelligence? Emotional Development and Emotional Intelligence*. Nova York: Basic Books, 1997. Disponível em: <http://unh.edu/emotional_intelligence/EIAssets/EmotionalIntelligenceProper/EI1997MSWhatIsEI.pdf>.

MEISTER, J.; WILLYERD, K. "Mentoring millennials". *Harvard Business Review*, 2010. Disponível em: <https://hbr.org/2010/05/mentoring-millennials/ar/1.>

MERCHANT, N. "Kill your meeting room: The future's in walking and talking". *WIRED Magazine*, 2013. Disponível em: <www.wired.com/2013/03/how-technology-can-make-us-stand-up/>.

MERCHANT, N. "Got a meeting, take a walk".
TED, 2016. Disponível em: <www.ted.com/talks/nilofer_merchant_got_a_meeting_take_a_walk?language=en>.

MILLER, H. "Set them free: How alternative work styles can be a good fit". *Herman Miller*, 2007. Disponível em: <www.hermanmiller.com/research/research-summaries/set-them-free-how-alternative-work-styles-can-be-a-good-fit.html#source20>.

MOHDIN, A. "After years of intensive analysis google discovers the key to good teamwork is being nice". *QZ*, 2016. Disponível em: <http://qz.com/625870/after-years-of-intensive-analysis-google-discovers-the-key-to-goodteamwork-is-being-nice/>.

MOLTZ, B. "Is social media at work the new smoke break?" American Express, 2013. Disponível em: <www.americanexpress.com/us/small-business/openforum/articles/can-a-tweet-add-to-employee-productivity/>.

MOORE, M. "Anita Roddick's will reveals she donated entire £51m fortune to charity". *Telegraph*, 2008. Disponível em: <www.telegraph.co.uk/news/uknews/1895768/Anita-Roddicks-will-reveals-she-donated-entire-51m-fortune-to-charity.html>.

MOSS, J. "Happiness isn't the absence of negative feelings". *Harvard Business Review*, 2015. Disponível em: <https://hbr.org/2015/08/happiness-isnt-theabsence-of-negative-feelings>.

MYERS, S. "Shell Shock in France, 1914-1918: Based on a war diary". *Cambridge University Press*, 1940.

NAYAB, N. "Work-life balance research studies: What do they show?" *Bright Hub*, 2011. Disponível em: <www.brighthub.com/office/career-planning/articles/109271.aspx>.

OETTINGEN, G. "Stop being so positive". *Harvard Business Review*, 2014. Disponível em: <https://hbr.org/2014/10/stop-being-so-positive/>.

OOMMEN, V.; KNOWLES, M.; ZHAO, I. "Should health service managers embrace open plan work environments? A review". *Asia Pacific Journal of Health Management*, 2008, 3 (2), p. 37-43.

ORSILLO, S.; ROEMER, L.; SALTER-PEDNEAULT, K. "Efficacy of an acceptance-based behaviour therapy for generalized anxiety disorder: Evaluation in a randomized controlled trial". *Journal of Consulting and Clinical Psychology*, 2008, 76, pp. 1083-89.

PAPA, M.; DANIELS, T.; SPIKER, B. Organizational Communication: Perspectives and trends. SAGE Publications, 1997.

PAPPAS, S. "Hard working and prudent? You'll live longer". *Live Science*, 2011. Disponível em: <www.livescience.com/13258-hard-workers-live-longer.html>.

PARKER, K.; PATTEN, E. "The sandwich generation: Rising financial burdens for middle-aged Americans". *Pew Research Center*, 2013. Disponível em: <www.pewsocialtrends.org/2013/01/30/the-sandwich-generation/>.

PAUL, M. "How your memory rewrites the past: Your memory is no video camera; it edits the past with present experiences". *Northwestern*, 2014. Disponível em: <www.northwestern.edu/newscenter/stories/2014/02/how-yourmemory-rewrites-the-past.html>.

PERSHEL, A. "Work-life flow: How individuals, Zappos, and other innovative companies achieve high engagement". *Global Business and Organizational Excellence*, 2010, 29 (5), pp. 17-30.

PIES, R. "Should DSM-V designate 'internet addiction' a mental disorder?" *Psychiatry*, 2009, 6 (2), pp. 31-37.

ROYAL National Institute of Blind People. *The Life of Helen Keller*. Londres: Royal National Institute of Blind People, 2008.

SCHOEMAKER, P. "How to create a positive learning culture". INC, 2012. Disponível em: <www.inc.com/paul-schoemaker/how-to-create-a-positive-learningculture.html>.

SCHUPAK, A. "Does technology make people happier?" *CBS News*, 2015. Disponível em: <www.cbsnews.com/news/does-technology-make-peoplehappier/>.

SENGE, P. *The Fifth Discipline: The Art and Practice of The Learning Organization*. Random House, 1999.

SEPPALA, E. *The Happiness Track*. Nova York: HarperOne, 2016.

SHERMAN, L. "The rise, stumble and future of lululemon". *Business of Fashion*, 2016. Disponível em: <www.businessoffashion.com/articles/intelligence/the-rise-stumble-andfuture-of-lululemon>.

SIEGEL, D.; McWilliams, A. "Corporate social responsibility: A theory of the firm perspective". *Academy of Management*, 2001, 26 (1), pp. 117-27.

SINGER, M. "Welcome to the 2015 recruiter nation, formerly known as the social recruiting survey". *Job Vite*, 2015. Disponível em: <www.jobvite.com/blog/welcome-tothe-2015-recruiter-nation-formerly-known-as-the-social-recruiting-survey/>.

SISODIA, R.; WOLFE, D.; SHETH, J. "Firms of Endearment: How world-class companies profit from passion and purpose". 2. ed. *Harvard Business Review Publishing*, 2013.

SMITH, E. "Social connection makes a better brain". *The Atlantic*, 2013, 29 (10). Disponível em: <www.theatlantic.com/health/archive/2013/10/social-connection-makes-a-better-brain/280934/>.

SOCIETY for Human Resource Management. Research quarterly.

SHRM, 2009. Disponível em: <www.shrm.org/research/articles/articles/documents/09-0027_rq_march_2009_final_no%20ad.pdf>.

SOCIETY for Neuroscience. "Hormones: Communication between the brain and the body". *Society for Neuroscience*, 2012. Disponível em: <www.brainfacts.org/brain-basics/cell-communication/articles/2012/hormonescommunication-between-the-brain-and-the-body/>.

STEELCASE. "The quiet ones". SteelCase, 2014. Disponível em: <www.steelcase.com/insights/articles/quiet-ones/>.

STONE, N. "Mother's work". *Harvard Business Review*, 1989. Disponível em: <https://hbr.org/1989/09/mothers-work>.

SURBAN, G. "How to manage quiet, introverted employees". Bplans, 2016. Disponível em: <http://articles.bplans.com/how-to-manage-quietintroverted-employees/>.

TAPPER, K. *et al*. "Exploratory randomised controlled trial of a mindfulness-based weight loss intervention for women". *Appetite*, 2009, 52, pp. 396-404.

TCHI, R. "About Rodika Tchi, our feng shui expert". The Spruce, 2016. Disponível em: <http://fengshui.about.com/bio/Rodika-Tchi-22688.htm>.

TEASDALE, J. *et al*. "Prevention of relapse/recurrence in major depression by mindfulness-based cognitive therapy". *Journal of Consulting and Clinical Psychology*, 2000, 68, pp. 615-23.

THE Hartford. "Welcome to my tomorrow". *The Hartford*, 2015. Disponível em: <www.thehartford.com/gbd_landingpages/mytomorrow/pages/default.html>.

TOPHAM, G. "Virgin Atlantic soars back into profit". *Guardian*, 2015. Disponível em: <www.theguardian.com/business/2015/mar/10/virgin-atlantic-soars-back-into-profit>.

TRABUN, M. "The relationship between emotional intelligence and leader performance". Masters Thesis. Naval Postgraduate School, 2002.

TURKLE, S. *Reclaiming Conversation: The Power of Talk in a Digital Age*. Penguin, 2015.

UNITED Nations Department of Economic and Social Affairs. "World. Population Prospects". ESA, 2015. Disponível em: <http://esa.un.org/unpd/wpp/publications/files/key_findings_wpp_2015.pdf>.

UNIVERSITY of Kent. "Boredom and happiness at work poll". *Kent*, 2013. Disponível em: <www.kent.ac.uk/careers/Choosing/career-satisfaction.htm>.

UNUM. "The future workplace: Key trends that will affect employee wellbeing and how to prepare for them today". UNUM, 2014. Disponível em: <http://resources.unum.co.uk/downloads/future-workplace.pdf>.

VAN DER MEULEN, R. "Gartner says 6.4 billion connected 'things' will be in use in 2016: Up 30 percent from 2015". Gartner, 2015. Disponível em: <www.gartner.com/newsroom/id/3165317>.

VAN RIJMENAM, M. "How will the future of big data impact the way we work and live?" *Data Floq*, 2016. Disponível em: <https://datafloq.com/read/future-big-dataimpact-work-live/167>.

VERMA, P. "Young leaders: At top b-schools, more graduates opt for startups". *Economic Times*, 2016. Disponível em: <http://tech.economictimes.indiatimes.com/news/startups/young-leaders-at-top-b-schools-moregraduates-opt-for-startups/51249102>.

WALLACH, W.; Allen, C. "Moral Machines: Teaching robots right from wrong". *Oxford University Press*, 2010.

WONG, M. "Standford study finds walking improves creativity". *Stanford News*, 2014. Disponível em: <https://news.stanford.edu/2014/04/24/walking-vs-sitting-042414/>.

WORLD Happiness Report. "World Happiness Report", 2015. Disponível em: <http://worldhappiness.report>.

WYDICK, B. "The impact of TOMS Shoes". *Across Two Worlds*, 2015. Disponível em: < www.acrosstwoworlds.net/?p=292>.

Ouça este e milhares de outros livros na Ubook.
Conheça o app com o **voucher promocional de 30 dias**.

Para resgatar:
1. Acesse **ubook.com** e clique em **Planos** no menu superior.
2. Insira o código #UBK no campo **Voucher Promocional**.
3. Conclua o processo de assinatura.

Dúvidas? Envie um e-mail para contato@ubook.com

*

Acompanhe a Ubook nas redes sociais!
ubookapp   ubookapp   ubookapp